浙江省高职院校"十四五"重点教材

职业教育
改革创新
系列教材

F I N A N C E   A N D   T R A D E

市场调查实务

慕课版

尹飞霄

主编

龚紫娟 许晓芹

副主编

人民邮电出版社
北 京

图书在版编目（CIP）数据

市场调查实务：慕课版 / 尹飞霄主编. -- 北京：
人民邮电出版社，2024.9
职业教育改革创新系列教材
ISBN 978-7-115-64483-1

Ⅰ．①市… Ⅱ．①尹… Ⅲ．①市场调查－职业教育－
教材 Ⅳ．①F713.52

中国国家版本馆CIP数据核字(2024)第104062号

内 容 提 要

本书按照市场调查的工作程序，系统地介绍了现代市场营销背景下市场调查的基本理论、方法、技巧和应用，内容主要包括市场调查准备、制定市场调查方案、选用市场调查方法、确定市场调查方式、设计调查问卷、实施市场调查、统计与分析市场调查数据、撰写与提交市场调查报告。本书知识全面，理论与实践紧密结合，实操性强，配套丰富的学习资源，充分满足职业教育教学需求。

本书为中高职一体化适用教材，可以作为职业院校市场营销、电子商务、网络营销与直播电商等专业市场调查课程的教材，还可以作为从事市场调查相关工作人员的参考书。

◆ 主　编　尹飞霄
　　副主编　龚紫娟　许晓芹
　　责任编辑　白　雨
　　责任印制　王　郁　彭志环
◆ 人民邮电出版社出版发行　　北京市丰台区成寿寺路 11 号
　　邮编　100164　电子邮件　315@ptpress.com.cn
　　网址　https://www.ptpress.com.cn
　　北京天宇星印刷厂印刷
◆ 开本：787×1092　1/16
　　印张：13.5　　　　　　　　2024 年 9 月第 1 版
　　字数：301 千字　　　　　　2024 年 9 月北京第 1 次印刷

定价：49.80 元

读者服务热线：(010)81055256　印装质量热线：(010)81055316
反盗版热线：(010)81055315
广告经营许可证：京东市监广登字 20170147 号

前　言

党的二十大报告指出："教育、科技、人才是全面建设社会主义现代化国家的基础性、战略性支撑。"职业院校承担着培养技能型人才，助推新质生产力发展的责任。编者依托课程标准，从市场调查实际工作内容出发，编写了本书。本书采用理论和实践相结合的形式，系统地介绍了市场调查的基础知识和实践操作，为高等职业院校及中等职业院校学生成为市场调查专业人才提供理论知识与实践技能指导。本书具有以下特点。

1. 内容全面，结构清晰

本书围绕支撑市场调查活动的各项内容进行介绍。首先概括介绍市场调查的含义、作用、类型和程序，以及市场调查的内容等基础知识；然后按照市场调查的工作程序，依次介绍制定市场调查方案、选用市场调查方法、确定市场调查方式、设计调查问卷、实施市场调查、统计与分析市场调查数据等内容；最后讲解撰写与提交市场调查报告等相关知识，帮助学生全面了解市场调查应该具备的知识和能力。

2. 情境引入，生动有趣

本书内容以初入职场的实习生不断学习和探索市场调查的情境引入各项目教学主题，该情境贯穿于各任务，有助于学生了解相关知识点在实际工作中的应用。情境中设置的角色如下。

小艾——A公司市场部实习生。

李洪亮——小艾的领导，人称"老李"，是市场调查领域的专业人才，不仅传授小艾市场调查知识，还经常帮小艾答疑解惑。

3. 重视实践，操作性强

本书设置了"做一做"小栏目，学生可以在学习理论知识后动手实践，在实践中加深对市场调查相关知识的理解。每个项目结束均安排了实训，学生可以借此练习具体的操作，提高实践能力和职业素养。

4. 栏目丰富，融入价值教育

本书在栏目设计上注重培养学生的思考能力和动手能力，努力做到"学思用贯通"与"知信行统一"相融合。同时，本书引领学生从党的二十大精神中汲取砥砺奋进力量，并学以致用，从理论联系实际。文中穿插的栏目如下。

- 知识窗。重点讲解理论知识，丰富学生所学内容。
- 经验之谈。对书中知识进行说明、补充和扩展，拓展学生的知识面。
- 素养小课堂。融入先进技术、前沿知识、文化传承、职业道德等元素，与素养目标相呼应，加强对市场调查人才的素质培养。
- 想一想。穿插设置思考题，反复巩固学生所学知识。

5. 配套资源丰富

本书提供丰富的视频资源，同时还提供PPT课件、习题参考答案、课程标准、电子教案、模拟题库等教学资源，教师可登录人邮教育社区网站（www.ryjiaoyu.com）免费下载。

本书由义乌工商职业技术学院尹飞霄担任主编，龚紫娟、许晓芹担任副主编。单勤琴、葛佳佳参与本书的编写工作。具体分工如下：尹飞霄负责编写项目二、四、八；龚紫娟负责编写项目一；许晓芹负责编写项目五、六；单勤琴负责编写项目七；葛佳佳负责编写项目三；全书由尹飞霄负责统稿修改。本书在编写过程中得到了浙江一鸣食品股份有限公司、浙江永辉超市有限公司、杭州联华华商集团有限公司、中国建设银行股份有限公司义乌分行等给予的大力协助与支持。同时，尹飞霄、龚紫娟、许晓芹、单勤琴、葛佳佳等老师参与本书微课视频的拍摄。

由于编者水平有限，书中难免存在疏漏与不足之处，恳请读者批评指正。

编　者

2024年8月

CONTENTS

目 录

项目一

市场调查准备

职场情境

小艾从学校市场营销专业毕业后，进入A公司市场部实习，从事市场调查工作，与她同时到来的还有其他几名实习生。A公司是一家新媒体营销公司，为客户提供市场调查、市场分析、营销策划、品牌推广、市场宣传等服务。市场部领导发现大部分新员工对市场调查的认知比较模糊，便安排市场调查1组（简称"市调1组"）组长老李对所有新员工进行培训。

知识目标

1．了解市场调查的含义与作用、类型。
2．掌握市场调查的程序和内容。

技能目标

1．能够根据调查目的快速确定市场调查的组织方式。
2．具备多角度分析市场调查内容的能力。

素质目标

1．养成勤于思考、习惯思考和分析的好习惯。
2．遵守法律法规，保守商业机密。

任务一　初识市场调查

任务描述

　　培训课程的第一部分内容是介绍市场调查的含义与作用、市场调查的类型和市场调查的程序，让参与培训的人员对市场调查有初步的认识。

任务实施

活动1　了解市场调查的含义与作用

　　"市场信息一直是企业开展市场营销活动关注的重点。麦当劳在进入我国市场前，连续进行了 5 年的跟踪调查，以了解我国消费者的经济情况和消费习惯，提前 4 年在我国东北等地试种马铃薯，并根据我国消费者的形体特征定制柜台、桌椅样品。一加手机成立之初将目光锁定在海外市场，经过细致的市场调查，准确定位自己的目标客户群——对中高端机型有购买意愿且有较强支付能力的消费者，以此为基础创新营销策略，不仅使用电商平台作为首发渠道，还建立了独特的'邀请购买制'，同时将海外主流社交媒体平台作为主阵地，策划营销推广活动，大获成功。拼多多在进行市场调查时，深入了解消费者的购物需求和购物习惯，创新性地使用'低价团购'和'社交电商'模式，使消费者能够以较低的价格购买产品，并在购买过程中收获乐趣，独辟蹊径的策略使拼多多快速成长为与淘宝、京东等传统电商平台并驾齐驱的电商平台……这些足以说明市场调查的重要性。"老李将诸多市场调查的案例作为培训的开场白，引导大家思考什么是市场调查、市场调查有什么作用。

1. 市场调查的含义

市场调查是指运用科学的方法，系统、准确、及时地收集、记录、整理相关市场信息，分析市场情况，了解市场的现状及其发展趋势，为营销决策（指对市场经营和销售活动的目标、方针、策略等重大问题进行选择和决断的过程）提供客观、正确的资料的调查研究活动。简单来讲，市场调查就是为了解和分析市场情况而做的考察。

2. 市场调查的作用

在市场竞争日益激烈的今天，许多成功的企业都有这样的认知：企业要想在市场竞争中获得优势、掌握主动权，就要做好随时开展市场调查的准备，以便及时掌握市场信息。能否做好市场调查在一定程度上关乎企业的存亡。市场调查的具体作用体现在以下 5 个方面。

（1）了解消费者的需求，明确生产目标，以满足消费者的物质和精神需求。

（2）预测市场变化趋势，进而为企业抓住市场机会、选择目标市场、制定营销策略提供决策依据。

（3）了解市场营销环境的变化，及时调整自己的产品、价格、渠道、促销策略，与竞争对手开展差异化竞争，从而提升企业的竞争能力。

（4）了解同行的经营管理状况，借鉴和学习先进的方法和经验，帮助企业提高整体的经营管理水平。

（5）检验企业的经营决策是否可行、有无遗漏、是否需要修正，并提供相应的修改方案。

活动2　了解市场调查的类型

老李在培训课上提问："市场调查都有哪些类型？"小艾回答："我知道其中一种是按调查空间的范围对市场调查加以区分，如城市市场调查、农村市场调查。"老李补充道："市场调查除了按调查空间的范围分类，还可以按调查时间和调查的组织方式分类。"

1. 按调查空间的范围分类

按调查空间的范围，市场调查可分为国内市场调查和国外市场调查两类，如图 1-1 所示。

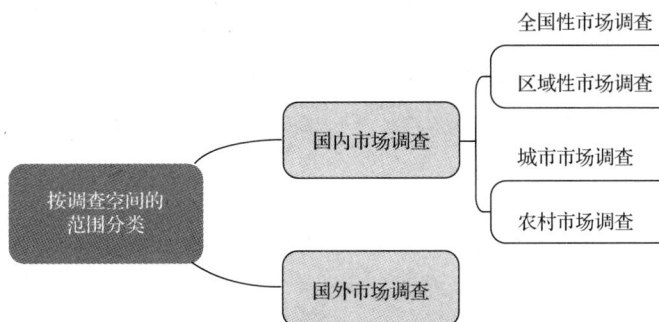

图1-1　按调查空间的范围分类

2. 按调查时间分类

按调查时间，市场调查可分为一次性调查和连续性调查。

（1）一次性调查。一次性调查是根据调查目的，针对企业当前面临的问题开展的调查，用于快速找到解决问题的办法，如竞争对手调查、产品上市调查、广告效果调查和消费者满意度调查等。

（2）连续性调查。连续性调查是针对确定的调查对象和内容，组织长时间的、不间断的调查，以掌握调查对象动态发展的状况。例如，企业对某销售网点产品销量的长期调查，可分为月度调查、季度调查、年度调查等。

3. 按调查的组织方式分类

按调查的组织方式，市场调查可分为全面调查、重点调查、典型调查和抽样调查。不同的调查组织方式的特点和适用范围不同，调查人员要根据调查的目的和要求选择合适的组织方式。

（1）全面调查。

全面调查即普查，是对全部调查对象（即总体）逐一进行调查的方式。其主要目的在于取得总体的客观、全面、系统、完整的资料。例如，某地区发展农村电商，要掌握该地区网店的建设情况，需要对该地区每一个网店进行调查，然后统计分析所有数据。

虽然全面调查的调查范围广、获得的调查结果全面可靠，但需要耗费大量的人力、物力、财力和时间，并且组织起来很困难，工作量也很大，所以，企业较少采用这种组织方式。通常，全面调查只适用于调查对象数量少的情况。

（2）重点调查。

重点调查是指调查人员在全部调查对象中选择一部分重点对象进行调查，以取得调查结果的一种调查方式。

- **重点调查的应用**。一般，在调查任务只要求掌握总体的基本情况，而部分对象又能比较集中反映调查结果的全貌时，就可以采用重点调查。例如，重点调查国内主流的几家直播电商平台，如淘宝直播、抖音和快手等，从而掌握国内直播电商的发展概况。
- **重点对象的选取**。选取重点对象时，一般要求重点对象的数量尽可能少，而重点对象在总体中符合调查内容的某项特征（如用户规模、交易额）所占的比重应尽可能大。
- **重点调查的优缺点**。重点调查的优点是企业所投入的人力、物力少，调查速度快，能够比较准确地反映总体的主要情况或基本趋势。缺点是由于所选择的调查对象只是总体的一部分，因此调查结果难免会产生误差；同时如果将非重点对象作为调查对象，而将真正的重点对象排除在外，就不能如实地反映总体的基本情况，调查结果也就偏离了调查目的。

（3）典型调查。

典型调查是指根据调查的目的和要求，调查人员有意识地选取少数具有代表性的典型对象进行深入、细致的调查研究，借以认识同类事物的一般属性和发展变化规律的一种调查方式。

- **典型调查的应用**。典型调查一般在总体庞大、调查人员对总体中各调查对象十分了解，能够准确选择少数调查对象作为典型时采用。例如，企业各销售网点某产品的销量差异不大，要了解该产品的销售情况，可以选择销量处于中等水平的销售网点作为调查对象。

- **典型对象的选取。**典型对象的选取应从3个方面考虑。一是选取的对象要具有代表性和典型性。二是要根据调查目的选取对象，例如，调查目的是总结网店先进的销售经验，就应选取销售情况表现优异的网店；调查目的是分析产品异常情况，就应选取那些显示异常的产品。三是要根据调查对象的数量多少、差异大小来选取，如果调查对象少，差异也很小，那么选取一两个典型对象即可；反之则需要多选取几个典型对象。

- **典型调查的优缺点。**典型调查的优点在于调查对象少，可方便企业做深入细致的调查分析，并且省时、省力。其缺点在于典型对象的选取依赖调查人员的主观判断，因此难以避免主观臆断等问题的发生，如果典型对象的代表性不强，那么用样本数据推断总体的特征时会产生较大的误差。

（4）抽样调查。

抽样调查是指从全部调查对象中抽选一部分对象作为样本进行调查，根据样本数据估计和推断总体的一种调查方式。抽样调查的目的在于取得反映总体情况的信息资料，以评估总体情况。例如，调查某市电商企业的经营状况，该市共有3 600家电商企业，随机抽取40家电商企业调查分析，以评估该市电商企业的整体经营情况。

与重点调查和典型调查不同的是，抽样调查抽取的对象一般不由调查人员决定，而是随机抽取，因此调查结果的精确度、可靠性较高。并且，抽样调查可以根据样本数据从数量上对总体的某些特征做出推断，而重点调查和典型调查侧重于定性研究（一种主观性强的研究方法，主要依赖调查人员对调查对象的主观感受、理解和洞察，而不是依赖数据量化和统计分析），多用于了解总体的大致情况。与全面调查相比，抽样调查可以节省大量人力、物力、财力及时间，也更细致深入。

知识窗

在市场调查中会涉及许多专业术语，作为调查人员，有必要了解一些常用的术语，这样有利于开展市场调查工作。

（1）总体。总体是指调查对象（如个人、企业、设备、产品等）的全体。每一个组成总体的对象称为总体单位或个体。例如，要了解某市电商企业的情况，总体便是该地区的全部电商企业，每一个电商企业就是总体单位。

（2）样本。样本是从总体中按照一定方法抽取出的一部分总体单位的集合。一个样本是总体的一个子集，一个总体中可以抽取出若干个不同的样本。

（3）样本容量。样本容量又称样本规模，指样本中总体单位的数量。

（4）抽样单位。抽样单位是抽样时使用的基本单位。在单层次抽样中，抽样单位即总体单位。例如，调查某市所有电商企业，在全市范围内一次性抽取电商企业，此时抽取的电商企业既是总体单位，又是抽样单位。在多层次抽样中，抽样单位与总体单位不一定相同。例如，在上述例子中，改由先在全市抽取若干街道办事处，再由街道办事处抽取若干电商企业。在这种情况下，第一步的抽样单位是街道办事处，第二步的电商企业既是抽样单位又是总体单位。

知识窗

活动3　熟悉市场调查的程序

老李告诉大家，市场调查是一项复杂、细致的工作，涉及面广，为了使整个调查工作有节奏、高效率地进行，确保市场调查的质量，达到预期目标，应当加强组织工作，合理安排调查步骤。

1. 确定调查问题

确定调查问题是整个市场调查工作的起点和前提，主要指提出企业经营过程中要解决的问题、达到的目的。只有明确市场调查的问题，才能明确市场调查需要获取的信息，从而确定大致的调查范围，保证市场调查工作有效开展，并提高市场调查的效率。例如，某企业在决定是否立即开发某款新型液晶屏时，先提出调查问题——液晶屏在市场上的需求状况如何，然后明确需要收集的信息范围——液晶屏的市场需求，为产品的研发提供参考依据。

2. 设计调查方案

确定调查问题后，接下来的任务是针对调查问题设计具体的调查方案。设计市场调查方案是指在实际调查前，通盘考虑和安排调查工作的各个方面和各个阶段，提出相应的调查实施方案，安排合理的工作程序。简单地讲，市场调查方案就是对市场调查的内容和实施方法的详细说明，它是实施市场调查的基础。

3. 实施调查

调查方案设计好后，接下来需要按照设计好的调查方案实施调查。它是企业组织调查人员将调查方案付诸实践，收集市场信息、采集市场数据的工作过程。调查结果的准确与否，很大程度上取决于这一阶段的工作质量。

4. 整理分析资料

该阶段的工作是整理分析实施调查后获取的分散、零星的调查资料，如审核、归类资料，将有关数据制成统计图表并分析。该阶段要求调查人员具有较高的专业技能水平，能够使用科学的方法分析归纳收集的资料，去伪存真，从众多表象中找到问题的本质。

5. 得出调查结论

得出调查结论是市场调查的最后一个阶段，即调查人员根据整理分析的调查结果，撰写市场调查报告，提出最终的措施和意见。

任务二　掌握市场调查的内容

任务描述

培训课上，老李请大家说一说，市场调查应着手调查哪些内容。

有的人认为市场调查要调查市场环境，因为市场环境影响和制约企业的营销活动；有的人认为市场调查要调查市场需求，因为没有需求，就没有市场；有的人认为市场调查要调查消费者的购买行为，因为消费者是企业产品的营销对象……

老李总结，市场调查的内容十分广泛，凡是直接或间接影响企业市场营销活动的信息，都有调查的必要。如果能较为全面地掌握市场调查的内容，便可以了解市场调查的全貌，为市场调查奠定良好的基础。

任务实施

活动1　市场环境调查

"企业营销活动是在复杂的市场环境中进行的，市场环境的变化可能给企业创造机会，也可能对企业造成威胁。"老李继续介绍，"企业只有做好市场环境调查，才能更好地把握与应对市场环境的变化趋势。"

1. 政治环境调查

政治环境调查指了解国家管理市场的方针和政策的具体内容，包括税收政策、对外贸易政策和价格管制等。

2. 法律环境调查

法律环境调查指了解国家或地方政府颁布的各项法律法规，如《商标法》《专利法》《广告法》《环境保护法》《电子商务法》等。法律法规规定了企业能做什么，不能做什么，从而影响其战略选择。

3. 经济环境调查

经济环境调查的内容包括市场的经济发展水平及速度、能源和资源开发和供应、消费者收支、消费者储蓄和信贷、物价水平等情况。例如，某地经济发展水平增长快，居民收入上涨快，必然引起消费需求的增加和消费结构的改变。根据恩格尔定律，家庭收入越高，家庭收入中用于购买食品的支出占比越小，而用于交通、娱乐、旅游等方面的支出占比越大。

> **知识窗**
>
> 19世纪，德国统计学家和经济学家恩斯特·恩格尔（Ernst Engel）通过调查比利时、德国、英国等国家不同收入的家庭消费情况发现：一个家庭收入越少，家庭总支出中用

来购买食物的支出所占的比例（称为恩格尔系数）就越大，随着家庭收入的增加，家庭总支出中用来购买食物的支出所占的比例则会减小。这是因为食物属于人们生存所必需的基本需求。在收入水平较低时，用于购买食物的支出在消费支出中必然占有重要地位。而随着收入的增加，在食物需求基本满足的情况下，消费的重心逐渐向穿、用等其他方面转移。这一现象被称为恩格尔定律，反映这一现象的系数被称为恩格尔系数。也就是说，恩格尔系数越大，生活水平越低；恩格尔系数越小，生活水平越高。

知识窗

4. 科学技术环境调查

科学技术环境调查主要是对行业技术发展趋势和新产品开发动向的调查，这就要求企业密切关注技术突破对企业的影响，确定企业自身有无必要参与研发和引进新技术、有无必要开发新产品等。

5. 社会文化环境调查

社会文化环境在一定程度上影响着消费者的购买行为，因此，企业需要调查所处市场的社会文化环境，具体内容包括消费者的文化素养、受教育程度、民族与宗教状况、风俗习惯及价值观念等。

6. 自然地理环境调查

自然地理环境主要包括自然资源、地理位置、气候条件、交通条件等，企业必须熟悉不同自然地理环境的差异，这样才能做好市场营销工作。例如，我国南方气候潮湿，北方相对干燥，在冬天，北方对加湿器的需求远大于南方。

素养小课堂

企业调查人员在开展调查活动时必须遵守我国的各项法律法规。随着经济全球化的发展，我国很多企业正在"走出去"，在国际上的影响力日益增大。因此，面向国际市场时，企业调查人员需要了解并遵循出口国（或地区）的有关经营、贸易、投资等方面的法律法规，如进口限制、税收管制及外汇管理等制度，帮助企业树立正面的形象。

活动2 市场需求调查

"没有需求，就没有市场。市场需求调查理所当然是市场调查的重要内容。"老李接着说。市场需求调查主要包括市场需求总量调查、市场需求结构调查和市场需求影响因素调查。

1. 市场需求总量调查

市场需求总量调查是指在一定地理范围、时期、市场营销环境的情况下，对特定的消费者群体可能购买某一产品总量的调查。

2. 市场需求结构调查

市场需求结构由消费者购买力（购买力是指消费者支付货币以购买产品或服务的能力）在各类产品之间的分配比例决定。市场需求结构调查包括两方面的内容：一是宏观上调查消费者在吃、穿、用、住、行等方面的需求及比例，即消费者在吃、穿、用、住、行上各花多少钱，各占其消费总支出的比例是多少；二是从微观上了解消费者对每类产品的数量、质量、价格、品种、规格、包装等需求的具体结构。通过开展市场需求结构调查，企业可以详细了解市场需要的产品及数量等，从而为企业的生产与营销决策提供重要依据。

例如，某母婴电商企业的产品销量和交易额在最近一年持续下降。为找到母婴产品销量下降的原因，该企业进行了一次市场调查。企业发现新生儿的数量在减少，母婴产品的市场需求也就减少了。虽然找到了问题的根源，但人口数量是宏观因素，人口的多少是企业无法左右的，企业只能制定相应的策略来应对当前的人口情况。于是该企业进行了第二次市场调查。其在研究母婴行业时发现，整体上母婴产品的销量下降，但高端母婴产品的销量在上升。由此，该企业决定调整产品策略，增加高端母婴产品的数量。

3. 市场需求影响因素调查

市场需求是一个动态的概念，无论是需求总量还是需求结构都是在发展变化的。了解影响市场需求变化的因素，有利于把握市场需求变化的趋势和规律，调查内容主要包括人口数量及构成、家庭人数及构成等。

（1）人口数量及构成。人口数量多，产品的需求量自然就大，尤其是油、盐、酱、醋、纸等日用品，当人口数量增长时，其需求量必然增长。市场需求也与人口构成有关。人口构成包括人口的性别、职业、文化程度、收入水平等，对人口构成的分析研究有助于调查人员得出关于市场需求情况的规律。例如，就不同年龄的消费者而言，儿童的需求主要在食品、玩具等方面；就不同性别的消费者而言，女性在美容、服装等方面的支出较多；男性在电竞、骑行、商务聚会等方面的支出较多。

（2）家庭人数及构成。家庭是由消费者组成的购买产品的基本购买单位，因此，家庭人数及构成是影响产品需求的重要因素。例如，粮、油、副食品等产品的需求量与每户家庭的人数成正比。同时，家庭成员的构成不同，也会使产品需求结构有所差异。例如，一户家庭的儿童较多，在食品、玩具等方面的需求会更大；一户家庭的老年人居多，在营养品、保健品等方面的需求可能会更大。

👤 活动3　消费者购买行为调查

老李在介绍消费者购买行为调查前，先向大家展示了某护肤品牌的消费者购买行为调查问卷，如下所示。问卷答案中包含"○"符号的为单选题，答案中包含"□"符号的为多选题。老李让大家通过观察这份调查问卷，思考消费者购买行为调查的内容和作用。

××（品牌名）消费者购买行为调查问卷

1. 您的性别是？

○ 男　　　　　○ 女

2. 您的年龄是？

○ 18 岁及以下　○ 19 ～ 24 岁　　○ 25 ～ 29 岁　　○ 30 ～ 34 岁　　○ 35 ～ 39 岁

○ 40 岁及以上

3. 您的学历是？

○ 高中及以下　○ 大学专科　　　○ 大学本科　　　○ 硕士及以上

4. 您的职业是？

○ 学生　　　　○ 公司职员　　　○ 个体工商户

○ 医护人员　　○ 媒体从业者　　○ 其他

5. 您经常购买的 ×× 品牌的 3 类产品是？

□ 洗面奶　　　□ 爽肤水　　　□ 素颜霜　　　　□ 精华液　　　　□ 面膜

□ 眼霜　　　　□ 防晒霜

6. 您通常从哪个渠道购买 ×× 品牌的产品？

□ 线下实体店　□ 抖音　　　　□ 淘宝　　　　□ 京东　　　　□ 小红书

□ 微信小程序　□ 其他

7. 您购买 ×× 品牌产品时一般比较注重什么？

□ 产品质量　　□ 产品价格　　□ 产品气味　　□ 产品包装　　□ 口碑

□ 服务　　　　□ 其他

8. 促使您购买 ×× 品牌产品的原因是？

□ 日常囤货　　□ 产品实用　　□ 产品精美　　□ 产品新奇　　□ 价格便宜

□ 促销活动　　□ 名人代言　　□ 其他

9. 您半年内购买 ×× 品牌产品的次数是？

○ 0 次　　　　○ 1 ～ 2 次　　○ 3 ～ 5 次　　○ 6 次及以上

10. 通常您 1 次购买 ×× 品牌产品愿意花费的金额是多少？

○ 100 元以内　○ 100 ～ 300 元　○ 300 ～ 500 元　○ 500 ～ 800 元　○ 800 元以上

通常，可以围绕购买者是谁、购买什么、购买的渠道、影响购买的因素、购买的频率、购买的金额等维度调查消费者的购买行为。

在上述调查问卷中，第 1 ～ 4 题从"购买者是谁"的维度进行调查，第 5 题从"购买什么"的维度进行调查，第 6 题从"购买的渠道"的维度进行调查，第 7 ～ 8 题从"影响购买的因素"的维度进行调查，第 9 题从"购买的频率"的维度进行调查，第 10 题从"购买的金额"的维度进行调查。通过上述内容的调查，品牌方可以了解购买产品的人群，不同人群购买的产品、购买的渠道、影响购买的因素及购买频率、金额，以便研发设计符合不同消费者预期的产品和制定迎合消费者购物偏好的营销策略。

活动4　竞争对手调查

老李问："竞争对手是企业的'敌人'吗？"很多人都说"是"。老李摇摇头，接着说道："不是，企业应将竞争对手视作学习的对象。"古语云："知己知彼，百战不殆。"在市场竞争中，企业只有在了解竞争对手的优势与劣势后，才能有针对性地制定正确的市场竞争战略。

1. 识别竞争对手

在了解竞争对手之前，企业需要明确谁是自己的竞争对手。通常，竞争对手可以分为直接竞争对手和间接竞争对手。

（1）直接竞争对手。直接竞争对手是指生产经营同品类、同品种产品或服务，与本企业角逐共同目标市场，构成直接竞争关系的企业。直接竞争对手主要为同行企业，其强弱不仅直接影响市场需求状况，而且会影响本企业的市场占有率。所谓市场占有率是指企业的某种产品在市场同类产品的销量中所占的比重，它反映了一个企业的竞争能力和经营成果。

（2）间接竞争对手。间接竞争对手是指与本企业基础条件存在一定差异的同类企业或生产本企业产品的替代品的企业。例如，销售全自动洗衣机的企业与销售半自动洗衣机的企业之间的间接竞争，法式西餐厅和日式料理店之间的间接竞争，主营比萨的必胜客和主营汉堡的麦当劳之间的间接竞争等。

> **经验之谈**
>
> 企业在识别竞争对手时既要考虑其与本企业所提供的产品或服务的相似性和替代性，又要考虑其与本企业目标消费者的一致性。如果这两个方面的相似程度都很高，便可以认定该企业为本企业的竞争对手。

2. 竞争对手的调查内容

通常，竞争对手调查包含两个层面的内容。一是对竞争对手的一般性调查，包括本企业在全国或某个地区的主要竞争对手有哪些、这些企业满足市场需求的能力（如生产能力、技术能力和销售能力）如何、是否有实力与本企业竞争、这些企业的市场占有率有多大、它对本企业的产品销售有何影响。二是对视为主要竞争对手的某一具体企业的调查，包括了解该企业的业务范围、经营规模、产品性能、产品价格、产品经销渠道等。

竞争对手调查是一种有效的市场研究方法，可以帮助企业了解竞争对手的战略和动态，以及自己在市场中的地位和发展潜力，为自己的经营决策提供支持。例如，某电商平台是一家专注于生鲜电商领域的创新型企业，为快速打响品牌知名度，提高市场占有率，该平台希望通过调查分析京东到家、盒马鲜生、天天果园这3家竞争对手，做出经营决策调整。

其中，京东到家以自营模式为主，拥有完善的供应链体系和较强的物流能力，能够提供高品质的产品和快速便捷的配送服务，但价格相对较高，产品种类相对较少；盒马鲜生以新零售模式为主，能够通过线上、线下渠道提供多样化的产品和灵活化的配送方式，但运营成本较高，覆盖范围较小；天天果园以社区团购模式为主，通过社区团长建立消费者关系和信任度，能够提供低价高效的团购服务，并且有一定的社会责任感，但规模较小，品牌知名度较低。

调查小组根据调查分析结果，为平台经营提出了以下几点建议。

（1）坚持自营模式，保证产品品质和配送效率，提高消费者满意度和忠诚度。

（2）增加产品种类和拓展服务范围，满足不同消费者群体和购买场景的需求，增加消费者的黏性和活跃度。

（3）加强品牌建设和营销推广，提高平台的知名度和美誉度，吸引更多的新消费者和合作伙伴。

（4）注重技术创新和数据分析，优化供应链和物流系统，降低运营成本和风险，提高效率和利润。

> **📝 素养小课堂**
>
> 任何个人或组织不得在市场调查中侵犯被调查对象的商业秘密（或称商业机密）。侵犯商业秘密涉嫌侵犯他人的知识产权，因此保护商业秘密是社会的普遍需求。在我国，随着市场经济的不断深入发展，对商业秘密的保护是保证我国社会主义市场经济健康有序发展的重要内容之一。

🧑 活动5 企业营销影响因素调查

老李告诉大家，企业营销影响因素调查是以企业营销因素为调查对象，分析哪些营销因素的变动会促进产品销售。调查内容主要是产品调查、产品价格调查、销售渠道调查和促销调查。

1. 产品调查

产品调查主要涉及产品实体调查、产品包装调查和产品生命周期调查等方面的内容。

（1）产品实体调查。

产品实体调查涉及产品的性能、质量、规格、式样、颜色、口味等方面的调查。通常，产品的性能、质量是消费者非常关注的问题，直接关系到产品的实用性、安全性和维修方便性等。而消费者对产品的规格、式样、颜色、口味等方面的需求是多种多样的，不同的消费者有不同的爱好和需求。企业通过产品实体调查，能够了解哪种类型的产品受市场欢迎，以便生产出受消费者欢迎、满足其不同需求的产品。

（2）产品包装调查。

企业开展产品包装调查主要是为了了解产品包装对促进产品销售的影响程度，了解什么样的包装设计能受到消费者的喜爱等。例如，某企业在对乳制品调查中了解到，包装是影响消费者购买产品的重要因素，而且多数消费者倾向于选择纸盒和塑料瓶的包装形式，同时纯牛奶用白色的包装，配合少量的图案，可使产品看起来卫生、安全，消费者的接受度更高；而酸奶用各种色彩的包装，配合丰富的图案，能体现出酸奶的口味，如此，消费者的接受度更高。

（3）产品生命周期调查。

产品生命周期是指产品从进入市场到最终退出市场的过程，包括导入期、成长期、成熟期和衰退期 4 个阶段，图 1-2 所示为产品生命周期销量的变化趋势。

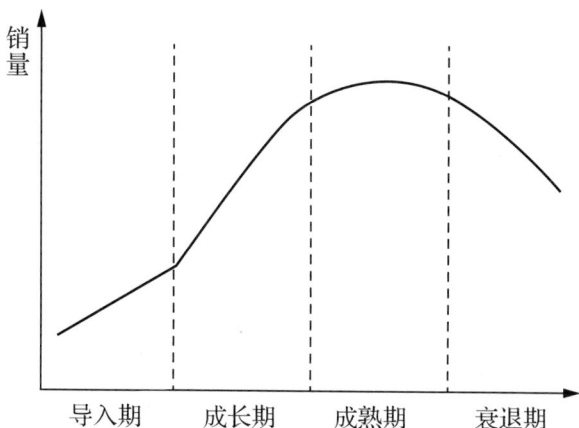

图1-2　产品生命周期销量的变化趋势

企业首先要明确自己生产和经营的产品处于生命周期的哪个阶段，然后以此为依据确定调查的重点内容，各阶段产品的调查内容如下。

- **导入期的调查内容。** 在导入期，产品刚投入市场，消费者对产品还不太了解。此时，企业应重点调查消费者对产品的真实需求程度、消费者购买产品的动机、消费者对产品价格的承受力等，以便制定相应的营销策略，让消费者尽快了解并接受产品。
- **成长期的调查内容。** 在成长期，消费者对新产品有了足够的了解，也形成了固定的消费习惯，产品的销量迅速增长。此时，企业应重点调查产品受欢迎的原因、产品需要改进的地方等，以便扬长避短，改进产品品质，保持产品销量的增长。
- **成熟期的调查内容。** 在成熟期，产品销量增长缓慢，逐渐达到顶峰，然后缓慢下降，同时同类竞争者众多，市场竞争非常激烈。在该阶段，企业需要调整营销策略，从而减缓衰退期的到来。因此，企业应重点调查消费者减少购买的原因、竞争对手的优势等。
- **衰退期的调查内容。** 在衰退期，产品销量急剧下降，此时企业需要及时采取相应的措施，如改良产品、开发新产品等，延长产品的生命周期。在此阶段，企业调查的重点是用什么新产品来替代老产品，以开拓新市场。

2. 产品价格调查

产品价格调查有利于企业制定促进产品销售的价格策略，调查内容包括市场中各竞争对手的产品价格、影响产品价格的因素和产品价格变动对消费者的影响等。

（1）市场中各竞争对手的产品价格。

了解市场中各竞争对手的产品价格可以帮助企业确定本企业产品的价格。此时，企业应在质量、品种、规格、包装等方面对本企业产品与竞争对手的产品进行充分比较。如果产品同质化程度较高，产品成本差异不明显，且市场对产品的认知趋于一致，已经形成了一个相对平衡的价格，企业可以根据行业的现行平均价格进行定价。但如果市场中出现了垄断竞争的情况，竞争对手比较强势，企业则可以追随比较有话语权的企业进行定价。

（2）影响产品价格的因素。

影响产品价格的因素主要包括两方面的内容，一是消费者的购买力，产品的最终目的是被消费者使用，所以产品的价格主要取决于消费者的购买力。企业在拟定产品价格时必须考虑消费者的购买力，因为其决定了消费者对产品价格的可接受程度。二是市场供求关系，当市场处于买方市场，即市场中的供给大于需求时，买方在交易上处于有利地位，产品价格有下降的趋势；当市场处于卖方市场，即市场中的供给小于需求时，卖方在交易上处于有利地位，产品价格有上涨趋势。

（3）产品价格变动对消费者的影响。

产品价格变动对消费者的影响也是产品价格调查的重点内容。一般而言，当产品的价格上升时，消费者会减少对它的购买；而当其价格下降时，消费者会增加对它的购买。但并非所有的产品都会产生这种影响，关键在于消费者所购产品是不是生活必需品。例如，即使车价下降，很多人还是会观望，希望它再降一些，用更少的钱买车。从消费者耐心等待降价的行为可看出，车对他们而言并非必需的。然而，即便米面、粮油、蔬菜不断涨价，消费者的购买行为几乎不会受到影响，仍会坚持购买。

另外，产品价格的变动对不同的人群有不同的影响，对经济条件好的消费者来说，产品价格变动对他们的影响一般不大，但是对经济条件不好的消费者来说，即使是生活必需品的价格发生微小变动，都会对他们产生较大的影响。

3. 销售渠道调查

销售渠道是指产品从生产者手中转移到消费者手中所经过的通道或路径，主要包括企业直接销售给消费者、通过经销商（如批发商、零售商）销售给消费者、委托代理商销售给消费者3种销售渠道，如图1-3所示。调查销售渠道有助于企业判断哪一种销售渠道能更有效地促进产品的销售，有利于企业开辟更合理、效益更好的销售渠道。销售渠道调查的主要内容包括同类产品的销售渠道有哪些，现有的销售渠道能否满足企业销售产品的需要，现有销售网点的布局是否妥当，销售渠道中各环节的产品运输、库存是否合理，各类经销商或代理商对产品有何要求，各类经销商或代理商的销售实力如何，等等。

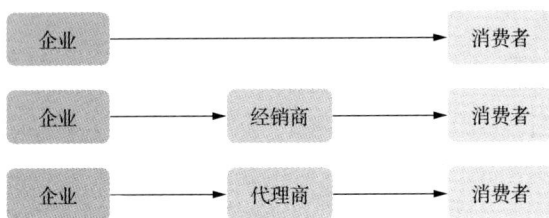

图1-3　产品销售渠道

4. 促销调查

促销的主要目的是向消费者传递产品或服务信息，引起消费者的注意，激发消费者的兴趣和购买欲望，进而扩大销售。促销方式主要包括以下4种。

（1）人员推销。人员推销是指推销员通过口头宣传说服消费者，实现产品销售，包括上门推销、柜台推销、会议推销等形式。

（2）营业推广。营业推广是一种通过利益刺激消费者购买商品的短期性的促销方式，常见的利益形式有赠送礼品、赠送优惠券、有奖销售等。

（3）广告宣传。广告宣传是指企业通过各种媒介向消费者传递信息，以促进产品销售的一种促销方式。常用的媒介有路牌、宣传单、网络等。

（4）公关活动。公关活动是指企业通过策划活动传递企业信息，树立良好的企业形象，与公众建立友好关系，从而促进产品销售的一种促销方式。

不同促销方式的调查重点不同。具体而言，企业在人员推销调查中应重点调查推销员的素质和推销效果，从而了解不同产品应选用哪些推销员、采用何种形式推销；在营业推广调查中，应重点调查不同利益形式的推销效果；在广告宣传调查中，应重点调查不同媒介的促销效果以及不同形式的广告的成本投入和利益的比例；在公关活动调查中，应重点调查不同公关活动对企业形象和产品促销的影响。

> **经验之谈**
>
> 虽然凡是有关企业经营活动的信息都有调查的必要。但是，对每一项具体的调查活动而言，由于调查的直接目的不同，并且受到调查时间、经费等因素的制约，调查会因市场对象的不同而有不同的内容和侧重点。

同步实训

实训一　成立模拟市场调查工作组

任务描述

企业要开展市场调查，仅靠一个人是不行的，需要组建市场调查团队来完成。为方便在以后的学习环节中，以小组为单位共同完成任务，并真实体验实际市场调查的实施和场景，本次实训要求同学们成立模拟市场调查工作组。

操作指南

成立模拟市场调查工作组，可参考以下步骤实施操作。

（1）以对某一领域（如电子产品、汽车市场）感兴趣或有所了解为标准，相同领域的同学自由组合为一组。一般，调查小组的人数由实施调查的复杂程度决定，一个小组可设置一名管理人员，负责调查的监督、管理、协调工作。这里每组设置 4～6 人。

（2）各小组确定调查工作组的名称和小组组长。组长的人选应具有较强的沟通协调能力。

实训评价

同学们成立模拟市场调查工作组后，提交分组信息，包括成员名单、小组名称和组长人选，老师按表 1-1 所示内容进行打分。

表1-1　实训评价

序号	评分内容	分数	老师打分	老师点评
1	是否完成分组，并确定小组名称和组长	50		
2	分组安排是否合理	50		

总分：＿＿＿＿＿＿＿＿

实训二　探讨学生手机市场的调查内容

任务描述

手机是现代生活中人们重要的交流工具。一直以来，手机市场的竞争都很激烈。随着手机在校园里的普及，学生手机市场成了各手机生产商和经销商非常重视的细分市场。现某手机品牌要了解学生手机市场的整体情况，请同学们以调查工作组为单位，探讨学生手机市场的调查内容。

操作指南

本次实训，可从市场环境、市场需求、消费者购买行为、竞争对手、营销影响因素这几个维度探讨调查内容。

（1）分析市场环境调查的内容。例如，调查政治环境，了解政策方针对进军学生手机市场的影响等；调查经济环境，了解经济环境对学生手机市场需求的影响；调查科学技术环境，关注手机市场的新技术，考虑是否引入新技术。

（2）分析市场需求调查的内容。例如，调查学生手机市场需求总量、需求结构的变化，为手机的研发、销售提供参考。

（3）分析消费者购买行为调查的具体内容。例如，调查学生购买手机的渠道、影响其购买手机的因素，了解学生一般是在线下体验店购买手机还是在电商平台购买手机，常通过哪个电商平台购买手机，购买手机时对质量、外观、价格、性能、功能等的要求和偏好，为研发手机和制定营销策略提供参考依据。

扫一扫

学生手机市场的调查内容表格参考

（4）分析竞争对手调查的内容。例如，了解本品牌的竞争对手有哪些，竞争对手产品的质量、外观、价格、性能、功能等怎么样，产品为何对学生有吸引力或产品存在哪些不足，为研发手机和制定差异化营销策略提供参考依据。

（5）分析营销影响因素调查的内容。例如，调查销售渠道，了解哪种销售渠道的销售能力更强，更利于产品销售且能够获利；进行促销调查，了解哪种促销方式对学生更有吸引力，更利于产品销售且能够获利。

（6）制定说明调查内容的表格。制定表格，清楚地列出调查内容及开展各项内容调查的目的（即为什么进行此项内容的调查）。

实训评价

同学们完成实训操作后，提交说明调查内容的表格。老师根据表格内容，按表1-2所示内容进行打分。

表1-2　实训评价

序号	评分内容	分数	老师打分	老师点评
1	是否列出主要调查内容	50		
2	各项调查内容的调查目的说明是否合理	50		

总分：＿＿＿＿＿＿＿＿

项目总结

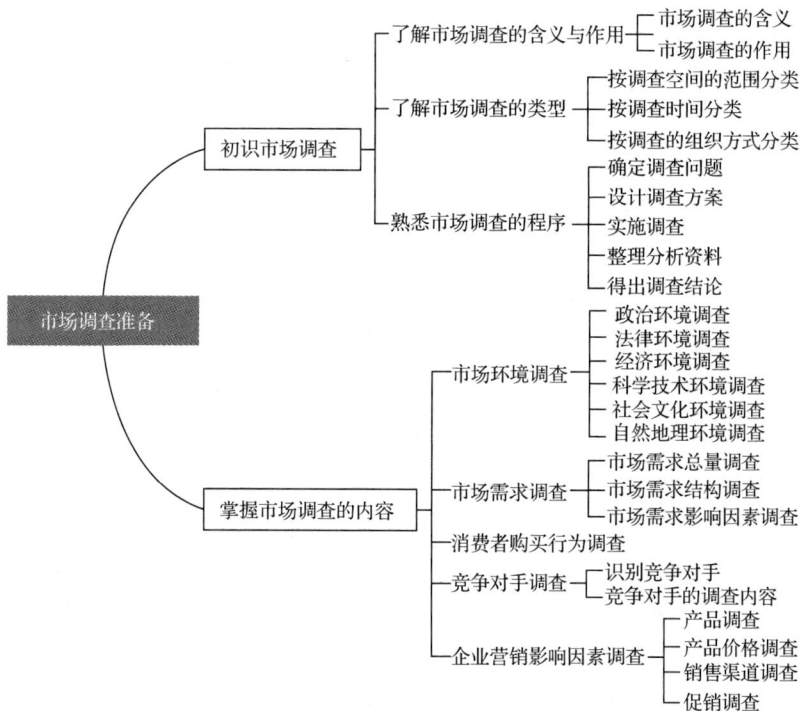

项目二

制定市场调查方案

为了顺利开展市场调查活动，提高工作效率，A公司市场部的调查人员分为了几个小组，每个小组负责不同的调查项目，同时各小组之间协调配合、信息共享。在结束培训后，小艾被分配至老李任组长的市调1组，并由老李进行业务指导，采用"老带新"的方式培养，帮助小艾尽早熟悉公司市场调查的业务流程。此刻，小艾才算正式开启市场调查之旅。接下来的半个月时间里，小艾将跟在老李身边学习，参与制定市场调查方案。

学习目标

知识目标

1．了解设计市场调查方案的原则与评估市场调查方案的标准。

2．掌握设计与评估市场调查方案的方法。

技能目标

1．具备设计和评估市场调查方案的能力。

2．能够基本完成市场调查方案的撰写。

素质目标

1．培养一丝不苟的工作态度，严格执行调查步骤。

2．调查过程不徇私舞弊，有较好的职业操守。

任务一　设计市场调查方案

任务描述

XY 是国内口碑较好的咖啡品牌，旗下速溶咖啡系列产品很受广大消费者欢迎，该品牌近期拟研制开发一款新的速溶咖啡产品，希望尽快打开川渝市场，并通过电商平台辐射全国重点城市。为进一步了解消费者的实际需求，保证新产品产销对路，该品牌邀请 A 公司为其在重庆、成都两地开展市场调查。老李作为此次调查的项目负责人，将负责设计调查方案。作为老李手下的员工，小艾获得了一次绝佳的学习机会。

任务实施

活动1　了解设计市场调查方案的原则

老李告诉小艾，设计市场调查方案是市场调查的基础环节。而要确保市场调查方案能够有效实现调查目的、统筹协调调查工作、提高工作效率，在设计市场调查方案时，必须遵循以下 3 个原则。

（1）科学性原则。科学合理的市场调查方案是获取真实、有效的数据资料的基础。有各种调查方法可供选择，但不同调查方法的适用性不同，设计市场调查方案时应根据调查要求选择一种或几种调查方法。例如，调查要求为采用样本数据估计总体，可以采用抽样调查这一调查方法，并设计出合理的抽样方案。此外，在进行问卷设计和统计分析时也要根据调查目的和调查内容选择合适的方法。

（2）可操作性原则。只有可操作性强的市场调查方案才能为整个调查工作提供全方位的可行性指导。例如，确定调查对象时应考虑对方的可接受性，对涉及敏感信息的调查，被调查者的拒访率通常较高。如果这些信息不是特别必要，就可不涉及；如果十分必要，就要想办法降低信息的敏感程度。

（3）有效性原则。市场调查具有很强的针对性和目的性，每一次市场调查都是为了解决特定的问题。因此市场调查方案一定要围绕市场调查目的设计，不能主观臆断、闭门造车。这里的有效性原则即与调查目的有关，是指在一定的经费条件下，调查结果的精确度可以满足调查目的的需要，力求花费较少的调查费用取得较好的调查效果。

科学性原则、可操作性原则和有效性原则虽然侧重于设计市场调查方案的不同方面，但它们之间相互联系、相互影响，能够很好地遵循这些原则的调查方案就是较好的调查方案。

活动2　设计市场调查方案的内容

小艾在翻阅公司以往的调查资料时发现，不同调查项目的调查方案有所不同，便向老李询问其中的缘由。老李告诉小艾，虽然不同调查项目的调查方案不尽相同，但一般都包括前言、调查目的、调查的内容、调查对象和调查单位、调查的组织方式与方法、资料整理分析的方法、调查的进度安排、调查的经费预算、提交调查报告的方式等内容。在设计时，可按照图2-1所示的流程设计市场调查方案的内容。

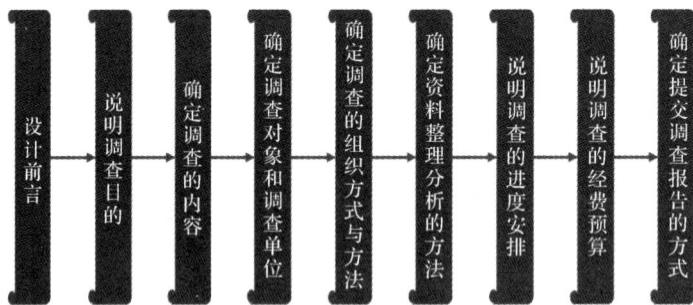

图2-1　设计市场调查方案的流程

1. 设计前言

前言是市场调查方案的开头部分，主要是简明扼要地介绍开展市场调查的背景。例如，通过阐述某生鲜超市的营销现状和不利因素，引出开展市场调查的必要性。

本任务中，XY咖啡品牌市场调查方案前言部分的内容如下。

XY是国内口碑较好的咖啡品牌，旗下速溶咖啡系列产品冲泡方式简单，饮用方便，深受广大消费者的欢迎。进入新的发展阶段后，XY拟研发一款新的速溶咖啡产品，以更好地服务于消费者，拓展市场。为进一步了解消费者的实际需求，保证研发的速溶咖啡产品能够受到消费者的欢迎，使新产品产销对路，并为今后的营销计划提供科学的依据，XY拟在重庆、成都两地开展实地调查，以供决策者参考。受XY的邀请，A公司负责此次市场调查，向XY提交市场调查报告。

2. 说明调查目的

简单来讲，说明调查目的就是说明为什么要开展此次调查、调查结果有何用处。只有明确了调查目的，才能确定调查的内容和对象等。例如，某生鲜超市准备开展一次消费者调查，目的是了解消费者的基本情况、购物行为及其对生鲜超市的评价和建议等，便于制定有效的营销策略，提升销售业绩。调查结果可供该生鲜超市找到不足之处，研究提升销售业绩的有效措施。一般，在前言部分说明调查的背景时，会提及或涉及调查目的，因此调查目的部分是调查背景的延伸和对调查目的的具体阐述。

本任务中，XY 咖啡品牌市场调查方案调查目的部分的内容如下。

（1）了解饮用速溶咖啡的主要人群。

（2）了解消费者购买速溶咖啡产品的行为特点。

（3）了解消费者对速溶咖啡产品的口味、分量、价格、包装等方面的期望。

（4）了解品牌的知名度及美誉度。

（5）（调查结果）为产品的研发设计和营销推广提供参考依据。

3. 确定调查的内容

确定调查的内容就是明确要向调查对象了解、获取哪些资料，这也是设计市场调查方案的准备工作之一。调查内容的确定往往取决于调查目的，两者相互关联，只有关联度高的调查内容才能更好地实现调查目的。例如，某生鲜超市进行消费者调查时，调查人员需要调查消费者的性别、年龄、文化程度、职业等；调查消费者的购买行为，包括购买频率、购买金额、购买产品的品类等；调查消费者对产品质量的评价、对生鲜超市服务的满意度、对生鲜超市的建议等方面的内容。同时，调查内容的确定也要考虑获得资料的可能性，如有的情形下，调查对象不便透露自己的收入水平等。

本任务中，设计 XY 咖啡品牌市场调查方案时，根据调查目的编写的调查内容如下。

（1）消费者的基本信息，包括性别、年龄、职业、文化程度、收入水平等。

（2）消费者对速溶咖啡产品的口味、分量、价格、包装的期望。

（3）消费者购买速溶咖啡产品的主要渠道。

（4）XY 品牌咖啡产品的知名度。

（5）消费者知晓 XY 品牌咖啡产品的主要信息渠道。

（6）消费者对 XY 品牌咖啡产品的满意度。

（7）消费者认为 XY 品牌咖啡产品需要改进的地方。

📋 经验之谈

在实践中，一项市场调查可能包含多方面的调查内容，但调查内容过多会增加调查人员的工作量。因此，调查人员除了要根据调查目的拟定调查内容，还要综合考虑调查经费和人力资源等情况。

4. 确定调查对象和调查单位

确定调查对象和调查单位，主要是为了解决通过调查谁来获取资料的问题。调查对象是根据调查目的确定的一定时空范围内的所要调查的总体，它是由许多具有相同特征的调查单位组成的整体；而调查单位是调查总体中的个体，它是调查项目的承担者或信息源。例如，在某生鲜超市准备开展的消费者调查中，进入生鲜超市的所有消费者就是调查对象，而每一位消费者就是调查单位；又如，调查某市生鲜超市的整体销售情况，该市所有的生鲜超市就是调查对象，而每一个生鲜超市就是调查单位。

本任务中，根据调查目的确定的调查对象和调查单位如下。

为了使调查对象具有代表性，能够获得客观、真实的资料，基本反映消费者对速溶咖啡产品的看法、期望，我们将重庆、成都两地有饮用速溶咖啡习惯的人群作为调查对象，调查对象中每一个有饮用速溶咖啡习惯的人即为调查单位。

5. 确定调查的组织方式与方法

市场调查方案需要详细说明采用什么组织方式和方法取得调查资料。

不同的调查组织方式会产生不同的调查单位。例如，采用全面调查的组织方式，调查总体内所包括的全部单位都是调查单位；采用典型调查的组织方式，只有选出的有代表性的单位是调查单位；采用重点调查的组织方式，只有选定的少数重点单位是调查单位；采取抽样调查的组织方式，则用抽样方法抽取出的样本单位才是调查单位。

市场调查方法有文案调查法、实地调查法和网络调查法，其中实地调查法包括访问法、观察法和实验法。如果选择访问法或网络调查法，可将问卷作为收集信息的工具；如果选择观察法和实验法，则应该准备好观察卡片（表）和实验表等工具。

例如，在某生鲜超市的消费者调查中，调查对象可根据年龄分为老、中、青年消费者，然后选择在客流高峰期，在不同年龄层中抽取若干消费者进行抽样调查；调查方法可采用在超市门口拦截访问的形式，每小时发放若干份问卷，由消费者填写后收回。

本任务中，XY 咖啡品牌市场调查方案中，调查的组织方式与方法部分的内容如下。

此次调查主要针对有饮用速溶咖啡习惯的人，主要在重庆、成都两地做调查。考虑到调查成本和调查难易程度，本次调查采用抽样调查，在重庆、成都两地各选择 400 人作为调查对象。

为了保证结果的可靠性，本次调查实施面对面的访问调查，在重庆、成都的商业街进行拦截访问，挑选有饮用速溶咖啡习惯的人进行问卷调查。在不断淘汰受访者的情况下，多次随机选择，直到选够 400 人为止，让受访者填写问卷，获得所需资料。为了配合调查实施，我方（A 公司）安排专项调查组，该组设置常备人员 4 人，于重庆、成都两地开展实地调查。

我方将根据与 XY 品牌探讨所达成的共识设计问卷，问卷填写总耗费时长控制在 15 分钟左右，问卷经双方商讨确定之后正式启用。

想一想

对某校学生对网络购物的看法进行调查，则此次调查的调查对象和调查单位分别是什么？当明确了调查对象和调查单位后，可以采用哪种组织方式与方法实施调查？

知识窗

采用抽样调查的组织方式时，需要科学合理地确定样本容量。确定样本容量是比较复杂的问题，这里可以对样本容量的确定做一个基本的、浅显的了解。

在抽样调查时，如果样本容量过大，会造成人力、物力、财力及时间的浪费；如果样本容量过小，又会使样本缺乏代表性，从而难以保证推算结果的精确度和可靠性。因此，科学合理地确定样本容量是很重要的。

样本容量的大小不取决于总体的多少，而取决于调查对象的差异程度、要求或允许的误差大小（即精度要求）、要求推断的可靠程度。也就是说，当调查的对象越复杂、个体差异越大时，样本容量要求越大；当要求的精度越高，推断结果的可靠性要求越高时，样本容量要求越大。

一般，样本容量 ≥ 30（样本容量 ≥ 30 时该样本通常称为大样本），才能满足基本要求。而在确定样本容量时，既要考虑调查目的和经费预算，又要考虑实际操作的可实施性、调查允许的误差大小和调查结果的可靠性等。调查机构会根据实际情况综合权衡，做出样本容量的最优选择。

知识窗

6. 确定资料整理分析的方法

资料整理是对调查资料进行分类、加工的过程，以便为企业提供条理化、系统化的综合资料。为此，调查人员应在市场调查方案中对资料的审核、录入、修正等做出具体安排。

随着计算机技术的发展及统计分析软件的广泛应用，资料分析的方法越来越多、分析速度越来越快、数据精度越来越高。常用的资料分析方法有统计指标分析法、描述统计分析法、相关分析法等。每种分析方法都有其自身的特点和适用性，因此，调查人员应根据调查的要求，选择合适的分析方法并在方案中加以确定。

本任务中，XY 咖啡品牌市场调查方案资料整理分析的方法部分的内容如下。

（1）只要发现访问员有一份问卷作弊，该访问员的所有问卷作废。

（2）参与此项目的所有数据录入及编码人员将参与调查培训；在录入过程中抽取 10% 的样本进行录入复核，以保证录入质量。

（3）数据处理采用 Excel 软件进行，并采用描述统计分析法统计分析数据，例如，统计受访者的男女比例、不同渠道购买速溶咖啡产品所占比例等，这些数据可为营销推广策略提供参考依据。

7. 说明调查的进度安排

为了保证市场调查活动的调查进度，在设计市场调查方案时，调查人员应说明调查的进度安排，制作相应的进度表。进度表是开展调查活动的时间依据，也是提高工作效率、控制调查成本的手段。拟定调查活动的进度表时主要考虑两个方面的问题：一是调查的范围大小和调查的难易程度；二是调查的时间要求和信息的时效性。通常情况下，调查范围越大，调查难度越大，所花费的时间也就越长。而对时效性要求高的调查项目，则应缩短调查期限。

通常，从设计调查方案到提交调查报告的工作大致包含以下几个方面：调查方案设计、调查问卷设计、调查问卷修正与印刷、调查人员选拔与培训、调查实施、资料整理与分析、撰写调查报告、调查结果汇报等。当然，进度表不是一成不变的，一方面它与调查的复杂程度相关，另一方面它需要根据调查过程中出现的某些问题进行修改，以保证调查活动顺利进行。在拟定市场调查进度时，调查人员需要详细列出市场调查相应环节需要的时间。

本任务中，假定调查项目启动的时间是 2023 年 6 月 1 日，根据调查方案的流程安排，调查的工作期限和起止日期如表 2-1 所示。

表2-1　调查进度表

工作内容	工作期限	起止日期
调查方案设计	4天	6月1日—6月4日
调查问卷设计	3天	6月5日—6月7日
调查问卷修正与印刷	2天	6月8日—6月9日
调查人员选拔与培训	3天	6月10日—6月12日
调查实施	7天	6月13日—6月19日
资料整理与分析	7天	6月20日—6月26日
撰写调查报告	2天	6月27日—6月28日
调查结果汇报	1天	6月29日

经验之谈

有时候，为了使调查方案更细致，可以在调查进度表中说明各项调查内容的人员安排和注意事项等。同时，进度安排可设置一定的缓冲时间，以备不时之需。

8. 说明调查的经费预算

市场调查活动是一项庞大的系统工程，调查的经费预算是市场调查方案设计中一项非常重要的内容。

在预估调查经费时，调查人员要将可能的费用全部考虑到，以免在调查过程中出现经费短缺的情况，影响调查进度。市场调查的经费依据调查内容的不同而不同，一般来说，市场调查所需的费用包括调查方案设计费、问卷设计费、问卷印刷装订费、调查人员劳务费、调查人员差旅费、礼品费、数据统计处理费、调查报告撰写费、资料打印装订费、其他杂费等。

当然，调查的经费预算一定要合理，没有必要的费用不应罗列，必要的花费应该认真核算，切不可随意多报、乱报。不合实际的预算将不利于调查方案的审批或竞标。表2-2所示为本次任务制定的市场调查经费预算表。

表2-2 市场调查经费预算表

经费项目	单价	数量	金额	备注
调查方案设计费	5 000元/份	1份	5 000元	
问卷设计费	1 000元/份	1份	1 000元	
问卷印刷装订费	1元/份	1 800份	1 800元	
调查人员劳务费	300元/（人·天）	4人、7天	8 400元	
调查人员差旅费	160元/（人·天）	4人、7天	4 480元	
礼品费	15元/份	600份	9 000元	
数据统计处理费	—	—	3 000元	
调查报告撰写费	1 000元/份	1份	1 000元	
资料打印装订费	2元/份	10份	20元	
其他杂费	—	—	2 000元	招聘临时访问员等
总计			35 700元	

9. 确定提交调查报告的方式

市场调查方案中应包含调查报告的编写形式和份数，以及调查报告的汇报形式，还可说明是否进行阶段性的成果报告等。

本任务中，提交调查报告的方式如下。

由A公司向XY品牌提交调查报告的Word文档一份及所有的原始问卷。如有需要，可向XY品牌做口头汇报，介绍并解释调查过程与调查结果。

经验之谈

市场调查方案以书面方式呈现时，可在方案末尾附上与调查项目有关的各种有价值的附录。例如，调查的组织计划与监督管理办法、抽样方案及技术说明、问卷及有关技术说明、数据处理的方法和使用的软件等。同时，可为市场调查方案设计一个封面（与设计求职简历的封面类似），封面内容可注明调查项目名称、调查公司名称和制定调查方案的时间等，使调查方案更完善、更专业，递交给委托方时更有说服力。此外，市场调查方案并没有强制规定格式，例如，上述市场调查方案，除前言部分，其他部分的内容可适当合并或进一步细分，总体上应根据具体情况灵活处理。

任务二 评估市场调查方案

任务描述

小艾在学习设计市场调查方案的过程中发现，受调查的组织方式与方法的影响，针对同一个调查项目设计的调查方案不一定是唯一的。小艾便带着此疑问询问老李，老李告诉小艾，通常市场调查方案的设计不是一次性完成的，一项调查也可通过多种方案实现。因此，完成市场调查方案的设计后，需要经过评估、修改，确定最后的方案。

说着，老李便拿出一份市场调查方案的资料，让小艾尝试评估该方案。该份市场调查方案的背景是：成都的一家宠物食品生产企业彼——，准备开发一款新的猫粮，为了使产品成功上市并热销，其将开展一次市场调查。该企业设计了抽样方案，抽取 1 000 名购买过该企业猫粮产品的消费者作为调查对象，并邀请他们填写问卷，内容涉及对猫粮的价格、包装、分量、口味、配料等方面的看法。

任务实施

👤 活动1 了解市场调查方案的评估标准

在小艾开始研究如何评估这份调查方案时，老李让小艾先停下来，他告诉小艾，在评估市场调查方案前先要了解市场调查方案的评估标准。市场调查方案的评估标准如下。

（1）调查方案能否实现市场调查目的。评估方案中的调查内容、调查对象、调查的组织方式与方法等，由此判断是否能达成调查目的。这是评估调查方案基本的要求。

（2）调查方案是否具有较高的可操作性。评估市场调查方案是否具有较高的可操作性。例如，在某生鲜超市的消费者调查中，按照方案设计拦截消费者访问时，是否会遭到拒绝，或者访问的问题消费者是否会拒绝作答。

（3）调查方案能否保证调查的质量和效果。一项调查中实现调查目的的方案不是唯一的，评估时需要分析在一定的调查经费和时间的要求下，是否有其他方案可以替代，以提高调查的质量与效果。

👤 活动2 市场调查方案的评估分析

知道了市场调查方案的评估标准，小艾即可根据上述标准评估市场调查方案，如果发现不足，就可以组织人员对市场调查方案做进一步的讨论和修改，使市场调查方案能够切实可行地指导调查的实际工作，通过调查工作的实践检验。评估分析市场调查方案的方法主要包括逻辑分析法、经验判断法、试点调查法等。

1. 逻辑分析法

逻辑分析法是指从逻辑层面评估市场调查方案，检查市场调查方案的内容是否符合逻辑和情理的方法。例如，调查老年人市场时，采用网络调查法收集相关资料，就有悖于常理和逻辑。

同理，在本任务中，宠物食品生产企业彼——为开发一款新的猫粮进行市场调查时，将所有宠物主作为调查对象是不符合逻辑的，此时，可采用实验法将宠物猫作为调查对象，在调查中观察、记录它们对不同口味的猫粮的反应。

🎁 **想一想**

某电商平台为了解平台内不善经营、销售效果不好的商家的基本情况，制定扶持这些商家的策略，准备在平台内抽取部分运营经验丰富、销售效果优异的商家进行调查，总结他们成功的经验和方法，供不善经营、销售效果不好的商家参考，并为制定策略提供依据。该调查方案是否存在不妥的地方？为什么？

2. 经验判断法

经验判断法是指组织一些具有丰富市场调查经验的从业者或有关领域的专家，对市场调查方案进行初步的研究和判断，以判断市场调查方案的可行性的方法。这种方法的优点是能够节省人力、物力资源，并可在较短的时间内得出结果；缺点是因为人的认识是有限的，而事物在不断发生变化，所以采用这种方法时，专家判断的准确性可能会受到各种主客观因素的影响。

3. 试点调查法

试点调查法是指通过在小范围内选择部分调查单位进行试点调查，实地检验市场调查方案，以说明市场调查方案的可行性的方法。这一方法通常由市场调查项目策划者、有经验的调查人员实施。

通常，试点调查的主要任务有通过试点调查检验市场调查的目标是否合理、调查的组织方式和方法的选择是否恰当、样本是否具有代表性、抽样误差是否控制在最小范围内、调查内容是否全面，明确需要补充哪些项目、需要删减哪些项目、是否需要增加或减少调查人员、调查时间是否需要延长、调查中需要注意哪些问题等。试点调查结束后，需要修改和调整不合理的内容，从而更好地适应实际情况。

试点调查法是在调查期限要求不那么紧迫的前提下，或者对市场调查方案把握不大时所做的一种小范围测试。调查人员在运用这种方法进行市场调查方案的可行性研究时，还应注意3个常见问题：应尽量选择规模小、具有代表性的调查单位；调查方法应保持适当的灵活性，可准备几种调查方法，经过对比后，从中选择更适当的方法；调查工作结束后，应及时做好总结工作，认真分析试点调查的结果，找出影响调查的各种主客观因素并分析。

📝 **素养小课堂**

调查项目所花费的大部分时间和费用都将用于调查实施阶段。调查结果的准确与否，很大程度上取决于这一阶段的工作质量。当市场调查方案确定后，在市场调查的实施过程中，调查人员要严格按照市场调查方案的内容和步骤执行，在调查时不得存在作弊行为，否则将影响调查结果的客观性和准确性，并增加调查成本。

同步实训

实训一　设计并撰写学生手机市场调查方案

实训描述

学生群体作为数量庞大、消费稳定、群体集中的一类消费群体，是任何手机品牌都非常看重的一个细分市场。随着我国手机市场的不断发展，手机的潜在消费群体越来越低龄化。

为了解青少年学生的手机购买、使用情况，为手机品牌手机的生产、销售等提供参考信息，本次实训请同学们以小组为单位，将全校学生作为调查对象，以此来设计并撰写学生手机市场调查方案。

操作指南

在本次实训中，小组成员集中讨论、集思广益。在设计与撰写市场调查方案的过程中可参考以下步骤实施操作，小组成员要共同商议并确定调查方案的设计内容。

（1）设计前言并说明调查目的和确定调查对象。根据实训描述的内容设计前言、说明调查目的和确定调查对象，并在前言中说明调查背景。

（2）确定调查的内容。根据调查目的确定主要的调查内容，以获得所需要的资料，示例如下。

- 学生拥有手机和对手机的需求状况。
- 学生获取手机相关信息和购买手机的渠道。
- 学生使用的手机品牌及对各手机品牌的评价。
- 学生使用手机的价格。
- 学生对手机促销方式的选择。
- 学生对手机质量、性能、功能、外观和售后服务的要求。

（3）确定调查的组织方式与方法。确定取得调查资料所采用的调查组织方式和方法。例如，在学校开展全面调查，通过在校园网站上发送网络调查问卷，邀请学校所有学生填写问卷。或者采用抽样调查，在每个年级抽取一定数量的学生进行问卷调查。

（4）确定资料整理分析的方法。以抽样调查为例，将调查问卷收集整理起来，筛选出有效问卷，剔除逻辑上存在错误、回答不全面的无效问卷。然后使用 Excel 录入数据，并进行统计分析，将数据资料制成图表，以供决策参考。

（5）明确调查的进度安排。根据实际情况，估计实施调查所需时间。以抽样调查为例，调查进度表的设计如表 2-3 所示。

表2-3　调查进度表

工作内容	工作期限	起止日期
调查方案设计		
调查问卷设计		
调查问卷修正与印刷		
调查实施		
资料整理与分析		
撰写调查报告		

（6）说明调查的经费预算。估算此次调查需要哪些费用及费用的多少。以问卷调查为例，主要花费是打印问卷的费用。

（7）确定撰写调查报告的方式。说明完成调查后撰写调查报告的方式，一般可以通过 Word 等软件来撰写调查报告。

（8）撰写市场调查方案。完成调查方案的内容设计后，由各小组组长将内容组织起来撰写一份调查方案。要求为撰写的调查方案设计一个简单的封面，最后将调查方案打印成纸质文档。

扫一扫

学生手机市场调查
方案参考示例

实训评价

各小组组长提交调查方案的纸质文档，老师据此按表 2-4 所示内容进行初步评价，了解各小组调查方案的完成度。

表2-4　实训评价

序号	评分内容	分数	老师打分	老师点评
1	市场调查方案内容是否基本完整	30		
2	市场调查方案是否条理清晰	40		
3	市场调查方案的文档排版是否美观	30		

总分：＿＿＿＿＿＿

👤 实训二　评估学生手机市场调查方案

实训描述

本次实训由老师随机向各小组发放市场调查方案，让不同的调查小组交叉评估彼此的市场调查方案。

操作指南

各小组在评估市场调查方案时，参考以下步骤进行操作。

（1）每组同学根据市场调查方案的评价标准，从调查目的、调查内容、调查对象、调查方法等方面评价另一组同学制定的市场调查方案。

（2）每组同学以 Word 文档的形式写出方案的不足之处，并提出修改意见。为方便老师评价，该 Word 文档的开头应注明评估小组及被评估小组，然后打印成纸质文档。Word 文档开头参考格式如下。

评估小组：（写出小组名称）

被评估小组：（写出小组名称）

实训评价

每组同学完成市场调查方案评估后，将市场调查方案与评估内容的文档装订起来提交给老师，老师根据表 2-5 所示内容进行打分。

表2-5　实训评价

序号	评分内容	分数	老师打分	老师点评
1	是否指出被评估方案的不足之处	50		
2	撰写的修改意见是否合理	50		

总分：_____

项目总结

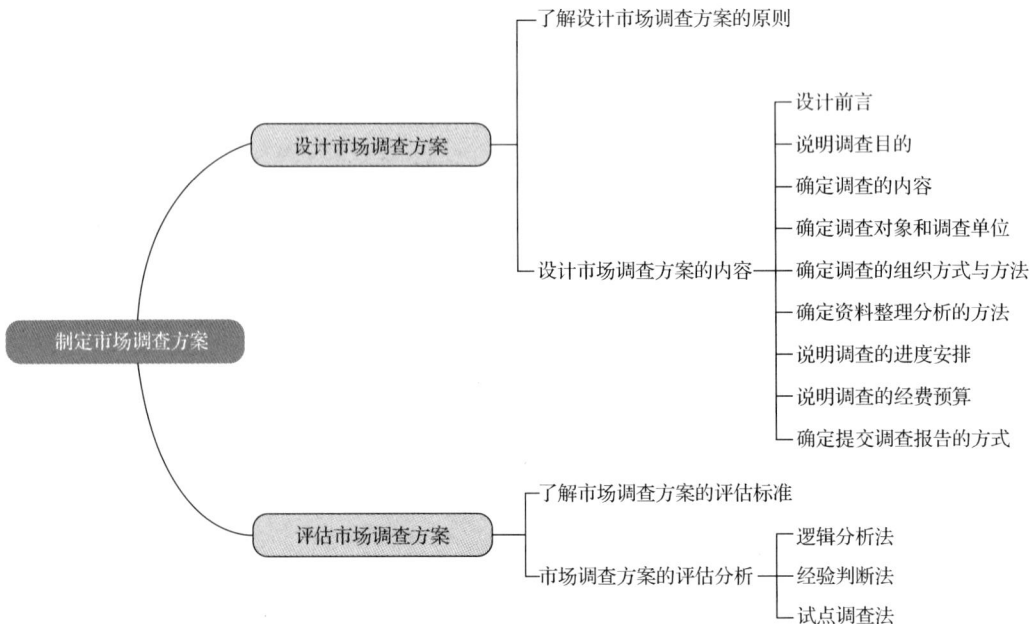

项目三

选用市场调查方法

职场情境

　　小艾在办公室经常听到同事们针对调查项目展开讨论，讨论重点为采用哪种调查方法实施调查，以便快速获取准确、可靠的资料，达成调查目的。小艾就此明白，开展市场调查活动，选用市场调查方法十分关键。事实的确如此，老李凭着多年的工作经验告诉小艾，要完成具体的调查任务，获取所需资料，还得借助各种调查方法，而调查方法既有利也有弊，其选择恰当与否对调查结果影响很大。目前有一些调查项目可供小艾实践，小艾可以借机学习与掌握各种调查方法的运用。

任务一　文案调查法

任务描述

新的一年，宠物食品生产企业彼——决定重新审视宠物食品行业的市场行情，为自己的产品生产营销、企业运营管理提供指导，以制定战略决策。为此，彼——委托 A 公司市调 1 组通过文案调查法为其收集市场行情资料。相对而言，这项工作较为简单，老李便安排小艾完成相关的资料收集，自己从旁指导。

任务实施

活动1　认识文案调查法

在利用文案调查法收集宠物食品市场行情资料之前，小艾应对文案调查法有基本的了解，以便更好地完成工作。

1．文案调查法的含义

文案调查法又称间接调查法或二手资料调查法。它是指围绕一定的调查目的，利用企业内部和外部现有的各种信息、情报资料，对调查内容进行分析研究的一种调查方法。文案调查法收集的是二手资料，二手资料也叫作次级资料，是指已经存在的各种现成资料。

2．文案调查法的优缺点

文案调查法的优点是操作简便、成本低、速度快、灵活性强。尤其是互联网时代，文案调查法不受时间与空间的限制，调查人员可以通过互联网随时随地浏览、收集大量的资料，既可以收集现实资料，也可以收集历史资料，既可以收集本地市场资料，也可以收集外地市场资料。

由于文案调查法收集的是二手资料，所以存在一些局限性。

（1）时效性较差。采用文案调查法获得的二手资料是其他部门、机构或企业花费一定时间编撰的，存在一定的滞后性，现实中市场正在发生变化的新情况、新问题可能难以得到及时反映。

（2）相关性较差。二手资料不是专门为研究者需要解决的问题而准备的，这就会导致调查人员收集到的资料可能难以与当前需要解决的调查问题相吻合，使得资料的相关性大打折扣。例如，调查人员想要查找国内空调的销售数据，却只能找到国内空调厂的生产数据。

（3）审核难度大。二手资料的获取渠道不同，其呈现形式也不同，且有的二手资料可能存在较大误差或错误，因此审核难度大。为了收集到准确、可靠的资料，调查人员需要具备专业知识、实践经验和能力。

3. 文案调查法的应用

为了简化调查工作，企业的市场调查工作通常始于文案调查，以便以较快的速度、较低的费用获得所需资料。因此，在市场调查中，文案调查法具有特殊地位，作为信息收集的重要手段，一直受到各行业的重视。

文案调查法的应用具体体现在以下3个方面。

（1）为市场研究提供重要参考依据。文案调查法适用面广，采用文案调查法可以收集到丰富的资料，尤其是实地调查无法或难以取得的市场环境等宏观资料。因此，文案调查法可以作为独立的市场调查方法，为企业决策提供依据。根据实践经验总结，企业进行市场调查常将文案调查法作为首选方法，只有当现有资料不足以解决问题时，才考虑结合其他调查方法解决问题，实现调查目的。

（2）为实地调查创造有效条件。采用文案调查法所收集的资料可以指导实地调查的设计，便于企业进一步开展实地调查，取得良好的调查效果。例如，采用文案调查法收集的资料表明企业产品的销售对象是 25～35 岁的年轻人群体，在开展实地调查时，就可以将 25～35 岁的消费者作为调查对象，了解消费者的购买行为。同时，将文案调查资料与实地调查资料进行对比，可以鉴别和证明实地调查结果的准确性和可靠性。例如，采用文案调查法收集的资料表明某产品的市场前景良好，但实地调查显示消费者对产品的需求不大，那么企业需要评估实地调查是否有误，或者市场需求是否发生了变化。

（3）为进行经常性的市场研究积累资料。文案调查法成本低、速度快，具有较强的灵活性，采用文案调查法可以随时随地根据企业营销活动的需要收集、整理、分析各种市场信息，从而为企业进行经常性的市场研究积累资料。

活动2 文案调查法的资料收集

文案调查法的关键是资料的收集。小艾在收集资料时，先要了解文案调查法所需资料的来源和收集原则，然后按照一定的程序执行。

1. 文案调查法的资料来源

总体来说，文案调查法的资料来源分为企业内部资料和企业外部资料。企业内部资料主要是以往积累的生产经营资料和各种调查报告、数据分析资料等，如果企业内部资料能够满足调查需要，则无须收集企业外部资料；如果企业内部资料无法满足调查需要，就要收集来自企业外部的各种资料。

随着互联网的发展和普及，互联网成为采用文案调查法收集资料的主要渠道。互联网信息容量大、内容覆盖面广，调查人员足不出户就可以收集到世界各地各个方面的资料，使资料的收集时间有效缩短。互联网的资料来源渠道包括以下 6 种。

（1）政府部门主导的信息发布平台。

政府部门主导的信息发布平台，如中国金融信息网、中国互联网络信息中心、中国统计信息网等，这些平台上的资料不仅具有权威性，而且综合性强、辐射面广。

- **中国金融信息网。** 中国金融信息网由新华社主管、中国经济信息社主办，是配合新华财经金融信息平台项目打造的国家级专业财经网站，定位为中国财经金融信息领域的权威发布和服务平台，全面覆盖宏观、中观及微观经济层面的内容，实时发布权威财经新闻与金融信息。

- **中国互联网络信息中心。** 中国互联网络信息中心旨在构建全球领先、服务高效、安全稳定的互联网基础资源服务平台，提供多层次、多模式的公益的互联网基础资源服务，负责开展中国互联网络发展状况等多项互联网络统计调查工作，描绘中国互联网的宏观发展状况，发布中国互联网统计信息和数据报告，涵盖电商、网络游戏、网络媒体、移动互联网等领域。

- **中国统计信息网。** 中国统计信息网由国家统计局主办。该网站（见图3-1）汇集了全国各级政府各年度的国民经济和社会发展统计信息，是以统计年鉴、统计公报为主，人口普查、经济普查等为辅的多元化统计信息资料库。

图3-1 中国统计信息网

（2）行业协会的官方网站。

各行业组织、联合会或行业管理机构通常会通过其官方网站发布行业政策、市场统计数据、行业情报等。图3-2所示为中国汽车工业协会官方网站。

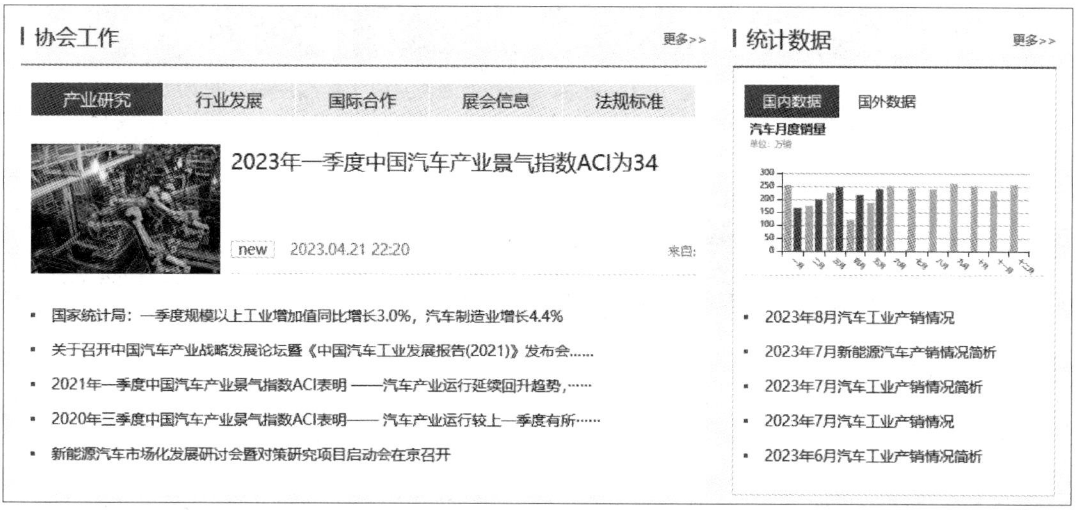

图3-2　中国汽车工业协会官方网站

（3）市场调研机构网站。

各种综合性的市场调研机构网站公布了丰富的数据报告，访问这些网站并搜索需要的关键词即可快速查看报告资料。常见的市场调研机构网站有199IT-互联网数据资讯网、艾瑞网、艾媒网、易观分析等，各网站的研究方向如表3-1所示。

表3-1　常见市场调研机构网站及其研究方向

网站	研究方向
199IT-互联网数据资讯网	IT（Internet Technology，互联网技术）数据分析、互联网数据研究、互联网数据调研、互联网咨询数据
艾瑞网	互联网相关领域的数据研究、数据调研、数据分析，互联网咨询数据等互联网研究及报告
艾媒网	专注于新经济领域的数据挖掘和数据报告分析，涵盖房地产、IT、金融、人工智能、新零售、游戏、音乐、教育、VR（Virtual Reality，虚拟现实）、网络安全等领域
易观分析	利用大数据分析技术为企业提供数字用户画像、竞争分析等服务

（4）电商平台。

各大电商平台，如淘宝、天猫、京东、抖音电商等，会结合本平台上的数据和外部数据发布一些电商领域的行业数据。图3-3所示为抖音电商平台发布的各种研究报告。

图3-3　抖音电商发布的研究报告

（5）短视频/直播数据分析平台。

随着短视频和直播的发展，出现了许多短视频/直播数据分析平台，如蝉妈妈、灰豚数据等。这些数据分析平台会发布一些短视频/直播领域相关的行业数据。图3-4所示为蝉妈妈平台发布的各种行业研究报告。

图3-4　蝉妈妈平台发布的各种行业研究报告

（6）企业官方网站。

如果要了解竞争对手的情况，可以进入竞争对手的官方网站，收集企业业务领域介绍、技术资源介绍、产品介绍等信息。

除了以上的渠道，调查人员还可以利用百度、搜狗等搜索引擎，搜索查找资料。例如，从百度获取有关行业的法律法规的全文、一篇关于某企业的详细报道、某机构对某行业的最新调研报告等。

📇 **经验之谈**

除了互联网，调查人员仍然可以从图书馆，电视、广播、报纸和杂志等传统媒体，以及国内外各种博览会、展销会、交易会、订货会等的相关介绍中获取资料。

---

2. 文案调查法收集资料的原则

调查人员在采用文案调查法收集资料时，应遵循以下基本原则。

（1）时效性原则。现代社会，市场变化快，资料适用的时间在缩短，因此，要考虑所收集资料的时效性是否满足调查的需要。例如，要了解某产品 2023 年的市场需求，收集 2015 年的数据显然不太适合。

（2）相关性原则。使用文案调查法收集的资料应尽量与调查项目紧密相关，为所要解决的问题提供有价值的参考信息。例如，调查旅游景点冬季游客的旅游动机和兴趣，反映游客夏季的旅游动机和兴趣的资料显然相关性不大。

（3）可靠性原则。一般而言，来自政府统计部门、专业市场调研机构、知名企业、大型网站的资料的可信度要高一些。在实际的资料收集过程中，调查人员可能从多个渠道获得多份二手资料。理想的情况是，这些二手资料在相同的研究项目中提供的数据相同、接近或区别不大。但事实上，二手资料之间缺乏一致性是经常发生的，因为调查时间、方法、对象等的不同会直接导致调查结果的不同。如果数据差异较大，调查人员应探究造成差异的原因，并判断哪份资料的准确性更高。

3. 文案调查法收集资料的操作步骤

文案调查法的关键在于资料的收集。收集到的资料的好坏决定了文案调查法应用效果的好坏。资料的收集一般包括以下步骤。

（1）确定资料需求。

调查人员在运用文案调查法时，首先应根据调查目的确定需要收集的资料，以免调查方向出现偏差。本任务中，宠物食品生产企业彼——要获取宠物食品市场行情资料。

（2）分析可能的资料来源。

确定所需收集的资料后，调查人员需分析可能的资料来源。例如，人口数据的来源可以是公安部门的户籍登记数据，也可以是国家统计局的人口普查数据；行业数据既可以来自相关行业协会，又可以来自网络搜索。

宠物食品市场行情资料的来源渠道包括行业协会的官方网站、市场调研机构网站、电商平台和短视频 / 直播数据分析平台等。首先考虑从行业协会的官方网站和市场调研机构网站搜寻资料，其次考虑从电商平台和短视频/直播数据分析平台搜寻资料。因为行业协会的官方网站和市场调研机构网站的数据综合性强，电商平台和短视频/直播数据分析平台的资料主要针对电商平台、短视频/直播平台，有一定的局限性。

（3）搜寻有关资料。

在确定资料的可能来源后，调查人员便可据此搜寻资料。搜寻资料的过程中，调查人员要对资料的内容、质量、使用条件等有初步的了解，以确定该资料是否满足调查需要，资料的时效性、相关性是否较强。

获取宠物食品市场行情资料，首先可通过百度查找是否有宠物食品的行业协会信息。确认没有相关信息后，在艾媒网输入"宠物食品"进行搜索，搜索结果显示有《2021—2022年中国宠物食品市场及消费行为监测报告》，如图3-5所示。单击该报告的标题链接，查看报告节选内容，如图3-6所示。

图3-5　艾媒网搜索结果

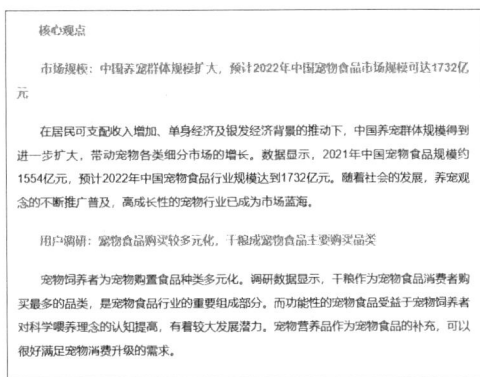

图3-6　查看报告节选内容

在艾瑞网中查找是否有时效性和相关性更强的资料。输入"宠物食品"关键词进行搜索，搜索结果显示有《2021年中国宠物食品行业研究报告》，如图3-7所示，单击该报告的标题链接，在打开的页面中单击 ⊙ 在线浏览 按钮，在线预览报告内容，如图3-8所示。

图3-7　艾瑞网搜索结果

图3-8　在线预览报告内容

这两份资料都是对2021—2022年度的数据进行的统计，且都是宠物食品行业研究报告，时效性不强，但相关性较强，此时可考虑同时获取这两份报告，以互为补充和证明。

（4）获取有关资料。

搜寻到有关资料后便可获取资料。获取资料有两种方式：一种是免费获取，另一种是付费购买。为降低调查成本，一般考虑获取免费资料，如果要付费购买资料，应考虑支付的费用与带来的经济效益。

在获取《2021—2022 年中国宠物食品市场及消费行为监测报告》《2021 年中国宠物食品行业研究报告》时，可以在艾瑞网中免费下载完整的《2021 年中国宠物食品行业研究报告》，而在艾媒网中获取《2021—2022 年中国宠物食品市场及消费行为监测报告》，需要付费成为会员，如图 3-9 所示。因此，可先下载《2021 年中国宠物食品行业研究报告》，如果资料不充分，再考虑付费下载《2021—2022 年中国宠物食品市场及消费行为监测报告》。

图3-9　付费下载页面

（5）整理资料。

调查人员下载资料后，应剔除与调查无关的和不完整、不准确的资料。当各种资料之间存在中断、互补或互斥等关系时，调查人员应利用自己的学识、能力或通过请教专业人员对资料加以补充、调整或筛选。之后，调查人员便可以将整理好的资料存储起来，以供长期使用。

任务二　街头拦截访问法

任务描述

彼一一通过文案调查发现，消费者购买宠物食品的主要渠道是线下实体专卖店和电商平台。因此，彼一一在电商平台销售宠物食品的同时也在本市（成都）的宠物食品专卖店大量铺货，主要销售猫粮产品。在各专卖店上架销售一段时间后，彼一一委托 A 公司市调 1 组通过街头拦截访问法，了解本市消费者对彼一一宠物食品产品质量、价格、促销方式等的看法。此次，小艾将跟随老李，学习街头拦截访问法的基本知识和应用。

任务实施

活动1　认识街头拦截访问法

老李告诉小艾，逛街时有时会遇见一些调查人员，拦下自己就某些问题进行访问，这种访问方式就属于街头拦截访问。街头拦截访问是指在车站、公园、超市、商业街、写字楼、生活小区等场所拦截调查对象，面对面访问，如图 3-10 所示。

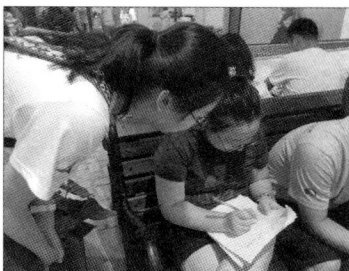

图3-10　街头拦截访问

街头拦截访问法是收集一手资料的基本的调查方法，常用于消费者购物行为的调查。街头拦截访问法的优点主要体现在以下3个方面。

（1）调查费用较低。调查对象是直接出现在调查人员面前的，因此调查人员可将大部分时间用于访问并可缩短调查中的行程时间，节省交通费用等。

（2）调查效率较高。即使当前的调查对象拒绝访问，调查人员也可以很快找到下一个调查对象。

（3）便于监控调查效果。街头拦截访问通常在提前选好的地点进行，方便调查人员监控访问现场，以保证调查效果。

街头拦截访问法的缺点主要体现在以下3个方面。

（1）拒访率较高。因为行人一般比较匆忙，所以他们拒绝接受访问的概率较高。

（2）样本的代表性可能不好。由于街头拦截访问是在某一固定地点进行的，调查对象出现在调查地点具有偶然性，所以样本可能缺乏代表性，从而影响调查结果的可靠性。

（3）回访较困难。因为多数调查对象不愿意将真实的个人信息留给调查人员，所以事后回访比较困难。

总体来讲，街头拦截访问的调查费用低、调查效率高，但调查的样本可能缺乏代表性，并且调查对象可能不会有太多的时间接受访问，因此街头拦截访问的时间一般不能超过15分钟，同时调查内容最好不要涉及个人隐私方面的问题，因为人们通常不会在公开场合回答较私密的问题。

📇**经验之谈**

一手资料也称原始资料，是指没有被别人收集，尚未被系统整理的信息，或别人已经收集过但调查人员无法获取的信息。街头拦截访问法、电话访问法、焦点小组访谈法、观察调查法和实验调查法等都是获取一手资料的重要手段。

👤 活动2　设计街头拦截访问的方案

街头拦截访问中调查人员往往会发放问卷让调查对象填写。因此，在实施街头拦截访问时，小艾首先要准备好调查问卷，然后选择调查地点和调查对象，这些准备工作做好后，就可以按照计划到确定的调查地点拦截调查对象，并进行访问。

1. 准备调查问卷

街头拦截访问大多以问卷作为主要工具。在调查之前，调查人员可根据调查目的设计调查问卷，问卷内容应简短，方便调查对象作答。

本任务中，调查目的是了解本市消费者对彼——宠物食品产品质量、价格、促销方式等方面的看法。据此设计的调查问卷的主要内容如下。

1. 您认为彼——宠物食品的价格高吗？

○ 高　　　　　　○ 一般　　　　　　○ 不高

2. 您能接受的彼——宠物食品的价格区间是？

○ 50 元及以下　　○ 51 ～ 100 元　○ 101 ～ 200 元 ○ 201 元及以上

3. 您对彼——宠物食品的质量满意吗？

○ 满意　　　　　　○ 一般　　　　　　○ 不满意

4. 您认为彼——宠物食品的质量还可以从哪方面提高？

○ 包装质量　　　○ 存放时间　　　　　○ 营养价值

○ 气味　　　　　○ 其他

5. 您认可彼——宠物食品"买二送一"的促销方式吗？

○ 认可　　　　　　○ 一般　　　　　　○ 不认可

6. 哪种促销方式会促使您购买彼——宠物食品？

○ 满送　　　　　○ 满减　　　　○ 折扣　　　　○其他

2. 选择调查地点

调查人员可根据调查目的选择调查地点。例如，要了解超市消费者的购买行为，可选择在超市出入口进行拦截访问；要了解消费者对化妆品的偏好，可选择在购物中心的化妆品柜台前进行拦截访问等。为了使调查样本更具有代表性，调查地点一般选在人流量大的场所。如有必要，选定调查地点后，调查人员还需布置场地、打扫场地卫生、设立等候区等。此外，除了在选定地点进行现场访问，调查人员还可以事先选定若干地点，然后按一定程序或要求选取调查对象，征得其同意后，带其到附近的访谈室或厅堂进行访问。

本任务中，根据彼——的调查目的，同时为了扩大调查范围，使调查样本更具有代表性。在成都市的双流区、金牛区、武侯区、锦江区、青羊区 5 个区中各选一个人流量大的彼——宠物食品专卖店作为调查地点。

3. 选择调查对象

在这个环节中，调查人员要有足够的耐心，通过运用自己所具备的知识、经验，根据过往行人的言行、举止、穿着、大致年龄等要素选定符合调查要求的对象。同时，调查人员可以选择那些行走缓慢、手中提有少量物品或在休息区休息的人作为调查对象。

本任务中，要了解消费者对彼——宠物食品产品质量、价格、促销方式等方面的看法，应选择对彼——的产品有所了解的消费者作为调查对象，如进出彼——宠物食品专卖店的消费者。假设此次调查样本容量为100人，可在每个调查地点，筛选出符合条件的消费者各20人进行拦截访问。

4. 拦截调查对象

调查人员在拦截调查对象时态度要诚恳，语言要温和且具有一定说服力，如："女士／先生，您好！可以打扰您一下吗？我是某公司的市场调查访问员，这是我的证件！耽误您几分钟时间，问您几个问题，可以吗？"同时，为了保证随机性，调查人员应该按照一定的程序和要求拦截。例如，每隔几分钟拦截一位，或每隔几位行人拦截一位等。如果备有礼品，调查人员拦截到符合条件的对象后，正式调查前可以向调查对象表示完成访问会有小礼品赠送以示感谢，并向调查对象说明调查的保密纪律，如保证不泄露个人信息，以提高调查对象的兴趣和消除调查对象的疑虑。

本任务中，在拦截调查对象时，可间隔5～10分钟拦截一位消费者进行访问，当拦截的消费者不符合筛选条件时则紧接着拦截下一位消费者，而不用再间隔5～10分钟。

5. 访问调查对象

征得调查对象的同意后，即可在现场发放调查问卷，请调查对象根据真实想法填写问卷。调查结束后，调查人员不要匆忙离开，应礼貌地向调查对象表示感谢并与其告别。

做一做：网络购物平台的使用率和好评度调查

请同学们以调查工作小组为单位，利用周末时间，选择学校、购物中心、美食城、公交车站等场所作为调查地点。每组要求调查200位调查对象。访问内容为调查对象最常使用的网络购物平台和给予好评的网络购物平台，要求至少列出4个网络购物平台以供调查对象选择，提问格式参考如下。

1. 您最常使用的网络购物平台是？

○ 淘宝　　　　○ 天猫　　　　○ 京东　　　　○ 拼多多

2. 您给予好评的网络购物平台包括？

□ 淘宝　　　　□ 天猫　　　　□ 京东　　　　□ 拼多多

最后将使用率排在前3名的网络购物平台及其使用人数及比例、好评度排在前3名的网络购物平台及其好评人数及比例填写在表3-2中。需注意，本次调查仅用于实践，并不做结论参考。

表3-2　网络购物平台的使用率和好评度调查表

网络购物平台	使用人数及比例	网络购物平台	好评人数及比例

任务三　电话访问法

任务描述

彼——销售宠物食品产品的同时会为会员提供宠物保健服务回访，为了解会员对宠物保健服务的满意度，彼——将通过电话访问法回访会员。彼——已经确定了调查内容和调查对象，由于时间紧，彼——从 A 公司借调部分人员作为调查人员参与此次调查，小艾便是其中之一。

任务实施

👤 活动1　认识电话访问法

小艾作为调查人员参与此次调查，正好借此机会了解电话访问法。

1. 电话访问法的优缺点

电话访问法是指调查人员通过电话从调查对象那里获取信息的一种调查方法，如图3-11所示。电话访问法的优点主要体现在以下两个方面。

图3-11　电话访问

（1）费用较低、效率较高。电话访问省去了交通费、印刷费等费用，调查人员能及时收集调查对象的答案，效率较高。

（2）调查的对象多且区域广泛，可以对任何有电话的单位和个人进行调查。

电话访问法的缺点主要体现在以下 3 个方面。

（1）受通话时间的限制，电话访问的调查内容不能过于复杂，最好可以在简单的问答中完成访问，因此电话访问的调查深度不及其他调查方法。

（2）双方缺乏面对面的交流，因而很难判断所获信息的准确性和有效性等。

（3）访问的成功率较低。对于之前未与其建立联系的调查对象，访问的成功率较低，调查对象出于自我保护意识会拒接陌生电话或不愿意接受调查，或随机拨打的电话号码可能是空号等。

2. 电话访问法的适用性

当调查对象分散在各个地区时，电话访问法为调查人员提供了一种可行的调查途径。就目前而言，电话访问法被广泛应用于调查对象试用/使用产品或服务后的意见调查，或用于了解消费者对企业产品和服务的满意度。总体来讲，当与调查对象建立过联系后，如调查对象购买过企业的产品或服务，或者曾经接受过个人访问后，电话访问法被更多地认为是回收调查信息的一种有效方法。

活动2　电话访问法的运用

彼一一为了方便小艾等调查人员对会员开展电话访问，在电话访问表中列出了会员名单。调查人员可从第一个会员开始访问，然后每间隔两个会员进行访问，如表3-3所示，先对荀女士进行电话访问，接着对刘女士进行电话访问。

表3-3　电话访问表

序号	会员	会员电话	满意度	反馈意见
1	荀女士	135*********		
2	刘女士	131*********		
3	柳女士	138*********		
4	秦先生	131*********		
……				

在电话访问过程中，小艾可以按照以下流程操作。

（1）访问开场时，使用礼貌用语，询问调查对象是否愿意接受访问。示例如下。

您好！荀女士，我是宠物食品生产企业彼一一的电话回访员，请问现在方便通话吗？

（2）在得到肯定的答复后，说明通话目的并根据调查目的提出访问问题。示例如下。

我想对您做个简单的回访，您 ×× 月 ×× 日在我司使用了宠物保健服务，请问您对这次服务满意吗？您有什么需要反映的问题吗？

（3）在调查对象回答问题时，需快速记录答案，访问结束时，表示感谢。示例如下。

感谢您的支持，祝您生活愉快！再见！

经验之谈

传统的电话访问，由调查人员使用电话，按照一定的规则随机拨号，当电话接通时按照调查的要求访问调查对象。一些专业市场调查机构或大型企业进行大规模的市场调查时，常采用计算机辅助电话访问法。即调查人员坐在计算机旁，由计算机系统随机拨号，当调查对象接通电话后，问题和选项立即出现在计算机屏幕上。调查人员根据屏幕提示提问，并将调查对象的答案直接录入计算机。在访问过程中，计算机可以随时显示整个调查的进展情况，统计分析可以在调查的任何阶段进行。

任务四　焦点小组访谈法

任务描述

　　蓝牙耳机又称无线耳机，因其使用方便而在市场上越来越流行，深受年轻人的欢迎。某耳机厂商拟向大学生市场推广其蓝牙耳机，预先通过焦点小组访谈在某学校开展蓝牙耳机市场调查，以了解大学生对蓝牙耳机的认知、购买、使用情况，对蓝牙耳机大学生市场的营销环境做初步评估，为后期大规模的调查做准备。为保证调查顺利进行，该耳机厂商聘请老李为此次焦点小组访谈的主持人，并组织焦点小组。接受邀请后，老李安排小艾为焦点小组访谈的记录员一起参与此次调查活动，学习焦点小组访谈法在市场调查中的运用。

任务实施

👤 活动1　认识焦点小组访谈法

　　老李在组织此次焦点小组访谈之前，让小艾做好准备工作，了解焦点小组访谈法的基本知识。

1. 焦点小组访谈法的含义

　　焦点小组访谈法又称小组座谈法，指采取小型座谈会的形式，挑选一组具有代表性的调查对象，在一名训练有素的主持人的引导下就某个问题展开讨论，从而获得对有关问题的深入了解。焦点小组访谈法的特点是不单独访问每个调查对象，而是同时访问若干个调查对象，即通过与若干个调查对象的集体座谈来了解市场信息。一般，使用焦点小组访谈法的一个小组的人数在 6 ～ 12 人为宜，座谈时间由调查的复杂程度决定，但一般控制在 3 个小时以内。

2. 焦点小组访谈法的应用及目的

　　通过焦点小组访谈法获得的资料一般是非量化的、描述性的资料，因而焦点小组访谈法常用于收集调查对象在行为、动机、态度、感觉以及需求等方面的信息，有助于企业对目标市场有一个初步的了解。焦点小组访谈法可以在进行大规模调查之前的准备工作中运用。如果要进一步获取相关市场的大量信息，调查人员通常需在焦点小组访谈之后再进行大样本调查。因为通过焦点小组访谈，调查人员会找到某个问题的相关影响因素；而通过大样本调查，调查人员会找到某个影响因素在量方面的影响程度。例如，运用焦点小组访谈法得到的结果是多数的消费者通过网络购物平台购买某产品，而通过大样本调查可获得确切的数量信息，如通过网络购物平台购买某产品的人数的比例。由此，调查人员可分析线上和线下平台分别销售哪种产品。

　　概括地讲，在市场调查中，运用焦点小组访谈法可以实现以下 8 个目的。

　　（1）了解消费者对某类产品的认识、偏好。

　　（2）了解消费者对一些全新的产品概念、形象的反应。

　　（3）产生关于旧产品的新观点。

（4）为广告创意提供灵感来源和素材。

（5）获得有关价格的印象。

（6）得到有助于构思调查问卷的信息。

（7）提出可以定量检验的假设。

（8）解释定量调查的结果。

3. 焦点小组访谈法的优缺点

焦点小组访谈法的优点主要体现在以下4个方面。

（1）能够快速完成资料收集，效率高。

（2）参与者能够畅所欲言，参与者之间的互动讨论能够为调查人员提供新见解并促进其进行深入的思考，从而获得较为丰富和深入的资料。

（3）在焦点小组访谈的过程中，调查人员可根据参与者的意见不断完善或更新调查内容。

（4）相关监管人员可以观看座谈情况，获得一手资料，并且可以录制访谈过程，便于事后分析。

焦点小组访谈法的缺点主要体现在以下4个方面。

（1）对主持人的要求较高，调查结果的质量在很大程度上取决于主持人的主持水平。

（2）群体动态可能会抑制一些参与者的活跃度，或出现座谈会由某个参与者主导的情况。

（3）参与者的评论是开放的，会以各种形式被众人解读，因此回答结果散乱，后期对资料进行分析和说明有一定困难。

（4）参与者可能不具有代表性，讨论带有主观性，其结论的适用范围有限，不能用作定量分析。

👤 活动2　设计焦点小组访谈的方案

通过焦点小组访谈实施市场调查，首先需要明确访谈目的、制定访谈规则、拟订访谈提纲，然后在此基础上挑选参与者、主持人、笔录人员，确定访谈时间、场所与布置现场，最后进行焦点小组访谈并整理访谈结果。小艾在设计焦点小组访谈的方案时主要从以下8个方面入手。

1. 明确访谈目的

企业在实施焦点小组访谈前必须明确访谈目的，以便在调查过程中做到有的放矢。例如，本任务中的访谈目的是了解大学生对蓝牙耳机的认知、购买、使用情况，对蓝牙耳机大学生市场的营销环境做初步评估。

2. 制定访谈规则

企业开展焦点小组访谈市场调查活动，需制定访谈规则，就如何进行问题讨论加以说明，使参与者按规则参与访谈，保证访谈过程顺利进行，并获得较好的调查效果。无论是出于何种调查目的，焦点小组访谈的规则都相似，包括要求参与者依次发言、不用考虑答案的对错、发表自己的意见等。本任务制定的访谈规则如下。

- 向参与者说明问题没有正确答案，只是说出自己的真实意见。
- 向参与者说明需按顺序发言，在他人发言时，应保持安静，认真倾听，避免同时发言而漏掉重要信息。
- 向参与者说明不用向主持人提问，因为主持人的想法并不重要，参与者的想法才是重要的，主持人只是激励大家说出自己的想法。
- 向参与者说明不要怕自己的观点与众不同，没必要为了迎合他人的观点而放弃自己的想法。
- 向参与者说明，因时间有限，要讨论一些话题，所以主持人会不时地将讨论推进到下一个话题。

3. 拟订访谈提纲

拟订访谈提纲就是在调查目的的基础，确定要讨论的所有问题，同时应合理安排问题顺序。本任务中，根据调查目的，拟订访谈提纲的主要内容如下。

蓝牙耳机的认知情况的访谈内容如下。

1. 你了解蓝牙耳机吗？蓝牙耳机与有线耳机有什么区别？

蓝牙耳机的购买、使用情况的访谈内容如下。

2. 你知道哪些品牌的蓝牙耳机？

3. 你使用什么品牌的蓝牙耳机？你是什么时候拥有蓝牙耳机的？

4. 你为什么要买××品牌的蓝牙耳机？你通过什么渠道购买蓝牙耳机？

5. 你经常使用蓝牙耳机的场景是怎样的？为什么？

6. 你周围的其他同学都是用的蓝牙耳机吗？

7. 你周围的其他同学用蓝牙耳机做什么？

8. 你周围的其他同学用的什么品牌的蓝牙耳机？最受欢迎的是哪个品牌的蓝牙耳机？

个人观点访谈内容如下。

9. 蓝牙耳机与有线耳机你更喜欢用哪种耳机？为什么？

10. 你会推荐周围的人使用蓝牙耳机吗？为什么？

11. 你将通过什么方式说服周围的人使用蓝牙耳机？

12. 如果你目前还没有蓝牙耳机，你会购买一副蓝牙耳机吗？为什么？

总结参与者的感受。

13. 你们讨论了蓝牙耳机的相关信息后，对是否会购买、使用蓝牙耳机都有什么感受或看法？希望大家畅所欲言，说说自己的感受或看法。

4. 挑选参与者

焦点小组访谈的参与者一般都要经过挑选，参与者需满足某些条件，这些条件涉及年龄、性别、职业、是否使用过某产品及使用频率等，如挑选 25～35 岁的男性为参与者、挑选经常使用某护肤品牌产品的女性为参与者等。此外，焦点小组访谈的参与者一般由企业雇佣参与访谈，企业可向参与者支付一定的报酬，这样也可以提高参与者的积极性。

本任务中，因为蓝牙耳机在大学校园的普遍性，所以学校的全部在校生都是调查对象。但由于家庭经济背景的差异，学生生活支出存在一定的差距，使消费习惯存在差异性，因此他们在选择蓝牙耳机的品牌、档次、价格上会有所不同。为了得出更可靠的调查结果，此次调查小组的参与者如下。

根据住宿条件（公寓与普通宿舍）的不同（住宿条件一定程度上能反映每位学生的家庭经济条件），各随机抽取 5 个公寓和普通宿舍，在每个公寓和普通宿舍各抽取 1 名学生，组成 10 人小组进行焦点小组访谈。

此次焦点小组访谈甄选参与者时，为了保证参与者回答问题的真实性，应避免以下情形。

- 参与者所学专业不能为市场营销、市场调查专业。
- 参与者没有在市场调查公司或广告公司实习或工作过。
- 参与者最近半年内没有参与过类似的市场调查。

📋 **经验之谈**

经调查发现，人们同意参加焦点小组访谈的动机依次是：报酬、对话题感兴趣、有空闲时间、焦点小组访谈有意思、焦点小组访谈提供了一个自我表达的机会。

5. 选择主持人、笔录人员

焦点小组访谈是主持人与参与者相互影响的过程，要想取得预期的调查效果，主持人的选择很关键。主持人一般可由训练有素、经验丰富的调查人员担任。其主要职责包括与参与者建立友好的关系、说明焦点小组访谈的规则、告知参与者调查的目的并根据讨论的发展灵活变通、询问参与者的意见、鼓励参与者围绕调查主题进行热烈讨论等。

在焦点小组访谈中，可以安排专门的笔录人员，由一般的调查人员担任即可。笔录人员主要负责记录参与者所说的内容；也可以记录研究者在访谈过程中看到的东西，如参与者的行为、表情、反应等；还可以记录自己在访谈现场的感受和体会。笔录人员要注意提高记录速度，访谈结束后应及时补充、整理，把记录不完整的内容补充完整，把没有记录下来的补上。

除了笔录，也可以使用录音、录像设备记录整个访谈过程，便于日后查看整理调查内容。当然，录音、录像前需要征得所有参与者的同意。

6. 确定访谈时间、场所与布置现场

确定参与者、主持人、笔录人员后，即可确定焦点小组访谈的时间和场所。尽量在安静舒适的环境中进行焦点小组访谈，在正式实施焦点小组访谈前还需要布置现场。例如，广告效果座谈需要投影仪和屏幕，概念测试需要制作概念板，口味测试需要准备试品、苏打水、笔、纸等。另外，要把参与者的名字写在桌牌上，预先将桌牌放置妥当。这样做首先可以使参与者按设定的次序就座，大大方便了数据的记录和整理；其次主持人在座谈过程中能够直接称呼参与者，有利于促进双方沟通关系的建立，方便主持人开展主持工作。

当使用录音、录像等设备时，事先应检查设备是否运转正常。如果是录音器材，则要放在

距离参与者近一些的地方，保证音质清晰；如果是录像器材，则要放在参与者稍侧面的位置，不要放在正对面，避免参与者产生不必要的心理压力。

7. 进行焦点小组访谈

在参与者到来后，由主持人组织大家进行自我介绍，将座谈会的目的、活动的规则清楚地告知参与者，并依照访谈提纲组织大家展开讨论。在组织大家对问题展开讨论时，主持人应做好以下两个方面的工作。

- 把握座谈会的主题，避免讨论偏离主题。
- 做好小组成员之间的协调工作，避免冷场、小组中某个成员主导座谈会等情况，引导所有参与者畅所欲言。

8. 整理访谈结果

结束焦点小组访谈后，调查人员首先对比记录与录音、录像，检查记录是否准确、完整，并回顾访谈的整体情况，分析访谈的进程是否正常、会上反映的情况是否真实可靠、观点是否具有代表性，并对讨论结果做出评价；然后根据需要做必要的补充调查，进一步查证核实会上反映的一些关键事实和重要数据；最后在整理、分析、补充资料的基础上编写焦点小组访谈报告，报告内容包括调查目的、讨论的主要问题、讨论结果和提出的建议等。

📝 **素养小课堂**

不管是在学习中，还是实际工作中，调查人员在访问调查对象时，都要有礼貌，保持一定的职业素养。调查人员的语言表达能力、人际交往能力、责任感和价值观等都会影响调查的质量。调查对象往往会根据调查人员的形象、诚意及行为等决定自己是否给予支持和配合。尤其是刚步入社会的学生作为调查人员，刚开始工作时压力较大，有时候可能会心浮气躁，但是要注意不能将不良情绪带入调查实践或工作中，即使在访问中被拒绝，也要礼貌地说："对不起，打扰您了。"这种良好的心态和职业素养对个人的职业发展来说是有益的，能够帮助个人更健康地成长，也能为身边的同学、朋友树立榜样，并帮助个人取得更大的成就。

任务五 观察调查法

任务描述

某超市近来收到一些投诉，有的消费者表达了对营业员服务态度的不满。为了解营业员在工作中为消费者提供服务的真实表现，掌握营业员服务不到位的情况，以开展有针对性的培训或建立奖惩制度，提高营业员的整体服务质量，该超市的管理人员决定邀请 A 公司采用观察调查法来获取相关信息。老李将带领小艾为此次调查设计实施方案。

任务实施

活动1　认识观察调查法

小艾问老李，服装店不断调整店内的服装陈设，观察哪种陈设风格对消费者更有吸引力，这是否就是观察调查法的应用。老李告诉小艾，没错，观察调查法的应用随处可见。

与其他市场调查方法一样，要熟练运用观察调查法，小艾首先要了解观察调查法的基本知识。观察调查法是指调查人员在现场通过自己的感官（如眼、耳）或借助摄录器材，直接或间接地观察和记录调查对象正在进行的行为或活动，以获取一手资料的一种调查方法。

1. 观察调查法的类型

观察调查法可以分为不同的类型，调查人员可以根据不同的情况，采取不同的观察方法。

（1）人员观察和机器观察。

人员观察是指调查人员直接到现场观察调查对象。观察时，调查人员不进行人为干预，只是记录在自然环境（如商店）或实验环境（如研究设施）中发生的事。观察时，调查人员通过眼睛获得的信息量最大，其他感官也可对市场现象做出直接感知，如通过耳朵听谈话内容、通过手掌触摸产品等。

机器观察是指利用机器观察调查对象。在特定的环境中，机器观察获得的信息更丰富、客观、精确和高效，更容易完成任务。例如，某广告公司为了确定广告的播出时间，经用户同意，在 1 000 台家庭的电视上安装了电子记录器。这些电子记录器与公司总部相连，当用户观看电视时，公司就能把其所看的频道和节目记录下来，然后对这些资料加以汇总、分析，以了解用户在什么时间喜欢观看什么频道和节目，从而确定广告播出的黄金时间。

（2）直接观察和间接观察。

直接观察是指调查人员直接观察调查对象的行为、活动，并将其记录下来的调查方法。直接观察的效果与人类感官的灵敏程度相关，具有简单、直接、受客观条件限制较少、可以随时随地进行等优点。

间接观察是指调查人员通过观察与调查对象相关联的自然物品、社会环境、行为痕迹等，了解调查对象的状况和特征的调查方法。例如，调查人员通过观察住宅小区内停放的车辆，了解该小区居民的生活水平等。

（3）公开观察和非公开观察。

公开观察是指调查对象知道自己正在被观察的一种观察类型。通常情况下，调查人员的公开出现将影响调查对象的行为，他们可能会表现出与平常不一样的行为特征。

非公开观察是指在调查对象不知道调查人员存在的情形下进行的观察，观察结果更真实。神秘顾客调查法就属于非公开观察，是观察调查法在市场调查中应用得非常广泛的一种形式。

知识窗

神秘顾客调查法指调查人员在指定的时间里扮演成顾客，逐一评估或评定事先设计的一系列问题的一种调查方法。该方法可应用到如电信、银行、超市、连锁店等服务类企业，用于了解企业服务的质量，包括服务人员的服务态度、业务素质和技能等情况；同时，也可用于竞争对手调查，了解竞争对手的产品品质和服务质量等。

神秘顾客调查法被企业的管理者广泛采用，原因是调查对象事先无法识别或确认由调查人员扮演的"神秘顾客"的身份，调查人员可以以中立的身份，在购买产品和消费服务时，观察服务人员真实的表现。因此，这种调查方式能真实、准确地反映客观存在的实际问题，弥补内部管理过程中的不足，具体作用如下。

（1）若与奖罚制度结合，可以带给服务人员无形的压力，引发他们主动提高自身的业务素质、服务技能和改善服务态度，促使其为顾客提供优质的服务，而且持续的时间较长。

（2）可以从顾客的角度，及时发现、改正产品和服务的不足之处，提高客户满意度，留住老顾客，发展新顾客。

（3）可以完善企业的监督管理机制，改进服务人员的服务态度，加强内部管理。

（4）在与服务人员的接触过程中，可以听到服务人员对企业和管理者不满的声音，帮助管理者查找管理中的不足，改善员工的工作环境和条件，拉近员工与企业和管理者之间的距离，增强企业的凝聚力。

（5）通过调查发现的问题，系统地分析深层次的原因，能够提升管理质量，完善管理制度，从而增强企业竞争力。

知识窗

2. 观察调查法的优缺点

观察调查法的优点如下。

（1）简便易行，灵活性较强，可随时随地开展调查。

（2）能避免语言或人际交流中产生的误解和干扰，所观察到的信息客观准确、真实可靠。

（3）可以实际观察和记录现场发生的情况，通过影像录制等手段，还可以如实地反映或记录现场的特殊环境和事实，这是其他市场调查方法不能比拟的。

观察调查法的缺点如下。

（1）观察调查法只能记录发生的过程，无法了解发生的原因等。例如，可以观察到消费者喜欢购买哪种产品，但无法了解消费者喜欢购买这种产品的原因。因此，观察调查法常需要配合其他市场调查方法一起使用，从而进行深入、细致的调查。

（2）实施观察调查法时，调查人员常会受到调查时间、空间和费用的限制，所以它只适用于小范围的调查。

3. 观察调查法的应用

观察调查法在市场调查中的应用主要体现在以下4个方面。

（1）产品资源观察。用于观察产品的生产状况，判断产品资源数量，进而总结出市场产品供求数量的报告。

（2）营业状况观察。用于观察营业现场的产品陈列、橱窗布置、产品价格的变动、促销活动等情况，了解并判断企业的管理水平、产品供求状况、成交情况，从而提出相应的改进建议。

（3）消费者行为观察。用于观察营业现场消费者的构成、消费者购物的偏好、消费者对产品价格的反应等，营业员接待消费者的服务方式、接待频率以及成交率等重要市场资料，从而掌握吸引消费者的服务方式，改进产品经营结构。

（4）流量观察。用于观察某区域行人流量、非机动车流量、机动车流量、道路特征等，从而评定、分析该区域的商业价值和交通情况。

> **经验之谈**
>
> 有些市场现象不适合通过观察调查法来了解，如消费者的消费观念，消费者对品牌形象、产品或服务的看法、意见等。在用观察调查法搜集市场资料时，要注意其应用范围，充分发挥其优点，减小观察误差。

4. 减小观察误差的方法

观察调查法对调查人员的综合素质提出了较高的要求，调查人员除了要具备丰富的市场营销知识和熟练的操作技能、敏锐的观察力、必要的心理学理论，还要遵循良好的道德规范。在观察时，调查人员的素质不同，观察的结果也不同。为减小观察误差，调查人员应注意以下4个方面的内容。

（1）进行观察时不应带有任何偏见。

（2）应注意选择合适的调查时间和地点，以及具有代表性的调查对象。

（3）在观察过程中，应尽量随时做出较为详细的记录。

（4）除了在实验室等特定的环境下和借助各种机器观察时，其他时刻调查人员应尽量使观察环境保持平常、自然的状态，不影响观察效果。

> **素养小课堂**
>
> 在观察时，调查人员应该尊重观察对象的意愿和隐私，不得侵犯其合法权益。调查需要选择合适的观察方法和观察时间，以最大限度地减小对观察对象的干扰。

👤 活动2　设计观察调查法的方案

通过观察调查法实施市场调查，首先需要明确观察目的、明确观察对象、确定观察的地点与时间，然后制作观察表并以此实施观察。小艾在设计观察调查法的方案时应考虑这5个方面的内容。

1. 明确观察目的

明确观察目的就是明确通过观察解决什么问题。例如，本任务中，观察目的是了解营业员在工作中为消费者提供服务的真实表现，掌握营业员服务不到位的情况，以开展有针对性的培训或建立奖惩制度，提高营业员的整体服务质量。

2. 明确观察对象

在观察准备阶段需要根据观察目的明确观察对象。例如，了解消费者在超市的购物偏好，观察对象是超市的所有消费者；了解某产品在超市的销售情况，观察对象是该产品。本任务是了解某超市营业员在工作中为消费者提供服务的真实表现，观察对象就是该超市的所有营业员。

3. 确定观察的地点与时间

市场现象是不断变化的，在不同时间、不同地点会有不同表现，因此，调查人员需要在市场现象发生的当时、当地进行观察。例如，要观察超市某产品降价后，消费者的购买情况，就要在产品降价后立即实施观察。

本任务中，观察地点、时间比较有规律，因为超市有固定的交易场所，营业时间也比较固定，只是不同时间段的人流量有一定差别。而人流量不同，对营业员的服务质量可能会产生影响：消费者较少时，营业员能够提供较好的服务；消费者较多时，营业员常出现不耐烦的服务态度。因此观察地点和时间的具体安排如下。

选择在一个工作日和一个周六或周日进行观察，例如，在周五和周六的上午进行观察，以节省时间和经费；还可以选择在一天的两个人流量不同的时间段做进一步观察。当然，在调查时间和经费充足的情况下，为了避免一些现象的偶然性，可增加观察次数，例如，选择两个工作日进行观察、在周六和周日均进行观察等。

4. 制作观察表

观察表是观察调查法的常用记录工具。在制作观察表时，一般根据观察目的列出所有观察项目，并合理排序，其他内容包括观察的地点、日期、人员、时间等。之后，可通过小范围内的观察检验观察表设计的合理性和有效性，适当调整后即可定稿付印。本任务中，制作的观察表如表3-4所示。

表3-4 营业员服务情况观察表

观察地点：某超市

观察日期：2023年2月3日—2023年2月4日

观察人员：老李、小艾

观察项目	第一次观察记录 起止时间：2月3日 8:30—11:30	第二次观察记录 起止时间：2月4日 8:30—11:30
店内卫生、装饰环境如何		
有多少位营业员跟你打招呼		

续表

观察项目	第一次观察记录 起止时间：2月3日 8:30—11:30	第二次观察记录 起止时间：2月4日 8:30—11:30
等多久才被营业员服务		
营业员的工作态度如何		
营业员的服务态度如何		
营业员的行为举止怎样		
营业员的业务能力如何		
观察结论		

5. 实施观察

调查人员在观察时，首先应灵活安排观察顺序，如先观察主要项目再观察次要项目，或由近及远地进行观察等。其次要做好观察记录，观察记录的内容要清楚、详细，最好当场记录观察内容。如果观察场所不适宜当场记录，可使用关键字或特殊符号（如印象好的打√，反之打 ×）简单标记，或者离开观察场所后立即补充记录。

做一做：当一回"神秘顾客"

请同学们利用空闲时间当一回"神秘顾客"，到附近的零售商店、超市、书店等场所观察顾客行为，看看能发现哪些有趣的现象，并在观察一段时间后总结观察结论。其中，观察表的示例如表3-5所示。需注意，观察记录的内容要客观公正，调查只用于实战演练，不用反馈给调查对象。

表3-5　某零售商店/超市/书店"神秘顾客"观察表

观察地点：

观察日期：

观察人员：

观察项目	第一次观察记录 起止时间：	第二次观察记录 起止时间：	第三次观察记录 起止时间：
顾客构成（如按性别、年龄、职业划分）			
顾客经常光顾的产品区域			
顾客经常购买的产品种类			
顾客经常购买的产品品牌			
顾客对产品价格的反应			
观察结论			

任务六 实验调查法

任务描述

　　某饮料公司准备通过改进饮料瓶包装提高 A 饮料的销量。为检验新包装的效果，该公司将与 A 公司市调 1 组合作，进行实验调查。此次调查中，老李将带领小艾一起设计实验方案。

任务实施

活动1　认识实验调查法

　　小艾问老李，超市不断调整饮料的摆放位置，通过多次实验判断哪种摆放方法更能吸引消费者，这是否就是实验调查法的应用。老李告诉小艾，没错，实验调查法的应用随处可见，企业常通过调整产品的价格、包装等，调查价格、包装对产品销量的影响。因实验所得结论具有较强的说服力，在市场调查中得以广泛应用。

　　与学习其他市场调查方法一样，要熟练运用实验调查法，小艾首先要了解实验调查法的基础知识。

　　实验调查法是指在市场调查中，调查人员通过改变某些因素（自变量）来测试此改变对其他因素（因变量）的影响，是通过实验对比分析来收集市场信息的一种调查方法。实验调查法常用于测试各种广告、促销方法的效果，研究产品的品牌、名称、颜色、价格、包装、陈列位置等因素对产品销量的影响等。

　　实验调查法的优点如下。

　　（1）实验所得结论具有较强的说服力。实验调查法是在实践中进行的市场调查，既是一种认识过程，又是一种实践过程，并将认识和实践统一于调查研究过程，所得实验结论具有较强的说服力。

　　（2）可以揭示事物之间的联系。实验调查法通过改变某些因素来测试此改变对其他因素的影响，可以揭示事物之间的联系。

　　实验调查法的缺点如下。

　　（1）时效性较差。实验调查法需要在实验活动结束后，才能获得完整的信息，导致时间成本过高。因此，不适用时效性要求较高的调查项目。

　　（2）难以排除非实验因素对实验过程的影响。市场现象是复杂的，各种因素相互影响。在实验调查中，要排除研究变量以外其他外在因素对实验过程的干扰很困难。实验调查法的关键是设计实验方案，但即便是设计出很好的实验方案，也只是最大限度地降低非实验因素的干扰，而不可能完全排除非实验因素的干扰。

知识窗

自变量和因变量来自数学概念。自变量是指由研究者主动操纵，而引起因变量发生变化的因素或条件，因此自变量被看作是因变量变化的原因。

因变量也叫函数值。函数关系式中，某些特定的数会随另一个（或另几个）会变动的数的变动而变动，这些数就称为因变量。自变量是被操纵的变量，而因变量是被测定或被记录的变量。如方程式 $y=f(x)$。此式表示为：y 随 x 的变化而变化。y 是因变量，x 是自变量。也就是说自变量是原因，而因变量就是结果。

将自变量和因变量运用到市场调查中，企业可以通过控制的产品质量、产品价格、分销渠道、促销方式等因素，了解企业外部的一些不可控因素（如政策、文化现象等自变量）对企业营销目标（如销售额、市场占有率、利润等因变量）的影响。

知识窗

活动2 设计实验方案

实验设计是调查人员进行实验活动、控制实验环境和实验对象的规划方案。根据是否设置对照组或对照组的多少，调查人员可以设计出多种实验方案。接下来，老李将指导小艾设计实验方案以供饮料公司参考。

1. 设计单一实验组前后对比实验

单一实验组前后对比实验是指选择若干实验对象作为实验组，通过实验活动前后实验对象变化结果的对比得出实验结论。在市场调查中，调查人员经常采用这种简单易行的实验方法。

本任务中，实验目的是检测改变饮料瓶包装对产品销量的影响。其具体实施步骤如下。

（1）确定实验组。实验组为一定数量的 A 饮料。

（2）控制实验环境。要使实验取得预期的效果，应有效控制实验环境，这样实验结果才能比较精确地反映自变量和因变量之间的相互关系。例如，本任务中，研究产品包装的改进是否对产品销售产生影响，经过包装改进的产品，其销售的规模和条件，都应与原产品保持一致。这样，销量的变化才能反映产品包装改进的效果，尽量排除其他因素对销量的影响。因此，开展实验活动时，在同一家超市销售新旧包装的 A 饮料，保持在同一个季节（因为饮料类产品季节性强，如夏天的需求远大于冬天的需求）销售，促销方式、销售时长等也保持一致。实验时长的安排视实验目的、实验经费和时效性等具体情况而定。需注意，实验时间过短，不能很好地保证实验结果的准确性和可靠性；而实验时间过长，则会增加时间成本和费用成本。

（3）收集数据资料。通常，在实验调查中，调查目的是研究自变量对因变量的影响，同时自变量一般是人为控制的，信息是明确的，所以主要收集因变量的资料。本任务中，因变量是 A 饮料的销量，主要统计对比采用旧包装的 A 饮料和采用新包装的 A 饮料的销量。

假设统计对比包装改进前后一个月 A 饮料的销量，得到的实验结果如表 3-6 所示。

表3-6 单一实验组前后对比实验结果统计

单位：瓶

实验对象	实验前销量（Y_0）	实验后销量（Y_n）	实验结果（Y_n-Y_0）
A饮料	1 000	1 800	800

实验结果表明，饮料改换包装后，销量增加了800瓶。由此可以得出，改变饮料瓶包装以增加销量的方案是可行的。但应注意，市场现象可能受很多因素的影响，A饮料销量的增加，不一定是改变包装引起的，消费者喜好发生了变化或竞争对手产品价格下调等因素都可能对该饮料的销量产生影响。因此，只有在调查人员能有效排除非实验变量的影响，或其影响可忽略不计的情况下，通过此种方法得到的实验结果才能充分成立。

2. 设计实验组与对照组对比实验

实验组与对照组对比实验是指选择若干改变后的实验对象作为实验组，选择原实验对象作为对照组，并使实验组与对照组处于相似的实验环境中在同时段进行实验，根据实验组与对照组的差异得出结论的调查方法。与单一实验组前后对比实验相比，该实验方法避免了实验时间的不同对实验结果的影响，但增加了实验的难度。

检测新包装对A饮料销量的影响，其具体实施步骤如下。

（1）明确实验组和对照组。实验组是一定数量的采用新包装的A饮料，对照组是相同数量的采用旧包装的A饮料。

（2）控制实验环境。进行实验活动时，在经营规模、地理位置、管理水平、营销渠道等条件大致相等的甲、乙两家超市销售A饮料，其中甲超市销售采用新包装的A饮料，乙超市销售采用旧包装的A饮料，实验时间为1个月。

（3）收集数据资料。统计对比甲超市新包装A饮料一个月的销量、乙超市旧包装A饮料一个月的销量。

统计对比后，得到的实验结果如表3-7所示。

表3-7 实验组与对照组实验结果统计

单位：瓶

实验组	销量（Y_n）	对照组	销量（Y_0）	实验结果（Y_n-Y_0）
甲超市销售的采用新包装的A饮料	2 300	乙超市销售的采用旧包装的A饮料	1 200	1 100

实验结果表明，采用新包装后，采用新包装的A饮料的销量高于采用旧包装的A饮料的销量，因此，改进包装的方案是有效的。但是，这种实验方法仍然存在弊端，销量增加可能是改变产品包装和其他非实验变量共同引起的。只有甲、乙超市的经营规模、地理位置、管理水平、营销渠道等条件越接近，实验结果的准确性才越高。而且，这种方法无法反映实验前后非实验变量对产品销量的影响。

3. 设计实验组与对照组前后对比实验

实验组与对照组前后对比实验是指同时对实验组和对照组都进行实验，再对比实验组与对照组的实验效果，然后根据对比结果得出实验结论的调查方法。这种方法具备前两种方法的优点，弥补了前两种方法的不足，但这种方法的应用条件比较复杂且时间成本、费用成本更高，调查人员要根据市场的实际情况适当选择设计。

检测改进饮料瓶包装对产品销量的影响，其具体实施步骤如下。

（1）明确实验组和对照组。实验组是一定数量的采用新、旧包装的 A 饮料，对照组是相同数量的采用旧包装的 A 饮料。

（2）控制实验环境。进行实验活动时，在经营规模、地理位置、管理水平、营销渠道等条件大致相等的甲、乙两家超市销售 A 饮料。实验时间为 2 个月，前一个月两个超市均销售采用旧包装的 A 饮料；后一个月甲超市销售采用新包装的 A 饮料，乙超市仍然销售采用旧包装的 A 饮料。

（3）收集数据资料。统计甲超市前一个月采用旧包装的 A 饮料的销量和后一个月采用新包装的 A 饮料的销量（实验组的销量），统计乙超市前一个月和后一个月采用旧包装的 A 饮料的销量（对照组的销量），通过对比得到实验结果。

假设得到的实验结果如表 3-8 所示。

表3-8　实验组与对照组前后对比实验结果统计

单位：瓶

实验单位	前一个月的销量	后一个月的销量	销量的变化	实验结果
实验组	2 800（Y_0）	3 500（Y_n）	700（Y_n-Y_0）	（Y_n-Y_0）-（X_n-
对照组	2 700（X_0）	3 000（X_n）	300（X_n-X_0）	X_0）=400

实验结果表明，在前一个月，两家超市 A 饮料的销量分别为 2 800 瓶和 27 00 瓶。后一个月，实验组改为销售新包装的 A 饮料，销量增加了 700 瓶，这包含实验变量和非实验变量两方面的影响，对照组销售的虽是采用旧包装的 A 饮料，但销量增加了 300 瓶，这是非实验变量引起的。实验结果为改变包装后增加了 400 瓶的销量，是减去了受非实验变量影响的销量得到的，因而反映的是实验变量对销量的影响。因此，依据上述分析得出结论：改进产品包装以增加销量的方法是有效的。

任务七　网络调查法

任务描述

某企业设计了 A、B 两个不同内容和风格的网络广告，为了解哪一个网络广告的推广效果更好，该企业让 A 公司市调 1 组通过网络调查法为其提供调查方案。

任务实施

👤 活动1　认识网络调查法

调查人员开展市场调查离不开互联网的帮助。现代社会，人们的学习、生活、工作都会涉及互联网，借助互联网，人们可以购买服装、鞋包、美食、玩具、家具、学习资料等物品，还可以在线观看视频，以及与朋友、同事实时交流。对小艾而言，互联网更是重要的市场调查工具，通过互联网，小艾不仅能收集大量的二手资料，也能收集许多一手资料。

在运用网络调查法之前，小艾先要对网络调查法有初步认识。网络调查法是指在互联网上针对调查问题进行调查设计、收集资料并分析的调查方法。它不仅拓展了资料的来源渠道，同时也为市场调查提供了更便捷、更省时的手段和工具。

实际上，网络调查法是将传统的获取一手资料的方法运用到互联网，常见的方法有网络问卷调查、网络小组讨论法、网上观察法和网上实验法，它们与各种传统的实地调查方法有相通之处。

👤 活动2　选择网络调查的方法

老李告诉小艾，不同的网络调查法有不同的适用范围，只有在了解各种网络调查方法的优缺点和使用方法的基础上，综合考虑，才能在实际调查工作中选择合适的调查方法。

1. 网络问卷调查

网络问卷调查是普遍应用的一种网络调查法。根据调查人员在网上发布问卷所采用的不同方式，网络问卷调查可以分为主动式调查和被动式调查。主动式调查是指调查人员通过电子邮箱、QQ 或微信等网络通信软件向调查对象发送问卷，邀请调查对象填写问卷并提交问卷。被动式调查是指调查人员将问卷发布到 QQ 空间、微信公众号、微博、今日头条等，或将问卷嵌入网站（如企业的官方网站，图 3-12 所示为抖音电商中嵌入的网络问卷），等待访问者浏览时自愿填写问卷。将问卷嵌入网站是专业的调查网站常采用的一种方式，这些调查网站会发布大量的其他企业委托其设计的问卷，用户在该网站注册后，即可填写和提交问卷。为了吸引更多的用户，这些调查网站通常会给予填写问卷的用户一定的报酬。

图3-12　嵌入抖音电商官方网站的网络问卷

　　网络问卷调查的优点是不受时空限制，只要是网络覆盖的地方，便可以开展调查；可以节省资料印刷、交通费等的开支；隐匿性好，调查对象可以在相对从容和轻松的气氛下接受调查，即使面对个人隐私问题，也能坦诚作答；调查问卷的发送与回收速度快。网络问卷调查的缺点是任何网络用户都可以选择回答自己感兴趣的问卷，样本可能缺少代表性；问卷反馈率可能很低，例如，调查对象对调查主题不感兴趣、因缺乏人与人之间的情感交流或嫌麻烦而拒答、因担心个人信息被滥用而不愿在问卷中透露个人信息或直接放弃填写问卷等；由于网络的虚拟性，用户可以任意作答，难以判断所获信息的真实性。

　　为了提高问卷反馈率，保证网络问卷调查的客观性和可靠性，提高网络问卷调查质量，调查人员可以采取以下措施。

　　（1）增加问卷的趣味性。例如，时下流行的移动端的H5问卷，H5问卷是通过指超文本标记语言（HyperText Markup Language 5，HTML5）技术制作的问卷，如图3-13所示。H5问卷可以融入文字、图片、按钮、音乐、视频和链接等多种元素，具有控件丰富、动画特效多样、交互性强等特点，并且能自定义设置字体、颜色、排版等，可以增加问卷的趣味性。H5问卷主要以二维码和网页链接的形式进入，可以通过微信、微博等渠道发布、推广。

　　（2）设置奖励。通过有奖问答提高用户参与网络问卷调查的积极性，如图3-14所示。

　　（3）过滤无效样本。调查人员可根据自动跳答的交互式问卷设计，过滤无效样本。当调查对象某题目回答的答案不符合条件时，即跳转问卷，结束作答。例如，针对年龄为25～35岁的调查对象开展调查，当调查对象回答不符合条件时，结束问卷、停止调查。

　　（4）保证网络问卷页面加载效果。如果在参与调查的过程中，调查页面翻页、加载图片时速度缓慢，可能导致调查对象中途放弃作答。

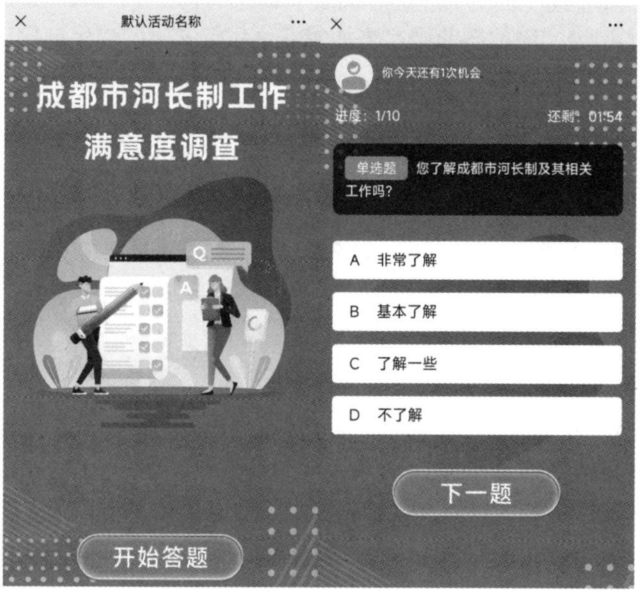

图3-13　H5问卷

图3-14　有奖问卷

2. 网络小组讨论法

网络小组讨论法是焦点小组访谈在互联网上的应用，用于定性调查研究。网络小组讨论法主要利用网络通信工具开展网络会议进行市场调查，主持人在相应的讨论组中发布调查项目，请调查对象参与讨论，发布各自的观点和意见。

网络小组讨论法成本低、效率高、没有时间和空间的限制，可以将分散在不同地域的调查对象通过网络会议组织起来，但对网络速度和技术要求高，讨论过程中，语音和视频画面应清晰，同时避免因网络故障、设备故障导致会议卡顿、中断，使会议访谈的效果不好。

3. 网上观察法

网上观察法是观察调查法在互联网上的应用，主要是利用网络技术或相关软件记录网络用户的活动。如今，大多数的网站、电商平台、手机 App 等的后台都有记录和统计用户网络行为的功能，可以实时了解网络用户所浏览的网页、点击的广告、进入的链接、停留的时间、关注的产品、付费的金额等信息。调查人员只需分析记录的数据，因此网上观察法可以归于数据分析的范畴。

4. 网上实验法

网上实验法是实验调查法在互联网上的应用，常用于网络广告调查。针对本任务调查 A、B 两个广告哪一个广告的推广效果更好的背景，可采用网上实验法，相比网络问卷调查、网络小组讨论法，网上实验法可获得更可靠、更真实的调查结果。为其设计的实验方案如下。

将 A、B 两个广告分别投放至用户规模、平台属性等相近的甲、乙两个广告平台，然后在一周后统计两个广告的曝光量（有多少人看到了这条广告）和点击率（点击观看广告的用户量占曝光量的比例），根据两个广告的曝光量和点击率的差异得到调查结论。在实验过程中，也可以通过网上观察法，在广告平台的后台实时监测两个广告的曝光量和点击率的变化趋势，以此判断 A、B 两个广告哪一个广告的推广效果更好。

> **经验之谈**
>
> 调查人员不能只通过网络广告的曝光量或点击率来衡量广告效果，单一的指标并不能确定广告效果的好坏。例如，点击率很高，为 50%，但事实上网络广告的曝光量很低，只有 10 个人看到了广告，其中 5 个人点击观看了广告；或者网络广告的曝光量很高，有 10 000 人看到了广告，但点击率却很低，仅为 1%，只有 100 个人点击观看了广告。

> **知识窗**
>
> 进入电子时代后，人们生产数据的能力得到飞速提升，特别是手机、计算机、互联网的广泛应用，人们只要浏览网页、登录应用就会生成一系列的数据，而这些数据的增加促使大数据产生。大数据即数据量非常大、数据种类繁多、无法用常规归类方法应用和计算的数据集合。

大数据的采集、挖掘、处理和利用，已成为当代社会的潮流之一。大数据的分析应用对企业决策有积极作用。在大数据背景下，市场调查的思维发生了巨大变化。

（1）总体思维。人们处理数据不再依赖于随机采样的样本数据，而是全部数据。以往企业或其他机构在做市场调查时，因为调查经费、时间、技术等的限制，通常采用抽样调查的方法，通过分析样本数据来推断全部数据的总体特征。而大数据时代，数据的收集、存储、分析技术都有了突破性的发展，一切出现过的数据都可以被完整地采集起来，企业可以更加方便、快捷、动态地获得并分析与调查对象有关的全部数据，更加全面、立体、系统地认识总体。

（2）相关思维。人们处理大数据时，从关注因果关系转变到关注相关关系。以往企业或其他机构在做市场调查时，执着于探究现象背后的因果关系。例如，一家企业的产品在某地区的销量下降严重，该企业就要分析销售数据，找出销量下降的具体原因，这反映的就是一种因果关系。但是，在大数据时代，因果关系不再那么重要，企业转而关注相关关系。例如，在日常的网上购物中，可以发现这样一件事情：购物完成后，购物网站会自动提示，购买相同物品的其他消费者还购买了其他物品。购物网站只会"告诉"消费者购买的物品和推荐购买的物品之间存在相关性，但并不会"告诉"消费者为什么其他消费者购买了一种物品后还会购买另外一种物品。

从研究的方法手段上看，大数据背景下的市场调查不需要通过抽样进行，而是利用相关软件工具通过实时监测、跟踪研究对象在互联网上产生的海量行为数据，进行挖掘分析，揭示数据的规律性，提出研究结论和对策。

需要注意的是，大数据驱动下的市场调查和传统市场调查并不是相互排斥的，不是有了大数据，就放弃传统市场调查，两者之间是可以互补的。在不同的场景和不同的调查需求下，企业可以选择不同的调查方式。大数据更加适用于描述性的调查，而传统市场调查在因果性的调查上仍然具有独特优势。

知识窗

同步实训

实训一 使用文案调查法调查学生手机市场

实训描述

在"项目二 制定市场调查方案"的"设计并撰写学生手机市场调查方案"实训项目中，为了解青少年学生的手机购买、使用情况，已经明确了调查内容，如下所示。

（1）学生拥有手机和对手机的需求状况。

（2）学生获取手机相关信息和购买手机的渠道。

（3）学生使用的手机品牌及对各手机品牌的评价。

（4）学生使用的手机的价格。

（5）学生对手机促销方式的选择。

（6）学生对手机质量、性能、功能、外观和售后服务的要求。

本次实训请同学们以小组为单位，在调查内容的基础上，使用文案调查法获取相关的信息资料。

操作指南

本次实训，各调查小组根据调查内容，按照以下步骤获取学生手机市场的相关资料。

（1）分析可能的资料来源。调查小组所有成员一起讨论，可以从哪些渠道获取资料，如图书馆、互联网。

（2）搜寻有关资料。确定资料的可能来源后，调查小组便可据此搜寻资料。例如，一部分小组成员到学校图书馆搜寻资料，另一部分小组成员通过互联网搜索资料，一是可以在市场调研机构网站搜索资料，二是可以通过百度等搜索引擎搜索资料，尤其是在各网站中无法找到具体的调研报告资料时，可根据调查内容逐条在搜索引擎中搜索相关资料。同时，在搜寻资料的过程中，小组成员要对资料的内容、质量、使用条件等有初步的了解，以保证该资料的时效性、相关性。

（3）获取有关资料。在图书馆中搜索到的资料，可通过笔录或拍照的方式记录内容；在互联网中搜索到的资料，尽量以免费的方式获取。例如，图 3-15 所示的艾瑞网中的《"Z 世代"手机及数码兴趣洞察报告》（"Z 世代"指新时代人群，具体通常指 1995—2009 年出生的一代人）可免费下载，其中的内容可作为参考。

（4）整理资料。完成资料的收集后，所有小组成员集中在一起，首先对比所有资料，挑选出时效性、相关性较强的资料。当有多份资料时，要对比分析其中的数据，如果数据差异较大，小组成员应探究造成差异的各种可能因素，并判断挑选出更准确的数据。如果现有的资料仍然不能完全满足调查的需要，还要继续收集资料，将资料补充完整。

图3-15　艾瑞网中的研究报告

（5）制作调查报告表。整理资料后，根据调查内容，做一份简单的调查报告表，记录调查结果，如表3-9所示（表格中的数据是虚构的，同学们应根据实际调查情况填写）。

表3-9　学生手机市场文案调查报告表

调查目的：

调查小组：

调查时间：

报告日期：

调查内容	调查结果	资料来源
学生获取手机信息的渠道	如多数（90%）学生通过微信、微博、抖音等新媒体平台获取手机信息	（注明资料来源于某份调研报告、某本图书或某个网站等）
学生购买手机的渠道	如多数（60%）学生在手机专卖店购买手机，其次是电商平台	
学生使用手机的品牌	如使用量排名前3的品牌是……	
学生对各品牌手机的评价	如某品牌手机的性价比高，某品牌手机价格偏高	
学生使用手机的价格	如多数（80%）学生使用的手机的价格在2 000~5 000元	
学生对手机促销方式的选择	如多数（60%）学生选择"以旧换新"的方式	
学生对手机质量的要求	如多数（60%）学生要求手机防摔、防水	
学生对手机性能的要求	如多数（60%）学生看重手机运行速度	
学生对手机功能的偏好	如多数（60%）学生看重手机的高像素拍照功能	
学生对手机外观的偏好	如多数（60%）学生喜欢大尺寸的手机	
学生对手机售后服务的要求	如多数（60%）学生要求手机售后服务1年内包修包换	

实训评价

各小组提交纸质的报告表格，以及下载的文档、图片等，老师据此按表3-10所示内容进行打分。

表3-10　实训评价

序号	评分内容	分数	老师打分	老师点评
1	小组成员是否各司其职	10		
2	收集的资料是否符合调查的需求	30		
3	资料的时效性和相关性是否较强	30		
4	文案调查报告表所列信息准确性和可靠性是否较高	30		

总分：＿＿＿＿＿＿＿＿

实训二 使用焦点小组访谈法调查学生手机市场

实训描述

本次实训，请同学们以小组为单位，依据"了解青少年学生的手机购买、使用情况"的调查目的和学生手机市场调查方案中确定的调查内容，运用焦点小组访谈法，对学生手机市场做一次市场调查。

操作指南

为方便调查，从实际出发，同学们可在本校抽选在校学生实施焦点小组访谈。其具体实施步骤参考如下。

（1）制定访谈规则。调查小组成员共同讨论，制定访谈规则。

（2）拟订访谈提纲。在调查目的和调查内容的基础上拟订访谈提纲，确定要讨论的问题。拟订的访谈提纲如下。

1. 你从哪些渠道获取手机的产品信息？

2. 你使用的是什么品牌的手机？

3. 你是通过什么渠道购买的手机？

4. 你使用的手机的价格是多少？

5. 你选择购买所使用的这款手机的原因是什么？

6. 什么原因才会促使你更换手机？

7. 如果你要更换手机，倾向的品牌是什么？

8. 购买手机时，哪种促销方式对你更有吸引力？

9. 你周围的其他同学使用的是什么品牌的手机？

10. 你周围的其他同学一般用手机做什么？

11. 你对购买手机后的售后服务有什么要求？

12. 你理想中的手机是什么样子的？

（3）挑选参与者。因为手机在校园的普遍性，所以本校全部在校生都是调查对象，但要挑选非市场营销、市场调查专业的同学。同时，由于家庭经济条件的差异，学生生活支出存在一定的差距，其消费习惯有差异，因此他们在选择手机的品牌、档次、价格上会有所不同。为了得出更客观的调查结果，此次调查可根据住宿条件的不同（或者根据小组成员对本校学生的了解），在各年级随机抽取条件较好和条件一般的数名同学进行焦点小组访谈。小组的人数自定，一般为 6 ～ 12 人。为提高焦点小组访谈参与者的积极性，调查小组可向其提供一定的奖品，如笔记本、书籍等。

（4）选择主持人、笔录人员。调查小组商议选出沟通能力、表达能力等较强的组员作为此次焦点小组访谈的主持人，主持人应熟知自己的工作职责，可就拟订好的访谈提纲事先排练。除了主持人，另外可选出一名笔录人员，要求其书写能力较强。除了笔录，如果有条件，在征得所有参与者同意的前提下，也可以使用录音、录像设备记录整个访谈过程。

（5）确定访谈时间、场所与布置现场。在访谈时间方面，要选择所有参与者都空闲的时间，需提前与所有参与者沟通，一般将访谈时间定为周末；在访谈场所方面，尽量保证环境安静舒适，如自习室等。在与所有参与者沟通，确定最终访谈时间和场所后，及时告知所有参与者。

（6）进行焦点小组访谈。访谈当天，小组成员提前布置现场，把参与者的名字写在桌牌上，预先将桌牌放置妥当，并备好必需的纸、笔。另外，如有摄像机、投影仪等设备，事先检查设备并确定好位置，并安排管理设备的人员（另外记得拍照，将拍摄的照片作为调查小组的实训记录）。等到参与者到齐后，由主持人组织大家进行自我介绍，将访谈目的、规则告知参与者，并依照访谈提纲组织大家展开讨论。在访谈过程中，除了笔录人员记录访谈内容，主持人在不影响活动进程的前提下也可以进行资料记录，以确保资料的完整、公正。

（7）整理访谈结果。结束焦点小组访谈后，调查小组共同整理访谈结果，形成最终的定性调查结论。

（8）制作调查报告表。做一份简单的调查报告表，报告内容包括调查目的、讨论的问题、形成的讨论结果等，如表3-11所示。

表3-11 学生手机市场焦点小组访谈调查报告表

调查目的：

调查小组：

访谈时间：

报告日期：

讨论问题	讨论结果
你从哪些渠道获取手机的产品信息	如列出参与者提到的信息获取渠道，并说明主要的渠道
你使用的是什么品牌的手机	如列出参与者提到的手机品牌
你是通过什么渠道购买的手机	如列出参与者提到的购买渠道，并说明主要的渠道
你使用的手机的价格是多少	如统计参与者使用的手机的最低价格与最高价格的区间
你选择购买所使用的这款手机的原因是什么	如说明参与者购买手机的常见原因，如有的参与者购买该款手机的原因是看中它的独特外观
什么原因才会促使你更换手机	如列出参与者提到的更换手机的原因
如果你要更换手机，倾向的品牌是什么	如列出参与者提到的品牌，并说明主要的品牌
购买手机时，哪种促销方式对你更有吸引力	如列出参与者提到的促销方式，并说明主要的促销方式
你周围的其他同学使用的是什么品牌的手机	如列出参与者提到的品牌，并说明主要的品牌
你周围的其他同学一般用手机做什么	如列出参与者提到的手机的用途
你对购买手机后的售后服务有什么要求	如列出参与者提到的对手机售后服务的各种要求
你理想中的手机是什么样子的	如总结参与者期望的手机的样子

实训评价

各小组完成焦点小组访谈的实践后，提交实施焦点小组访谈的照片（照片数量至少为5张）和纸质的调查报告表，老师据此按照表3-12所示内容进行打分。

表3-12　实训评价

序号	评分内容	分数	老师打分	老师点评
1	拟订的访谈提纲是否合理	10		
2	是否按流程开展焦点小组访谈	40		
3	形成的调查结果是否明确、具体	50		

总分：_____

项目总结

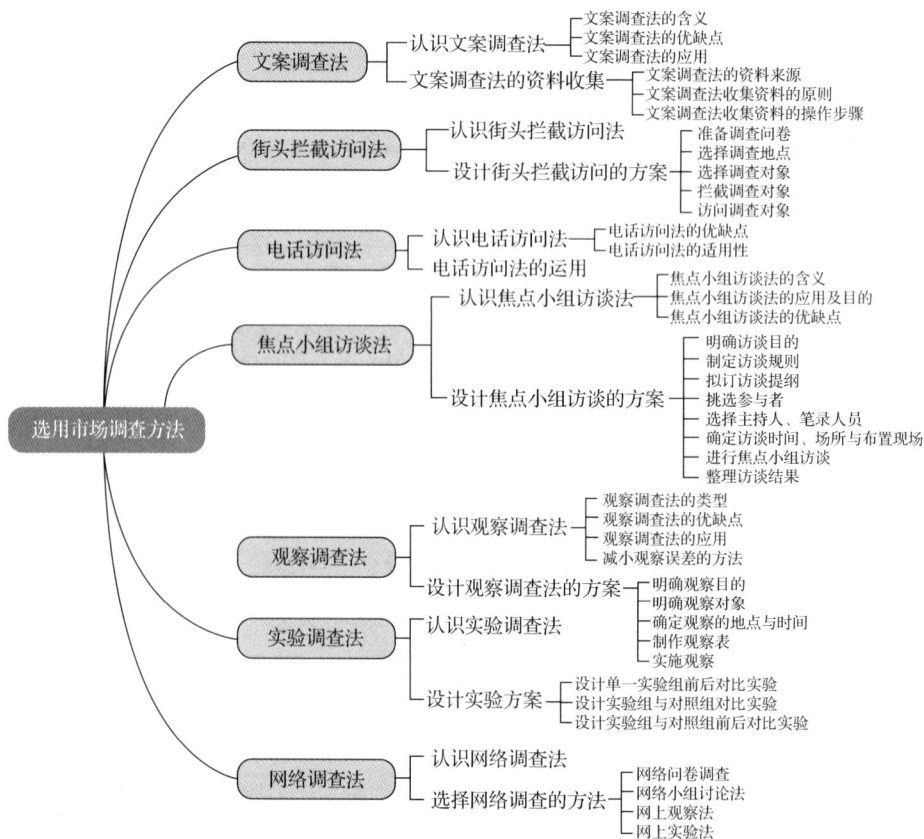

选用市场调查方法

- 文案调查法
  - 认识文案调查法
    - 文案调查法的含义
    - 文案调查法的优缺点
    - 文案调查法的应用
  - 文案调查法的资料收集
    - 文案调查法的资料来源
    - 文案调查法收集资料的原则
    - 文案调查法收集资料的操作步骤
- 街头拦截访问法
  - 认识街头拦截访问法
  - 设计街头拦截访问的方案
    - 准备调查问卷
    - 选择调查地点
    - 选择调查对象
    - 拦截调查对象
    - 访问调查对象
- 电话访问法
  - 认识电话访问法
    - 电话访问法的优缺点
    - 电话访问法的适用性
  - 电话访问法的运用
- 焦点小组访谈法
  - 认识焦点小组访谈法
    - 焦点小组访谈法的含义
    - 焦点小组访谈法的应用及目的
    - 焦点小组访谈法的优缺点
  - 设计焦点小组访谈的方案
    - 明确访谈目的
    - 制定访谈规则
    - 拟订访谈提纲
    - 挑选参与者
    - 选择主持人、笔录人员
    - 确定访谈时间、场所与布置现场
    - 进行焦点小组访谈
    - 整理访谈结果
- 观察调查法
  - 认识观察调查法
    - 观察调查法的类型
    - 观察调查法的优缺点
    - 观察调查法的应用
    - 减小观察误差的方法
  - 设计观察调查法的方案
    - 明确观察目的
    - 明确观察对象
    - 确定观察的地点与时间
    - 制作观察表
    - 实施观察
- 实验调查法
  - 认识实验调查法
  - 设计实验方案
    - 设计单一实验组前后对比实验
    - 设计实验组与对照组对比实验
    - 设计实验组与对照组前后对比实验
- 网络调查法
  - 认识网络调查法
  - 选择网络调查的方法
    - 网络问卷调查
    - 网络小组讨论法
    - 网上观察法
    - 网上实验法

项目四

确定市场调查方式

职场情境

　　小艾在办公室经常听到同事们针对调查项目展开讨论，讨论重点为采用哪种调查方式实施调查，以便低成本、高效率，完成样本收集数量。小艾就此明白，开展市场调查活动，确定调查对象的方式非常关键。事实的确如此，老李凭着多年的工作经验告诉小艾，要明确调查对象，获取所需样本，还得借助各种调查方式，每种调查方式既有利也有弊，需要根据项目要求、成本、时间等因素确定调查方式。目前有一些调查项目可供小艾实践，小艾可以借机学习与掌握各种调查方式的运用。

学习目标

📝 **知识目标**

1. 了解各种市场调查方式的概念、优缺点及适用范围。

2. 掌握抽样调查的步骤及应用。

📝 **技能目标**

1. 能够根据具体情况选择恰当的市场调查方式。

2. 能够通过计算确定抽样误差及样本量。

📝 **素质目标**

1. 培养严谨的工作态度，尽量避免非抽样误差。

2. 具备良好的责任心，客观真实地完成抽样调查。

任务一 了解主要市场调查方式

任务描述

新一学期，某高职院校门口象牙果捞商店决定进行一次市场调研，了解学生关于水果捞的消费心理和行为，为自己的产品生产营销、门店运营管理提供指导，以制定市场推广策略。为此，象牙果捞商店委托 A 公司市调 1 组完成本次调研工作。小组成员就采取何种调查方式争论不休，最后，决定向李老师求助。李老师便安排小艾同学完成确定调查方式的任务，自己从旁指导。

任务实施

👤 活动1 了解统计调查相关概念

在选择统计调查方式之前，首先需要对主要的市场调查方式进行充分了解及认识，这样才能有针对性地选择恰当的市场调查方式。

1. 总体与个体

总体又称调查总体，是指客观存在的、在同一性质基础上结合起来的许多个别单位的整体。而个体则是组成总体的每一个元素。例如，调查某市有多少家庭拥有新能源汽车，这里的总体即为该市的所有家庭，个体则为该市的每一个家庭。

2. 样本与样本单位

样本是总体的一部分，它是由总体中抽取的部分个体组成的集合，是实际的调查对象。样本单位是按照某种抽样方式从总体中抽取的基本单位。例如，某市有 10 万名大学生，从中抽取 1000 名进行某项调查活动，此处的样本就是指抽取的 1000 名大学生，而每一名大学生都是一个样本单位。

3. 抽样框与样本量

抽样框是指对可以选择作为样本的总体单位列出名册或排序编号，它是调查对象的总体资料。常见的抽样框有学生花名册、工商企业名录、街道派出所里居民户籍册等。样本量是指样本中个体的数量。例如，某市有 10 万名大学生，从中抽取 1000 名来进行某项调查活动，则 10 万名的学生名册是抽样框，样本量则为 1000。

4. 标志与指标

标志是指统计总体各单位所具有的共同特征的名称。按性质分，标志可以分为品质标志和数量标志。前者表示事物的质的特性，是不能用数值表示的，如职工的性别（女）、民族（汉）、工种（互联网营销师）等；后者表示事物的量的特性，是可以用数值表示的，如职工年龄 30 岁、工资 1 万元、工龄 15 年等。

指标是说明总体综合数量特征的概念。一般由指标名称和指标数值两部分组成，它体现了事物质的规定性和量的规定性两个方面的特点。例如，查阅公司年报得知某上市公司 2023 年销售收入为 28.9 亿元人民币，这就是指标，是说明总体综合数量特征的，它包括指标名称即销售收入，指标数值即 28.9 亿元人民币两个方面。

两者的区别如下。

（1）指标说明总体的特征，而标志则说明个体的特征。

（2）指标只反映总体的数量特征，所有指标能用数值来表示；而标志则既有反映总体单位数量特征的数量指标，也有反映总体单位的品质特征的品质指标，只有数量标志才用数值表示，品质标志则用属性来表示的。

（3）指标数值是经过一定的汇总取得的，而标志中的数量标志不一定经过汇总，也可直接取得。

（4）标志一般不具备时间、地点等条件，但作为一个完整的统计指标，一定要讲时间、地点、范围。

两者的联系如下。

（1）有许多统计指标的数值是从总体单位的数量标志值汇总而来的。

（2）两者存在着一定的变换关系。这主要是指标和数量标志之间存在着变换关系，即由于研究目标不同，原来的统计指标如果变成总体单位了，相应的统计指标也就变成数量标志，同时，指标名称变成标志，指标数值变成标志值或变量值。

👤 活动2　了解常见的市场调查方式

市场调查方式可分为全面市场调查（普查）和非全面市场调查，其中，非全面市场调查包括典型调查、重点调查和抽样调查。

1. 普查

普查是指对总体的所有个体进行逐一调查。普查收集的信息资料比较全面、系统、准确可靠，可以为国家或企业制定方针、政策提供重要的依据。但普查涉及面广、工作量大、时间较长，而且需要大量的人力、财力和物力、组织工作较为繁重，因而不宜经常采用，通常每隔一段时间进行一次，用于摸清调查对象的基本情况。例如，人口普查、经济普查、农业普查等。

2. 典型调查

典型调查是从众多调查对象中，有意识地选择若干个具有代表性的典型单位进行深入、周密、系统的调查的一种非全面调查。其目的主要在于深入细致地研究调查对象中的典型单位，通过解剖"麻雀"，以了解调查对象总体的基本情况、一般特征及其发展趋势。比如，要对新能源汽车的市场接受度进行调查，应选择汽车经销商、新能源汽车品牌专卖店、充电设施运营商等作为典型调查对象。

（1）典型对象选取。

典型对象选取时应注意如下几个问题。

一是根据调查目的选取典型对象。如果研究目的是探索事物发展的一般规律或了解一般情况时，应选择中间典型；要总结推广先进经验，就应选取先进典型；为了帮助后进单位总结经验时，就应选择后进典型。

二是选取具有代表性的对象。选择的对象应该能够代表目标群体或市场的特征和规律。若为先进典型，应选取最具特色、最突出、最有借鉴意义的对象；中间典型，可以选择最普通、最一般、最有共性的对象；后进典型需要选择最值得改进或最需要吸取教训的对象。

三是考虑调查对象的数量和差异。如果对象很少且差异小，可以选择一两个典型对象；反之则需多选几个。

（2）典型调查的优缺点。

典型调查的优点主要包括：能够获得比较真实和丰富的调研资料；调研范围小、数量少，可节约调研成本；机动灵活，节省时间，可快速反映市场情况。

典型调查的缺点主要包括：典型单位的选择难以完全避免主观随意性；用样本数据推断总体数量特征时，精度不够高；调研结论的应用只能根据经验判断，难以做出准确测定。

（3）典型调查的应用。

典型调查适用于调查对象总体差异不明显的情形，同时它要求调查人员对调查总体比较了解，可以做到准确地选取典型样本。

3. 重点调查

重点调查是一种非全面调查，它是在调查对象中，选择一部分重点单位作为样本进行调查。重点调查主要适用于那些反映主要情况或基本趋势的调查。如某市企业调查队在对全市出口下滑企业进行的专项调查基础上，选择其中 50 个逆势增长的企业进行的《50 个由亏转盈企业的调查》这一重点调查等。重点调查既可用于经常性调查，也可用于一次性调查。其特点是所选择的调查对象的标志值在所要研究的标志总量中或占很大比重或有较大代表性，能反映总体的基本状况。

（1）调查对象选取。

在选取重点调查对象时要确保其在调查总体中具有举足轻重的、能够代表总体的情况、特征和主要发展变化趋势的样本单位。

选取调查对象时应遵循两个原则：一是要根据调查任务的要求和调查对象的基本情况确定选取的重点单位及数量；二是要选取那些管理较健全、业务力量较强、统计工作基础较好的单位作为重点单位。

（2）重点调查的优缺点。

重点调查的优点是投入少、调查速度快、所反映的主要情况或基本趋势比较准确。其缺点是重点调查的选择标准和范围往往受调查者主观判断的影响，可能无法完全代表总体的全部特征，难免产生一定的误差。

（3）重点调查的应用。

一般来讲，当调查的任务只要求掌握被调查对象的基本情况，而部分对象又能比较集中地反映调查整体概况，就可以采用重点调查。例如，为了掌握"新质生产力"发展情况，可选择信息技术、生物技术、新能源、新材料、高端装备等重点行业进行调查。

典型调查与重点调查的比较

a.选择调查对象的标准不同：重点调查是以同类社会现象中具有集中性的单位为调查对象，典型调查是以同类社会现象中具有代表性的单位为调查对象。

b.调查目的不同：重点调查对某种社会现象总体的数量状况做出评估，典型调查是认识同类事物的本质特征及发展规律。

c.调查资料的性质不同：重点调查主要是定量调查，典型调查主要是定性调查。

d.调查的具体方式不同：重点调查是直接调查与间接调查兼而有之，典型调查是面对面的直接调查。

如要调查100个企业的销售收入，只调查销售收入总额居于前20位的就是重点调查；如上述企业，将其按销售收入总额大小分成5类，在每类中选一个企业调查，就是典型调查。

4. 抽样调查

抽样调查是一种非全面调查，它是从全部调查研究对象中，抽选一部分单位进行调查，并据此对全部调查研究对象做出估计和推断的一种调查方法。尽管抽样调查是非全面调查，但它的目的却在于取得反映总体情况的信息资料，因而，也可起到全面调查的作用。

抽样调查数据之所以能用来代表和推算总体，主要有如下几点原因。

第一，调查样本是按随机的原则抽取的，在总体中每一个单位被抽取的机会是均等的，因此，能够保证被抽中的单位在总体中是均匀分布的，不会出现倾向性误差，代表性强。

第二，以抽取的全部样本单位作为一个整体来代表总体，而不是用随意挑选的个别单位代表总体。

第三，所抽选的调查样本数量，是根据调查误差的要求，经过科学的计算确定的，在调查样本的数量上有可靠的保证。

第四，抽样调查的误差，是在调查前就可以根据调查样本数量和总体中各单位之间的差异程度进行计算，并控制在允许范围内，调查结果的准确程度较高。

（1）选取调查对象。

调查对象具有以下4个特点。

① 随机性。调查对象必须是随机抽取的，避免任何主观偏见和选择性的干预。抽样过程中，应确保每个个体都有被选中的机会，并且这种机会是相等的。

② 代表性。样本应能够代表总体的特征，以便通过样本研究推断总体情况。若总体由具有明显不同特征的部分组成，应确保按比例从各部分抽取样本，以反映总体的多样性。

③ 独立性。每个样本应是独立且互不相关的，一个样本的选择不依赖于其他样本的选择，以避免重复计数或双倍计数。

④ 足够性。样本数量应足够大，以确保可以对总体进行有意义的推论。样本容量的大小

对调查结果有直接影响。

（2）抽样调查的优缺点。

抽样调查的优点主要包括以下3个方面。

① 经济高效。相比于全面调查，抽样调查只需要调查总体中的部分单位，因此可以节省大量的人力、物力和时间，使调查更加经济高效。

② 时效性好。由于抽样调查只需要调查部分单位，因此可以更快地收集到数据，缩短调查时间，并对收集到的数据进行分析和推断，从而更快地得到调查结果。

③ 减少误差。与重点调查和典型调查不同，抽样调查可以通过合理的抽样设计和样本选择，减少由于调查过程中的主观偏见、随机误差等因素带来的数据误差。

抽样调查的缺点在于对调查方案设计要求较高，一般人员难以胜任，并且如果调查方案设计存在严重缺陷，往往会导致整个抽样调查的失败。

（3）抽样调查的范围。

抽样调查的适用范围比较广泛，其适用的情形包括以下4种。

① 在调查具有破坏性或调查对象众多，不可能进行全面调查的情况下，可以使用抽样调查方法。例如，要检验日光灯的耐用性，每批次抽取几个进行检测即可，而不需要全部检测。否则，会造成比较大的损失。

② 在调查对象之间同质性比较强的情况下，没有必要进行全面调查，采用抽样调查即可。

③ 对普查资料的数据质量进行检查和修正。由于普查涉及面广、工作量大，调查结果容易出现差错。因此，在普查完成后有必要使用抽样调查进行复查，以确保调查资料的质量，提高调查的准确性。

④ 需要及时掌握相关信息的情况下，应当采用抽样调查。与普查相比，抽样调查的省时省力，能够快速地收集数据并进行结果分析。

任务二 实施抽样调查

小艾在学习确定市场调查方式的过程中发现，抽样调查是实际应用中最科学、最广泛的调查方式，针对同一个调查项目样本抽取和抽样误差都是不一样的。小艾便带着此疑问找到老李，老李告诉小艾，通常抽样调查方式有不同的抽样方法，使用不同的抽样方法计算出来的样本容量和抽样误差是不一样的，一项调查也可以通过多阶段抽样实现。因此，市场调查方式确定后，需要经过一定的抽样程序，确定抽样方法，计算样本容量。

说着，老李便拿出一份抽样调查方案的资料，让小艾尝试完成抽样方案设计程序。

👤 活动1   了解抽样调查的步骤

在小艾开始实施抽样调查时，老李让小艾先停下来，他告诉小艾，在实施抽样调查前先要了解抽样调查的步骤或程序。

通常抽样调查应遵循以下几个步骤：界定总体，确定抽样框，选择抽样方法，确定样本量，执行抽样程序，具体如图4-1所示。

图4-1 抽样调查的步骤

（1）界定总体。

界定总体是设计抽样调查的第一步。总体是指根据调查目的所界定的调查研究对象的集合体，它是抽样的基础，决定了抽样设计的内容和方向。总体的定义受调查目的和范围的影响，同时也受到调查的主题、时间等因素的制约。例如，某公司要调查近一年来某城市的顾客对其产品的满意度，抽样总体为该市最近一年内购买该公司产品的所有消费者。

此外，还需要明确总体的内容，即调查的具体指标或变量。这些指标或变量可以是单一的，如人口数、住户可支配收入等；也可以是多个的，如同时考虑住户的可支配收入与消费支出；还可以是复合的，如人口数和与之相关的性别、年龄、就业类别等交叉分组的指标。

（2）确定抽样框。

抽样框是指对可以选择作为样本的总体单位列出名册或排序编号，以确定总体的抽样范围和结构。设计抽样框后，便可采用抽签的方式或按照随机数表来抽选必要的单位数。常见的抽样框有学生花名册、企业名录、家庭门牌号等。例如，要从 10 000 名学生中抽出 200 名组成一个样本，则 10 000 名学生的名册，就是抽样框。它具有完整性、明确性、可及性、稳定性和代表性等特点。例如，某校学生的抽样框，完整性体现在包含了学校所有在册学生；明确性表现为每个学生的身份信息清楚；可及性体现在能方便地从名单中抽取样本；稳定性是指学生名单不会短期内大幅变动；代表性是指这个抽样框能反映出学校学生的整体构成特点。

抽样框一般有3种形式。

①具体抽样框：即抽样单位可列为表册的形态，可以直接从表册中抽取样本。②抽象抽样框：即抽样单位没有表册而是开放的形态。只要符合调查条件就是抽样结构中的元素。例如，在大型零售商场对消费者进行随机访问调查时，其抽样框就是抽象、隐含的。③阶段式抽样：采用分段抽样设计时，按照抽样阶段不同，可产生不同的抽样框。

（3）选择抽样方法。

抽样方法是指从抽样框中抽取一部分个体进行观察、测量或分析，以便通过样本来推断总体的特征或规律。根据调查目标和研究问题，选择合适的抽样方法是抽样方案设计的关键步骤之一。每种抽样方法都有其适用的场合和特点，选择哪种抽样方法取决于研究目的、经济实力、时间限制、待调查问题的性质等，可供选择的抽样方法可以分为两大类：概率抽样与非概率抽样。每大类中又有许多可供选择的具体方法。

（4）确定样本容量。

在选定抽样方法后，接下来就是要确定合适的样本容量。但是样本容量的大小是比较复杂的问题，受定性和定量等多方面因素的综合影响。

定性方面的影响因素主要有决策的重要性、调研的目的及性质、变量个数、数据分析方法、资源限制等。具体来说，战略性决策需要更多、更准确的信息，需要较大的样本量；探索性研究需要的样本量一般较少，描述性研究需要较大的样本量；收集的变量个数较多则样本量就要大一些，以减少抽样误差的积累效应；如果采用高级统计方法（如结构方程模型、多元统计分析）需要较大的样本量，以确保模型的稳定性和可靠性；资源约束小，如时间、经费充足，则可以选择充足的样本量，否则，选择较少的样本量。

定量方面的影响因素主要有总体大小、总体的变异程度、置信度和置信区间等。当所研究的现象越复杂、差异越大、精度越高、置信度越高时，样本容量就越大。

（5）执行抽样程序。

执行抽样程序是抽样方案设计的核心环节。根据抽样方法和抽样框按照事先制定的抽样方案进行抽样。在执行抽样程序时，需要确保抽样的公正性、随机性和可追溯性，抽样人员需要把样本的详细情况记录下来，便于调查人员使用。同时，要注意抽样过程中可能存在误差和偏倚，需要采取相应的措施进行校正和修正。

活动2　选择抽样技术

小艾了解了实施抽样的步骤后，老李让小艾思考一下，调查活动采用哪种抽样方法，不同的抽样技术抽取的样本可能会有所不同，要选择适合的抽样技术。他要求小艾，在实施抽样前先了解抽样技术及优缺点。

抽样技术指在抽样调研时采用一定的方法，抽选具有代表性的样本，以及各种抽样操作技巧和工作程序等的总称。为了使抽选的样本具有代表性，必须借助于各种抽样技术。抽样技术可以分为随机抽样技术与非随机抽样技术两大类（见图4-2）。

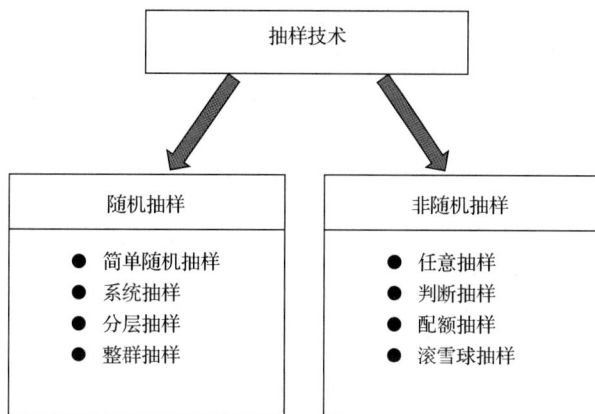

图4-2　抽样技术类型

1. 随机抽样技术

随机抽样又称概率抽样，是指按照随机原则，从总体单位中抽取部分单位作为样本进行调查，以其结果推断总体有关指标的一种抽样方法。在随机抽样中，总体中的每个个体都有相同被选中的机会，确保了样本的代表性，如图4-3所示。

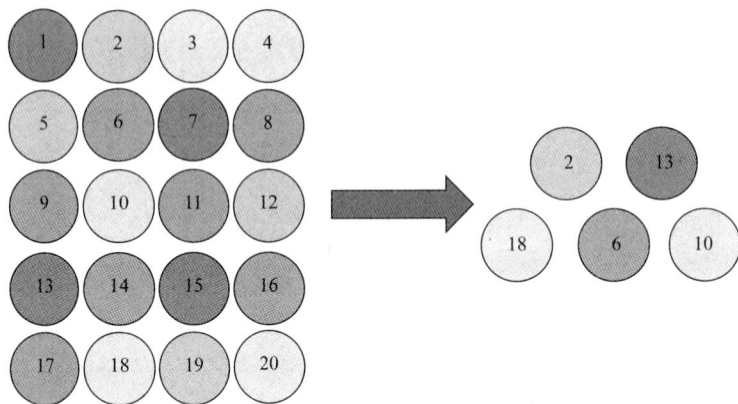

图4-3　简单随机抽样

随机抽样包括简单随机抽样、系统抽样、分层抽样和整群抽样4种类型。

（1）简单随机抽样。

简单随机抽样是指保证大小为 n 的每个可能的样本都有相同的被抽中的概率。简单随机抽样的具体做法有抽签法和随机数法。

抽签法又称"抓阄法"。它是先将调查总体的每个单位编号，然后采用随机的方法任意抽取号码，直到抽足样本。例如，要在10个人中选取3个人作为代表，先把总体中的10个个体进行编号，把号码写在号签上，将号签放在一个容器中，搅拌均匀后，每次从中抽取一个号签，连续抽取3次，就得到一个容量为3的样本。

随机数法是利用随机数字表随机抽取样本单位的方法。随机数字是指利用随机数表、随机数骰子或计算机产生的数字序列，数中的0,1,2,…，9这10个数字出现的机会的概率是相等的，但排列顺序则是随机的。将随机产生的数字用表格的形式表现出来，就是随机数字表。

简单随机抽样的优点：随机度高，在特质较均匀的总体中，具有很高的总体代表度；是最简单的抽样技术，有标准而且简单的统计公式。

简单随机抽样的缺点：未使用可能有用的抽样框辅助信息抽取样本，可能导致统计效率低；有可能抽到一个"差"的样本，使抽出的样本分布不好，不能很好地代表总体。

（2）系统抽样。

系统抽样也称等距抽样，首先将总体中各单位按一定顺序进行排列，根据样本容量要求确定抽选间隔，然后随机确定起点，每隔一定的间隔抽取一个单位，如图4-4所示。在系统抽样中，先将总体从 $1 \sim N$ 相继编号，并计算抽样距离 $K=N/n$。式中 N 为总体单位总数，n 为样本容量。然后在 $1 \sim K$ 中抽一随机数 $k1$，作为样本的第一个单位，接着取 $k1 + K$，

$k1+K2$……，直至抽够 n 个单位。例如：从 1 000 个电话号码中抽取 10 个访问号码，则间距为 1 000/10=100，确定起点（起点＜间距）后每 100 个号码抽一个访问号码。

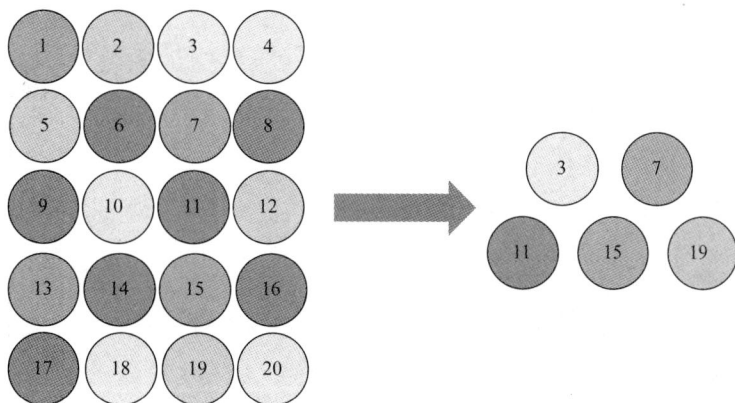

图4-4　系统抽样

系统抽样的优点：兼具操作的简便性和统计推断功能，是目前广泛运用的一种抽样方法。如果起点是随机确定的，总体中单元排列是随机的，等距抽样的效果近似简单抽样；与简单抽样相比，在一定条件下，样本的分布较好。

系统抽样的缺点：抽样间隔可能遇到总体中某种未知的周期性，导致"差"的样本；未使用可能有用的抽样框辅助信息抽取样本，可能导致统计效率低。

（3）分层抽样。

分层抽样又称分类抽样或类型抽样，是先将总体的单位按某种特征分为若干次级总体（层），然后再从每一层内进行单纯随机抽样，组成一个样本。一般来说，在抽样时，将总体分成互不交叉的层，然后按一定的比例，从各层次独立抽取一定数量的个体，将各层次取出的个体合在一起作为样本，如图 4-5 所示。

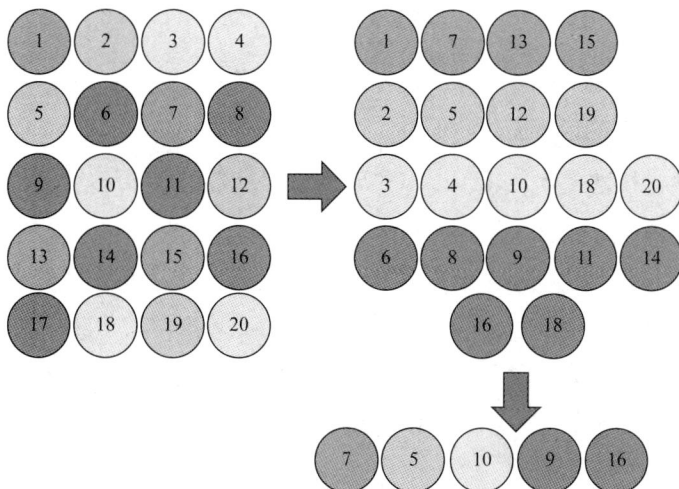

图4-5　分层抽样

分层抽样时要尽量利用事先掌握的信息，并充分考虑保持样本结构和总体结构的一致性，这样能够有效提高样本的代表性。当总体是由差异明显的几部分组成时，往往选择分层抽样的方法。其特点是将科学分组法与抽样法相结合，每个个体被抽到的概率都相等 N/M。分组减小了各抽样层变异性的影响，抽样保证了所抽取的样本具有足够的代表性。

分层抽样的优点：适用于层间有较大的异质性，而每层内的个体具有同质性的总体，能提高总体估计的精确度，在样本量相同的情况下，其精度高于简单抽样和系统抽样；能保证"层"的代表性，避免抽到"差"的样本；同时，不同层可以依据各自情况采用不同的抽样框和抽样方法。

分层抽样的缺点：要求有高质量的、能用于分层的辅助信息；由于需要辅助信息，抽样框的创建需要更多的费用，更为复杂；抽样误差估计比简单抽样和系统抽样更复杂。

（4）整群抽样。

整群抽样又称聚类抽样，是将总体中各单位归并成若干个互不交叉、互不重复的集合，称之为群；然后以群为抽样单位抽取样本的一种抽样方式。应用整群抽样时，要求各群有较好的代表性，即群内各单位的差异要大，群间差异要小，如图4-6所示。

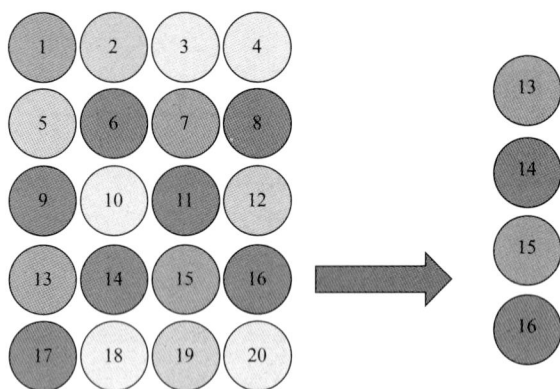

图4-6 整群抽样

整群抽样的优点是实施方便、节省经费。其缺点是往往由于不同群之间的差异较大，由此而引起的抽样误差往往大于简单随机抽样。

2．非随机抽样技术

非随机抽样又称非概率抽样，是指在抽样时不遵守随机原则，而是按照研究人员的主观经验、便利性或其他非随机因素来抽取样本的一种抽样方法。非随机抽样中，总体的任何特定个体被选为样本的概率是未知的。其特点为不具有从样本推断总体的功能，但能反映某类群体的特征，是一种快速、简易且节省的数据收集方法。当研究者对总体具有较好的了解时可以采用此方法，或是总体过于庞大、复杂，采用概率方法有困难时，可以采用非概率抽样来避免概率抽样中容易抽到实际无法实施或"差"的样本，从而避免影响对总体的代表度。常用的非概率抽样方法有以下4种：任意抽样、判断抽样、配额抽样和滚雪球抽样。

（1）任意抽样。

任意抽样又称偶遇抽样、便利抽样，是通过获取最方便个体而进行的抽样，是一种随意选取样本的方法。在这种抽样方法中，调查者选择那些最容易接近或最方便访问的个体作为样本。典型的形式就是拦截式调研，如调查者在街头、公园、车站等公共场所进行拦截调研。

任意抽样的优点：适用于总体中每个个体都是"同质"的，比较方便、省钱；可以在探索性研究中使用；另外还可用于小组座谈会、预测问卷等方面的样本选取工作。

任意抽样的缺点：抽样偏差较大，不适用于要做总体推断的任何民意项目，对于描述性或因果性研究最好不采用此抽样方法。

例如，假设编号为 4、7、12、15 和 20 的个体想要成为样本的一部分，因此，我们将把它们包含在样本中。如图 4-7 所示。

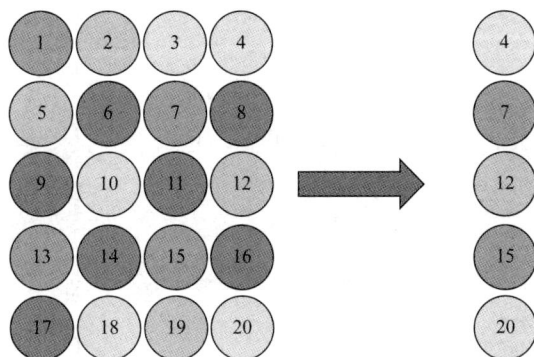

图4-7　任意抽样

（2）判断抽样。

判断抽样又称目的性抽样，是一种凭借研究人员的主观意愿、经验和知识，从总体中选取具有典型意义和代表性的样本点构成样本作为调查对象的一种非随机抽样方法。

判断抽样的优点：操作简便，能够直接满足调查需求，并且能够充分利用已有的样本信息；由于调查对象愿意配合，资料回收率相对较高。

判断抽样的缺点：依赖调查者的主观判断，可能导致出现严重的抽样偏差问题；调查者仅限于对所选样本较为了解，因此通常不具备直接推断总体的能力。

假设，专家认为，应该将编号为 1、7、10、15 和 19 的个体作为样本，因为它们可以帮助更好地推断总体，如图 4-8 所示。

（3）配额抽样。

配额抽样是指先将总体元素按某些控制的指标或特性分类，然后按任意抽样或判断

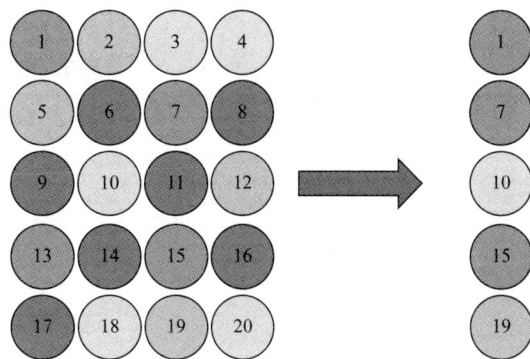

图4-8　判断抽样

抽样选取样本元素。

相当于包括两个阶段的有限制条件的判断抽样。在第一阶段需要确定总体中的特性分布（控制特征），通常，样本中具备这些控制特征的元素的比例与总体中有这些特征的元素的比例是相同的，通过第一步的配额，保证了在这些特征上样本的组成与总体的组成是一致的。在第二阶段，按照配额来控制样本的抽取工作，要求所选出的元素要适合所控制的特性。例如，定点街访中的配额抽样。

配额抽样的优点：适用于调查者对总体的有关特征具有一定的了解，而且样本数较多的情况，实际上，配额抽样属于先"分层"（事先确定每层的样本量）再"判断"（在每层中以判断抽样的方法选取抽样个体）；费用不高，易于实施，能满足总体比例的要求。

配额抽样的缺点：容易掩盖不可忽略的偏差。

假如考虑选择一个倍数为 4 的个体，因此，编号为 4、8、12、16 和 20 的个体已经作为样本保留。如图 4-9 所示。

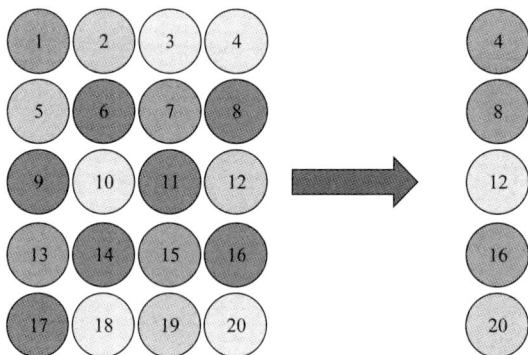

图4-9　配额抽样

根据配额的要求不同，配额抽样可分为独立控制配额抽样和非独立控制配额抽样。

独立控制配额抽样是指调查者只对样本独立规定一种特征下的样本数额。例如，在消费者需求调查中，按年龄特征，分别规定不同年龄段的样本数目，就属于独立控制配额抽样，如表 4-1 所示。

表4-1　独立控制配额抽样

年龄	人数	性别	人数	收入	人数
18～29岁	29	男	90	3000元以下	37
30～49岁	53			3000～5000元	50
50～69岁	59	女	90	5000～8000元	50
70岁以上	39			8000元以上	43
总计	180	总计	180	总计	180

该方法的优点是简单、易行，调查人员选择的余地比较大；缺点是调查者可能图一时方

便，选择样本过于偏向某一组别，从而影响样本的代表性。

而非独立控制配额抽样是指在按各类特征独立分配样本数额的基础上，再采用交叉控制安排样本的具体数额的抽样方式。

如上例中，如果采用相互控制配额抽样，就必须对年龄、性别、收入这 3 项特征同时规定样本分配数，如表 4-2 所示。

表4-2　非独立控制配额抽样

年龄	收入								合计
	3 000 元以下		3 000 ~ 5 000 元		5 000 ~ 8 000 元		8 000 元以上		
	男	女	男	女	男	女	男	女	
18~29元	3	3	4	3	4	5	2	5	29
30~49元	5	5	7	6	8	7	8	7	53
50~69元	7	7	9	8	7	9	4	8	59
70元以上	4	3	7	6	6	4	5	4	39
小计	19	18	27	23	25	25	19	24	180
合计	37		50		50		43		

该抽样方法对每一个控制特征所需分配的样本量都有具体规定，调查者必须按规定在总体中抽取样本，从而克服独立控制抽样的缺点，提高样本的代表性。

（4）滚雪球抽样。

滚雪球抽样又称推荐抽样，是指先随机选择一些被访者并对其实施访问，再请他们提供另外一些属于所研究目标总体的调查对象，根据所形成的线索选择此后的调查对象。

第一批被访者是采用概率抽样得来的，之后的被访者都属于非概率抽样，此类被访者彼此之间较为相似。例如，高校创业大学生等。

滚雪球抽样的优点是可以根据某些样本特征对样本进行控制，适用寻找一些在总体中十分稀少的人物。

其缺点是有选择偏差，不能保证代表性。

例如，假设做一个有关大学生创业方面的研究调查，项目实施者事先只知道 1、2、3、6 号是创业者，被确定为第一批调查对象，然后 1 号介绍 7 号，2 号介绍 5 号，3 号介绍 4 号，6 号介绍 8 号、9 号，这样 4、5、7、8、9 形成了第二批受访对象，接着 7 号介绍 13 号、15 号，5 号介绍 12 号、19 号，4 号介绍 18 号、20 号，8 号介绍 11 号、14 号，9 号介绍 16 号、17 号，因此 11、12、13、14、15、16、17、18、19、20 号组成了第三批受访对象，如图 4-10 所示，如此不断下去，最后直到抽满足够的样本为止。

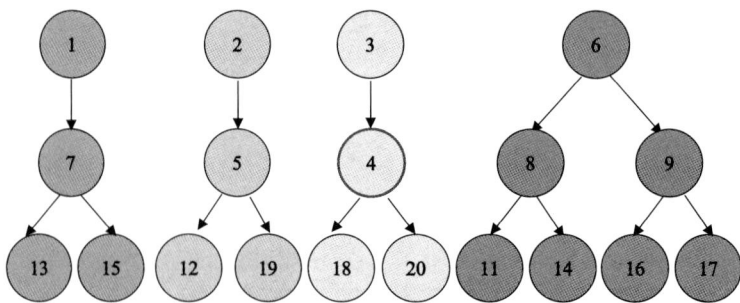

图4-10　滚雪球抽样

活动3　抽样误差和样本量确定

1. 抽样误差分析

（1）抽样误差的概念。

抽样误差是指在抽样调查中，由于选取的部分调查个体对总体的代表性不足而引起的误差，它是所有抽样调查所固有的。这种误差是在不违背随机原则的情况下必然出现的误差。抽样误差大小与样本的代表性成反比，即抽样误差越大，表示所选样本的代表性越低；反之，样本的代表性越高。

知识窗

非抽样误差

非抽样误差是指除抽样误差以外所有误差的总和，它贯穿了市场调查的每一个环节，主要包括设计误差、调查人员误差、现场应答误差和数据处理误差。

设计误差：包括总体定义误差、抽样框误差、调查方法误差等。

调查人员误差：包括总体定义误差、抽样框误差和记录误差等。

现场应答误差：包括误解误差、无能力回答误差、不愿意回答误差和无回答误差。

数据处理误差：包括数据编码、录入、审核及插补误差等。

知识窗

（2）抽样误差的影响因素。

样本量：当样本量增加时，抽样误差就减少。当样本足够大时，这类误差的影响可以忽略。

个体特征的差异程度：个体间差异程度越大，抽样误差越大。

抽样方法：抽样方法不同，抽样误差也不相同。通常重复抽样比不重复抽样的误差要大一些。

（3）抽样误差的计算。

抽样误差无法避免，但是可以计算，主要有以下4种情形。

① 平均数重复抽样误差。

计算公式如下。

$$v = \sqrt{\frac{\sigma^2}{n}} \qquad (4.1)$$

式中，v——平均数抽样平均误差

　　　n——样本数

　　　σ——总体的标准差

在实际调查中，总体的标准差往往不易算出，通常用样本标准差 S 来代替总体标准差 σ 进行计算，样本标准差的计算公式如下。

$$S = \sqrt{\frac{\sum\limits_{i=1}^{n}\left(x_i^{-\bar{x}}\right)^2}{n-1}} \qquad (4.2)$$

② 平均数不重复抽样误差。

计算公式如下。

$$v = \frac{\sigma}{\sqrt{n}}\sqrt{1-\frac{n}{N}} \qquad (4.3)$$

式中，N——总体数

　　　n——样本数

　　　σ——总体的标准差

③ 成数重复抽样误差。

计算公式如下。

$$v = \sqrt{\frac{p(1-p)}{n}} \qquad (4.4)$$

式中，v——成数抽样平均误差

　　　n——样本数

　　　p——样本成数

④ 成数不重复抽样误差

计算公式如下。

$$v = \sqrt{\frac{p(1-p)}{n}\left(1-\frac{n}{N}\right)} \qquad (4.5)$$

式中，v——成数抽样平均误差

　　　n——样本数

　　　p——样本成数

例1：某企业生产一批灯泡，共 10 000 只，随机抽取 500 只做耐用实验。测得平均使用寿命为 5 000 小时，样本标准差为 300 小时，500 只中发现 10 只不合格，求样本平均数和样本成数的抽样误差。

解：由于没有总体标准差，因而用样本标准差来代替。

（1）计算样本平均数的抽样误差。

已知 S=300，n=500，N=10000，则样本平均数重复抽样的误差为：

$$v = \sqrt{\frac{\sigma^2}{n}} = \sqrt{\frac{S^2}{n}} = \sqrt{\frac{300^2}{500}} \approx 13.42$$

不重复抽样的误差为：

$$v = \frac{\sigma}{\sqrt{n}}\sqrt{1-\frac{n}{N}} = \frac{S}{\sqrt{n}}\sqrt{1-\frac{n}{N}} = \frac{300}{\sqrt{500}}\sqrt{1-\frac{500}{10\,000}} \approx 13.08$$

（2）计算样本成数的抽样误差。

由已知条件可以推算出产品的不合格率 $p = \frac{10}{500} = 0.02$，则样本成数重复抽样的误差为：

$$v = \sqrt{\frac{p(1-p)}{n}} = \sqrt{\frac{0.02(1-0.02)}{500}} \approx 0.0063$$

不重复抽样的误差为：

$$v = \sqrt{\frac{p(1-p)}{n}\left(1-\frac{n}{N}\right)} = \sqrt{\frac{0.02(1-0.02)}{500}\left(1-\frac{500}{10\,000}\right)} \approx 0.006\,1$$

2. 样本量的确定

（1）影响样本量的定性因素。

一般情况下，影响样本量的定性因素主要包括以下 5 个方面。

① 决策的重要程度。一般情况下，决策越重要，需要的数据信息会越多，这就需要较大的样本量。

② 研究的性质。对于探索性研究，样本量通常较小；而对于描述性研究和因果关系研究，则要求有较大的样本量。

③ 变量数目。如果要研究的变量较多，就要求有较大的样本量。

④ 数据分析的性质。如果需要对数据进行详细分析，样本量也应该较大。

⑤ 资源约束。确定样本量时，还需考虑人力、物力和财力等资源的约束。

上述定性因素只能从原则上确定样本量大小，确定具体的样本量需从统计学的角度考虑。

（2）样本量计算。

利用统计方法计算样本量主要适用于概率抽样，此处主要介绍简单随机抽样的样本量的计算方法。跟抽样误差计算情形一样，简单随机抽样的样本量也分为平均数和成数两种情形。

① 平均数样本量计算。

确定样本量的基本步骤如下。

步骤 1：指定允许误差的大小 Δ。允许误差又称最大可能误差，是指抽样误差的范围，计算公式为如下。

$$\Delta = t \times v \qquad\qquad (4.6)$$

式中，t——置信度系数

$\quad\quad v$——抽样误差

步骤2：指定置信度。置信度就是可靠程度或信赖程度，与抽样风险互补，如抽样风险为10%，置信度为90%。

步骤3：确定与置信度相对应的系数 t，通常可以查正态分布表获得。常见的可信度有90%、95%和99%等，其对应的系数是1.65、1.96和2.58。

步骤4：确定总体的标准差，即总体中各对象之间的差异程度，用 σ 来表示。

步骤5：用公式4.6和公式4.1可推导出重复抽样的样本，计算公式如下。

$$n = \frac{\sigma^2 t^2}{\Delta^2} \quad\quad (4.7)$$

同样，利用公式4.6和公式4.3可推导出不重复抽样的样本量，计算公式如下。

$$n = \frac{N\sigma^2 t^2}{N\Delta^2 + \sigma^2 t^2} \qu\quad (4.8)$$

式中，N 为总体对象数。

例2：某市对大学生月消费支出情况进行抽样调查。已知大学生平均每人每天月消费支出的标准差为30元，要求可靠程度为95%（对应的系数是1.96），误差范围为3元，按重复抽样，问需抽取多少名大学生进行调查。

解：已知 $\sigma = 30$，$\Delta = \pm 3$，$t = 1.96$，代入公式4.7，可以求得样本量：

$$n = \frac{\sigma^2 t^2}{\Delta^2} = \frac{30^2 \times 1.96^2}{3^2} \approx 384$$

故需要抽取384名大学生进行调查。

② 成数样本量计算。

确定样本量的基本步骤如下。

步骤1：指定允许误差的大小 Δ。

步骤2：指定置信度。

步骤3：确定与置信度相对相应的系数 t。

步骤4：估计总体成数 p。

步骤5：用公式4.6和4.4可推导出重复抽样的样本，计算公式如下。

$$n = \frac{t^2 p(1-p)}{\Delta^2} \quad\quad (4.9)$$

同样，利用公式4.6和4.5可推导出不重复抽样的样本量，计算公式如下。

$$n = \frac{Nt^2 p(1-p)}{N\Delta^2 + t^2 p(1-p)} \ququad (4.10)$$

例3：某生产厂商为了调查其生产的彩电的质量，决定对其准备投放市场的5000台彩电进行抽样调查，要求以95%的可信度（对应的系数是1.96），保证抽样合格率误差不超过5%。

根据以往资料了解到，其产品的合格率为 98%。按不重复抽样，问应该抽取多少台彩电进行检验？

解：已知 $N=5000$，$p=0.98$，$\Delta=\pm0.05$，$t=1.96$，代入公式 4.9，可以求得样本量：

$$n = \frac{Nt^2 p(1-p)}{N\Delta^2 + t^2 p(1-p)} = \frac{5000 \times 1.96^2 \times 0.98(1-0.98)}{5000 \times 0.05^2 + 1.96^2 \times 0.98(1-0.98)} \approx 30$$

故需要抽取 30 台彩电进行检验。

（3）考虑多种因素确定样本量。

实际上，最终确定的样本量必须与时间和经费预算保持一致。如果计算出来的样本量大于现有经费所能样本量，或者调查时间紧迫，就得减少样本量，从而降低精度要求。

除此之外，其他一些因素，如数据收集的方法，有无合适的现场调查人员、数据的编码和审核人员等都会对样本量的确定产生一定的影响。因而，最终样本量的确定需要在精度、费用、时限和操作的可行性等条件的制约下进行调整。

同步实训

实训一 设计并实施抽样调查方案

实训描述

学生作为数量庞大、消费稳定、群体集中的一类消费群体，是任何手机品牌都非常看重的一个细分市场。随着我国手机市场的不断发展，手机潜在消费群体越来越低龄化。

为了解青少年学生（16 岁及以上）的手机使用、购买情况，为手机品牌手机的生产、销售等提供参考信息。本次实训请同学们以小组为单位，将本校学生作为调查对象，以此来设计并实施学生手机市场抽样调查方案。

操作指南

本次实训，小组成员集中讨论、集思广益。在设计与实施抽样调查方案的过程中可参考以下步骤实施操作，每一步，小组成员要共同商议并确定抽样调查方案的内容。

（1）界定总体。根据实训描述的内容设计确定市场调查抽样方案的总体内容和方向。

（2）确定抽样框。根据市场调查抽样方案的界定总体，设计抽样框，以便抽取必要的单位数。

（3）选择抽样方法。根据调查目标和问题，选择合适的抽样方法，从抽样框中抽取一部分个体进行调查，以便通过样本来推断总体的特征或规律。

（4）确定样本容量。根据实训定性和定量方面的相关要求，分析影响样本容量的因素，计算本次实训调查样本容量。

（5）执行抽样程序。根据实训设计的抽样框和确定的抽样方法，在确保公正性、随机性和可追溯性的前提下，进行抽样，并详细记录样本情况，填写表4-3的内容。

表4-3　学生手机市场调查抽样方案

抽样程序	时间安排	工作内容
界定总体		
确定抽样框		
选择抽样方法		
确定样本容量		
执行抽样程序		

实训评价

各小组组长提交抽样方案的纸质文档，老师据此按表4-4所示内容进行初步评价，了解各小组抽样方案的完成情况。

表4-4　实训评价

序号	评价内容	分数	老师打分	老师点评
1	实训态度、协作情况	20		
2	抽样方法的科学合理性	30		
3	抽样方案的可行性	30		
4	抽样方案的逻辑性	20		

总分：_____

实训二　计算抽样误差和样本量

实训描述

本次实训由老师随机向各小组发放相关数据资料，各小组根据老师的要求计算抽样误差和样本容量。

操作指南

各小组根据老师的数据资料和要求，采用不同的方法计算抽样误差和样本容量。参考步骤如下所示。

（1）指定允许误差。

（2）指定置信度及相对应系数。

（3）确定标准误差。

（4）计算样本容量。

实训评价

每组同学完成抽样误差和样本容量计算后，将计算结果提交给老师，老师根据表4-5所示内容进行评分。

表4-5　实训评价

序号	评价内容	分数	老师打分	老师点评
1	置信度及对应的系数是否正确	25		
2	标准误差计算是否正确	25		
3	计算公式是否正确	25		
4	样本容量计算是否正确	25		

总分：＿＿＿＿＿＿＿＿

项目总结

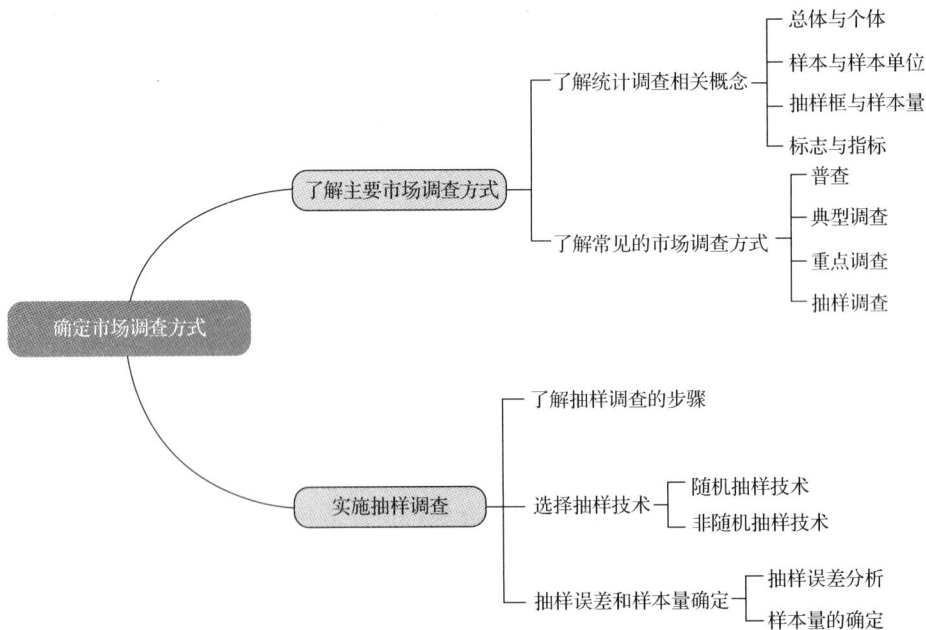

项目五

设计调查问卷

职场情境

　　小艾在工作期间接触到很多调查问卷，她发放问卷的足迹遍布学校、小区、商场、美食街等场所。问卷的内容丰富多样，有询问购车、购房意向的，也有询问购物经历、产品使用情况的。调查问卷作为市场调查中收集一手资料的重要工具被广泛应用于街头拦截访问、电话访问、网络调查中，但小艾还没有参与问卷的设计。好在小艾终于迎来机会——为智能手环市场调查项目设计调查问卷，用于某厂商的网络调查，以了解智能手环的使用人群及其市场发展前景。在小艾设计问卷时，老李从旁指导。

学习目标

知识目标

1．了解调查问卷的类型及设计原则。

2．掌握问卷设计流程及问卷设计的方法与技巧。

3．掌握调查问卷设计工具的使用方法。

技能目标

1．能够根据调查目的设计问卷内容。

2．具备编排问卷的能力。

素质目标

1．不得发布与政治、军事、信仰、民族等敏感话题相关的问卷。

2．问卷中禁止使用歧视性、侮辱性的语言。

任务一 设计调查问卷的准备

任务描述

问卷看似简单，主要由一系列的问题组成，但问卷设计十分讲究，它凝结着调查人员的智慧和汗水。为了更好地设计出问卷，获取有价值的信息，达成调查目的，在设计问卷前，老李让小艾做好充足的准备。

任务实施

活动1 了解调查问卷的类型

老李告诉小艾，从不同角度，调查问卷可以划分为多种不同的类型，不同类型的调查问卷有不同的使用范围，小艾都需要了解。

1．自填式问卷与代填式问卷

按填写问卷的方式划分，调查问卷可以分为自填式问卷与代填式问卷。

（1）自填式问卷是指由调查对象自己填写答案的问卷，可以在街头拦截访问及网络调查中使用。

（2）代填式问卷是指由调查人员根据调查对象的回答代为填写答案的问卷，可以在街头拦截访问、焦点小组访谈和电话访问中使用。

2．结构式问卷、开放式问卷与半结构式问卷

按问题内容划分，调查问卷可以分为结构式问卷、开放式问卷和半结构式问卷。

（1）结构式问卷也称封闭式问卷，指问卷中不仅设计了各种问题，还给出各种可能的答案，调查对象根据实际情况从中选择合适的答案，如"您是否饮用速溶咖啡？○是 ○否"。

（2）开放式问卷又称无结构式问卷，是指问卷中只设计了问题，不设置固定的答案，调查对象可以依据本人的意愿自由回答，如"您为什么喜欢使用××产品？"无结构式问卷一般用于对某些问题做深入调查的情况。

（3）半结构式问卷介于结构式问卷和开放式问卷之间，半结构式问卷上的答案既有固定的，也有让调查对象自由填写的。半结构式问卷兼具结构式问卷和开放式问卷的优点，在实际调查中运用广泛。

3. 传统问卷与网络问卷

按传播方式划分，调查问卷可以分为传统问卷与网络问卷。

（1）传统问卷是指目前在一些传统调查方法，如街头拦截访问、电话访问、媒体刊载问卷及书籍后附问卷等中，仍在大量使用的纸质问卷。

（2）网络问卷是指随着计算机技术和互联网技术的发展而出现的，针对网络调查所采用的无纸化问卷，该类问卷的发送与提交均通过网络实现。

活动2 了解调查问卷的设计原则

老李告诉小艾，一份调查问卷至少应具备两个功能，即能将问题清楚地传达给调查对象和使调查对象乐于回答。调查问卷要具备这两个功能，在设计问卷时应当遵循一定的原则。

（1）一般性原则。一般性原则是指问题的设置应具有普遍意义，这是问卷设计的一个基本要求。例如，"您外出旅游时一般选择的交通工具是？○火车 ○飞机 ○宝马轿车 ○电动车"。该问题的第3个选项就不具有一般性，犯了常识性错误。这一错误不仅不利于调查结果的得出，而且会使调查对象质疑调查人员的水平。

（2）合理性原则。合理性原则是指问卷内容必须与调查主题紧密相关。问卷设计若违背合理性原则，则再精美的问卷也是无益的。调查问卷要想体现调查主题，其实质是在问卷设计环节找出与调查主题相关的要素，例如，"调查某产品的消费者满意度"这一主题涉及消费者的人口特征、消费者对企业产品和服务的评价、消费者使用产品的效果和对产品的期望等要素。

（3）准确性原则。准确性原则是指问卷内容应简洁明了，避免重复；问题应清晰明确、便于回答。例如，"您认为海底捞是否提供了快速、礼貌的服务？○ 是 ○ 否"。这个问题就不明确，它包含了两个方面的内容：海底捞的服务速度和服务态度。如果调查对象对海底捞的服务速度满意，对海底捞的服务态度不满意，就无法做出准确的回答。

（4）易接受性原则。易接受性原则是指问卷设计要以容易被调查对象接受为原则。例如，问卷说明应该将调查目的和重要性明确地告诉调查对象，措辞要亲切、温和，提问要自然、礼貌，尽量通俗化、口语化，并且要避免一系列可能令调查对象难堪或反感的问题。

（5）逻辑性原则。逻辑性原则是指调查人员在设计问卷时，要讲究问题与问题之间的内在逻辑，使问卷内容条理清晰，以提高调查对象回答问题的效率。例如，下面3个问题就设置得紧密相关，且逻辑性较强。

1. 您现在还没有买计算机，原因是？

○价格过高

○主要用手机和平板

○暂时不需要，学校有计算机可以上网

○其他

2. 您心中购买计算机的价格区间为？

○ 3 000 元及以下

○ 3 000（不含）～ 4 000 元

○ 4 000（不含）～ 5 000 元

○ 5 000（不含）～ 6 000 元

○ 6 000 元以上

3. 请问您购买计算机的原因是？

○学习需要

○工作需要

○娱乐需要

○从众心理

○其他

（6）非诱导性原则。非诱导性原则是指设计问卷时应避免加入调查人员的主观臆断。如果调查问卷的问题具有诱导性，例如，"很多人认为某品牌的果汁饮料具有浓郁的果香和清新的口感，您是否喜欢该品牌的果汁饮料？"这可能会掩盖调查对象的真实意愿，从而影响调查结果的客观性与真实性。

（7）匹配性原则。匹配性原则是指设计问卷时要使调查对象的回答便于检索，以便处理和分析数据。因此，问卷设计要考虑后期的可操作性，应事先考虑答案能否分类、是否能够通过数据清楚明了地说明所要调查的问题。如果通过调查得到很多数据，却找不到合适的分析方法，那么数据就几乎没有用。

🔖 做一做：修改问卷中欠妥的问题

在一份关于某购物网站的调查问卷中列出了以下两个问题。这两个问题的描述是否妥当，如果问题描述不妥当，请说明原因并修改。

1. 您对某购物网站的物流服务和售后服务是否满意？

2. 很多消费者认为某购物网站产品质量较差，您的印象如何？

问题 1：

_____

问题 2：

_____

活动3 掌握设计调查问卷问题的方法

一般来说，调查问卷的问题往往按照是否给出问题的答案来划分，主要可分为3种类型：封闭式问题、开放式问题和混合型问题。小艾只有在掌握设计调查问卷问题的方法后，才能合理设计各项问题。

1. 封闭式问题

封闭式问题是指事先将问题的各种可能答案列出，由调查对象根据自己的意愿选择。例如，"您手机中是否安装了购物 App？○ 是　○ 否""您手机中安装了几个购物 App？○ 0 个　○ 1 个　○ 2 个　○ 3 个　○ 3 个以上"。封闭式问题的答案较标准，因此调查对象回答起来较方便，同时可减少回答问题时的分歧，使调查结果易于处理和分析。但调查对象只能在规定的答案范围内回答，所以有时候调查对象的答案可能无法准确反映其真实情况或看法。

2. 开放式问题

开放式问题是不列出具体的答案，由调查对象自由作答的问题。通常，开放式问题只能在一份调查问卷中占小部分篇幅，有的调查问卷甚至不会设置开放式问题。一旦调查人员在问卷中设置了开放式问题，那么其目的是获取调查对象对某一事物的描述、理解和反应。例如，"您为什么选择在淘宝购物？""您对 ×× 的品牌宣传广告有什么看法？""你对 ×× 服务公司的维修服务有何意见？"

开放式问题的优点主要体现在以下两个方面。

- 可以调动调查对象的积极性，使其充分表达自己的想法。
- 可获得调查人员原来没有想到或者容易忽视的资料。

当然，开放式问题也有缺点，具体如下。

- 调查对象的答案可能各不相同，标准化程度较低，增加了资料整理的难度。
- 调查对象可能不会对每个开放式问题都做详尽的回答。

3. 混合型问题

混合型问题是指封闭式问题与开放式问题的结合。例如，"请问您最近购买的沐浴露的品牌是？○舒肤佳　○多芬　○力士　○舒蕾　○妮维雅　○蔻斯汀　○其他＿＿＿＿＿＿"，这种类型的问题既方便调查对象快速选择答案，又可以帮助调查人员获取更多信息。

> **经验之谈**
>
> 对调查对象来说，一些敏感、尴尬、私密或有损自我形象的问题，一般不宜直接提问，应采用间接的询问方式发问。例如，"您是否正受到痔疮的困扰？"这类尴尬的问题不宜直接提问，处理方法是，在提问前先说明某种现象、行为或态度是平常的，如"许多人患有痔疮，您有这方面的问题吗？"

活动4　掌握设计调查问卷答案的方法

小艾不仅要掌握设计问题的方法，还要掌握设计答案的方法。为减少调查时可能出现的分歧，预先设计的答案应尽量包含调查对象可能涉及的所有回答。在设计问题答案时，可根据具体情况采用不同的设计形式。

1. 二项选择法

二项选择法是指提出的问题仅有两种对立的答案，调查对象的回答非此即彼，一般用"是"或"否"、"有"或"无"来作答。例如，"请问您最近6个月内是否接受过市场调查访问？○是　○否""您是否使用过蓝牙耳机？○是　○否""您家里现在有吸尘器吗？○有　○无"。

二项选择法的答案态度明朗，利于选择，调查人员能够在较短的时间内得到调查对象明确的答案，方便统计分析。其缺点是不能反映意见的差别程度，调查不够深入，并且由于缺乏中立意见，结果有时不够准确，如"您对××公司的客户服务满意吗？○满意　○不满意"。

2. 多项选择法

多项选择法是指提出的问题有两个以上的答案，调查对象可以选择其中一项或几项。例如，"您购买洗衣机时，主要考虑的因素有哪些？□安全性□省电　□价格　□品牌　□售后服务　□使用方便"。

多项选择法的优点是能较好地反映调查对象的多种意见及其程度上的差异，且限定了答案范围，统计分析比较方便；缺点是回答的问题没有顺序，且答案太多，不便于归类，对问卷设计的要求较高。

调查人员采用多项选择法设计答案时，应考虑以下3种情形。

（1）应考虑到所有可能的答案，避免出现重复和遗漏。

（2）注意答案的排列顺序，特别是时间、程度方面的答案，要按时间先后和程度的递进来排列，以免对调查对象的阅读和理解造成障碍。

（3）注意答案的数量，如果答案较多，调查对象可能会感到厌烦，因而答案的数量一般应控制在8个以内。

3. 量表法

量表法是运用量表测定调查对象对问题的态度的询问方法。所谓量表，就是通过一套事先拟订的用语、记号和数目，来测定人们心理感受的测量工具，其主要作用是将定性数据转化为定量数据。例如，消费者对某种电器的喜欢程度，居民对食用油价格上涨的态度和评价等。

市场调查中，常用的量表有顺序量表、配对比较量表、固定总数量表、语意差别量表和李克特量表等。

（1）顺序量表。

顺序量表又称等级量表，是指将许多研究对象同时展示给调查对象，并要求他们根据某个标准为这些对象排序或划分等级。顺序量表适用于对答案有先后顺序要求的问题。例如，"请按照您的喜欢程度为巧克力饼干包装颜色编号，最喜欢者为1号，依此类推。□红　□黄　□

青　□紫　□橙　□绿　□蓝　□灰"。

顺序量表的优点是题目容易设计、易于使用，调查对象比较容易掌握回答方法，被评价的事物最终按一定的顺序排列。顺序量表的缺点是如果没有包含调查对象心目中的答案，那么结果就会产生偏差；顺序量表虽然给调查人员提供了顺序信息，但调查人员无法了解调查对象按此顺序排列的原因。

（2）配对比较量表。

配对比较量表是一种使用得很普遍的态度测量工具。在配对比较量表中，调查对象被要求对一系列对象进行两两比较，根据某个标准在两个被比较的对象中做出选择。配对比较量表适用于对质量和效用等问题做出评价。

请比较下列巧克力饼干包装的不同颜色，指出您最喜欢其中哪一个？（在最喜欢的颜色旁边的□中打√）

□红　　　　　　　□黄

□蓝　　　　　　　□绿

□青　　　　　　　□紫

□灰　　　　　　　□黑

配对比较量表克服了顺序量表的缺点。首先，对调查对象来说，二选一式的选择更容易完成；其次，配对比较量表可以避免顺序量表的顺序误差。但是，如果要比较所有的配对，对于有 n 个对象的情况，就要进行 $n(n-1)/2$ 次配对比较。因此，使用配对比较量表时，被测量的对象的个数不宜太多，以免调查对象产生厌烦心理而影响其回答的质量。

（3）固定总数量表。

固定总数量表要求调查人员规定总数值（一般为 100 分或 10 分），由调查对象将数值按照他们认为事物在某个特性上的强弱分配，通过分配数值的不同来表明调查对象的不同态度。固定总数量表常用于评价产品、企业印象及某影响因素的作用。需要注意的是，调查人员规定的总数值是固定总数量表的基础标准；调查对象在填写量表时，必须使被分配的各数值之和等于总数值，而不能大于或小于总数值。

例如，请调查对象根据喜爱程度对 A、B、C、D 这 4 个网络购物平台进行打分，4 个网络购物平台的总分为 100 分。调查对象的打分结果如表 5-1 所示。

表5-1　调查对象对4个网络购物平台的评分

调查对象	网络购物平台				总数值
	A	B	C	D	
甲	45分	30分	10分	15分	100分
乙	50分	30分	10分	10分	100分
丙	50分	20分	20分	10分	100分
丁	45分	15分	30分	10分	100分
总计	190分	95分	70分	45分	

从各网络购物平台的总得分可以看出，A网络购物平台的得分最高，说明A是调查对象最喜爱的网络购物平台。

固定总数量表的优点是简单明了、操作方便；可以根据测量对象在各个项目上的分数高低进行排序和比较，避免多次配对比较。固定总数量表的缺点是如要增减或调整测量项目，则要重新测量，修改后的测量结果与修改前的测量结果很难比较；当测量项目的数量增加时，可能使调查对象感到混乱。因而，使用这种量表测量的项目一般不超过10个。

（4）语意差别量表。

语意差别量表是比较不同品牌产品、品牌形象、企业形象的常用工具。

语意差别量表的使用方法为：首先确定要测评的事物，然后挑选一些能够用来形容测评事物的一系列语意相反的形容词或短语，并将其列于量表的两端；在两个反义词之间划分7个等级，每一等级的分数分别为1、2、3、4、5、6、7或+3、+2、+1、0、-1、-2、-3；最后，调查对象在每一等级上选择相应的答案，由调查人员将答案汇总，从而判断调查对象对测评事物的态度。

例如，调查人员要求调查对象评价其对A、B两个品牌广告的整体印象，调查对象根据自己的真实意见，在量表的每一个指标上填写其认为合适的品牌广告。表5-2所示为某调查对象填写的结果。

表5-2 调查对象对A、B品牌广告的评价

评价	+3	+2	+1	0	-1	-2	-3	评价
广告很有创意		A、B						广告缺少创意
广告语意清楚		A		B				广告语意模糊
广告很有吸引力	A		B					广告没有吸引力
广告很受欢迎		A		B				广告不受欢迎
记住这个广告的人很多		A、B						很少有人记住这个广告
很多人对这个广告的评价高			A	B				很多人对这个广告的评价低
广告时间太长		B		A				广告时间太短
广告很实用				A、B				广告华而不实

语意差别量表的优点是调查人员可以快速、高效地检测产品、品牌或企业优于竞争对手的长处，或存在的劣势。缺点是如果评分点数目太少，整个量表会显得过于粗糙；如果评分点数目太多，又可能超出大多数人的分辨能力。研究表明，"7点评分"量表的测量效果较令人满意。

（5）李克特量表。

李克特量表是由一组与测量问题（一般为5～20个问题）有关的陈述语和有等级分数的答案组成的，以总分作为评价依据的，主要用于测量态度等主观指标的强弱程度的测量工具。李克特量表最终的评价结果由调查对象所有题目的总分决定。

调查对象回答的等级，一般分为非常同意、同意、中立、不同意、非常不同意 5 个等级，由调查对象在给出的 5 个等级中做出选择，并分别按 1、2、3、4、5 计分。计分规则为，对表达正面态度的题目（陈述语句）非常同意的计 5 分，依此类推，非常不同意的计 1 分；对表达反面态度的题目非常同意的计 1 分，依此类推，非常不同意的计 5 分。

表 5-3 所示为用于测量消费者对某超市的整体印象的李克特量表。

表5-3　用于测量消费者对某超市的整体印象的李克特量表

项目	非常同意	同意	中立	不同意	非常不同意
环境舒适					
产品种类多					
购物便利					
质量可靠					
价格便宜					
服务态度好					
售后有保障					

李克特量表的优点是容易执行，5 种答案形式便于调查对象选出更符合自己意愿的答案；可用于测量多维度的复杂概念，通常比同等篇幅的量表具有更高的可信度。李克特量表的缺点是对于具有不同态度的调查对象，可能得到相同的态度得分，无法进一步描述他们态度结构的差异；制作起来比较麻烦，所有题目都要被设计为陈述语句；相同的态度得分者可能具有十分不同的态度形态；由总分代表一个人的赞成程度，可大致区分个体间态度的差异，但无法进一步描述他们的态度结构差异。

---- 🔖 **经验之谈** ----

为了降低数据统计分析的难度，或避免量表题目使调查对象难以理解，需要一定的篇幅或人员解释答案填写的要求，可在调查问卷中通过二项选择法、多项选择法获取信息，尽量减少量表的使用。另外，量表可以单独使用，但需用一定的篇幅解释、指导调查对象如何填写答案。

💡 **知识窗**

量表设计完成后，调查人员可以通过信度和效度来评价量表的设计质量。

1. 信度

信度是指如果重复测量，量表产生一致性结果的程度。信度是衡量一个测验量表质量高低的重要指标，信度不合要求的量表是不能使用的。信度的测量方法主要有两种：再测信度和复本信度。

（1）再测信度。再测信度是指用同一份量表对同一群调查对象，在两次不同的时间进行测量，两次测量结果的相似程度越高，再测信度越高。

（2）复本信度。复本信度是指用两个相似的量表对同一群调查对象进行两次测量，两次测量结果的相似程度越高，复本信度越高。

2. 效度

效度指量表本身的有效性，是量表避免系统误差和随机误差的程度。测量值＝真实值＋系统误差＋随机误差。效度越高，则测量值越接近真实值。信度是效度的必要条件，但不是充分条件。

调查人员可以用内容效度、准则效度和结构效度来评价量表。

（1）内容效度指量表涵盖研究主题的程度。调查人员必须检查量表中的题目是否充分地覆盖调查对象的主要方面。

（2）准则效度又称实证效度或统计效度，指量表所得到的数据和其他被选择的变量相比较的一致性程度。

（3）结构效度指测量是否真正体现最初的理论结构以及体现的程度。

需要指出的是，量表设计中，每一种类型的答案设计，都应包括3部分内容：态度指标或问题的答案、答案的计分办法及表现形式、综合计分办法及评价标准。

知识窗

活动5　掌握编排调查问卷题目的一般规则

设计问卷题目时，要合理编排问卷题目的顺序。一般来说，小艾可以按照问题的类型、难易程度、逻辑性等编排问卷题目，具体规则如下。

1. 过滤问题放在前面

过滤问题也称甄别问题，主要是在调查之前，过滤、筛选调查对象，排除不合适的调查对象。设计调查问卷时，一般需要设计过滤问题，以挑选出有针对性和代表性的调查对象。例如，在一份关于某品牌热水器使用情况的调查问卷中，设计这么一个问题，"您是否使用过××品牌的热水器？"若调查对象回答"是"，就可以让其继续填写问卷，否则便结束调查。

一般而言，不合适的调查对象有两种：一种是与调查项目有直接利益关系的人群，为达到避嫌的目的，应排除此类人群；另一种是不符合调查要求的人群，这类人群可能在年龄、性别或其他方面不满足调查的要求。

做一做：设计过滤问题

请你为某品牌化妆品的市场调查问卷设计过滤问题，要求如下。

1. 排除年龄在20岁及以下、50岁及以上的调查对象。

2. 排除在广告公司、市场调查机构/咨询公司、电视台/电台/报纸/杂志等媒体机构或化妆品生产/销售部门工作的调查对象。

3. 排除最近 3 个月接受过与化妆品相关的市场调查的调查对象。

问题 1：_____

问题 2：_____

问题 3：_____

2. 题目应先易后难

容易回答的问题应放在前面，较难回答的问题应放在靠后的位置。这是因为调查问卷的前几道题容易作答，能够提高调查对象的积极性，使其与调查问卷建立起一种融洽关系。如果一开始的问题较难，会让调查对象产生抵触情绪，从而使他们对完成问卷的填写失去兴趣。

具体来讲，与公开的事实或状态相关的问题可放在问卷靠前的位置，而需要深度思考的意见性问题，可放在问卷靠后的位置。从时间的角度考虑，最近发生的事情容易回想起来，便于作答，因此这类问题应放在问卷靠前的位置；很久以前发生的事情不容易回想，因此这类问题应放在问卷靠后的位置。例如，调查问卷中，位置靠前的问题是"您现在使用的是什么品牌的化妆品？"而位置靠后的问题是"在使用该品牌化妆品之前您使用过什么品牌的化妆品？"

3. 封闭式问题放在前面，开放式问题放在后面

一般来说，封闭式问题回答起来较简单，因而应放在问卷靠前的位置；而回答开放式问题则需要花费较长时间去思考和填写，如果将其放在靠前的位置，会使调查对象产生抵触情绪，从而影响其填写问卷的积极性。

4. 题目的编排应注重逻辑性

题目的编排应尽量符合人们的思维习惯，这样才可能使调查有一个良好的开端。如果题目编排杂乱无章，让人的思维跳跃过快，调查对象很可能就会因反感而放弃继续填写问卷。所以，应该以一种符合逻辑的顺序编排题目。

（1）同类别的问题按深浅层次提出，即先提一般性问题，然后逐步提出比较具体的问题。

（2）同类别的所有问题提完后，再提出其他类别的问题。

（3）先提事实性、行为性问题，然后提态度、意见、看法等相关的问题。例如，有关洗发水的调查问卷可以先这样问"在过去 3 个月里，您曾购买过洗发水吗？"以促使人们开始考虑洗发水的问题。然后，依次询问调查对象过去 3 个月购买洗发水的品牌、购买的频率、对所购品牌的满意程度、再次购买的意向以及调查对象的发质特点等。逻辑性强的提问顺序能让调查对象很快进入答题的状态，并能使调查对象轻松连续作答。

👤 活动6 明确调查问卷收集的资料和使用场合

明确调查问卷所需收集的资料是问卷设计的前提。这一环节，小艾需要在调查内容的基础上，明确通过调查问卷需要收集的资料，并将所需资料一一列出，一是为调查内容提供支撑，以实现调查目的，二是为设计问卷题目提供指导。

本次智能手环市场调查项目，其调查内容如下。

（1）用户的基本信息。

（2）用户对智能手环的认知情况。

（3）用户使用智能手环的情况。

（4）用户购买智能手环的情况。

（5）用户对智能手环产品的改进建议。

根据调查内容明确获取的资料如下。

（1）用户的基本信息，包括性别、年龄、职业、文化程度、收入水平、兴趣爱好等。

（2）用户对智能手环的认知情况，包括用户对智能手环的了解、获取智能手环信息的渠道等。

（3）用户购买、使用智能手环的情况，包括用户是否使用过智能手环、从什么渠道获得的智能手环、使用什么品牌的智能手环，没有购买智能手环的原因是什么、如果购买智能手环会考虑哪些因素等。

（4）用户对智能手环产品各方面的改进建议。

另外，调查问卷的使用场合不同，其设计有细微区别。例如，在街头拦截访问中，由于是面对面访问，问卷的问题可以设置得稍复杂，但行人一般较匆忙，访问时间有限，因此问卷篇幅应短；在电话访问中，受到访问时间的限制，问卷的问题要容易理解且询问内容要少；网络调查多是匿名访问，因此可以询问一些私密性问题，如婚姻情况，并且问卷的篇幅较灵活，但花费调查对象填写的时间最多不超过30分钟。在控制问卷的篇幅时，要分清所需资料的主次，获取主要的资料可以保留大篇幅的内容，次要的资料则考虑删减内容。例如，调查消费者对某企业的满意度时，如果获取的主要资料是消费者对企业形象的评价，次要资料是消费者对企业产品和服务的评价，那么，用于调查消费者对企业形象的评价的内容占问卷的主要篇幅。

任务二 调查问卷设计

任务描述

小艾在明确了所需收集的资料，掌握设计问卷问题和答案及编排题目的方法后，问卷设计的准备工作就基本就绪。根据对问卷类型的了解，小艾此次将设计一份半结构式问卷。同时，通过工作中的长期观察，小艾发现一份问卷一般包括标题、问卷说明、调查题目等内容。因此，小艾依次设计问卷的标题、问卷说明、调查题目。

任务实施

👤 活动1 设计调查问卷的标题

调查问卷的标题用于概括说明调查主题，使调查对象对所要回答的问题有大致的了解。因此，问卷标题要简明扼要，使人一目了然，同时要能引起调查对象的兴趣。例如，"××产品消费者购买行为调查""××网络购物平台客户满意度调查""中国移动互联网发展状况及趋势调查"等，都是把调查对象和调查主题直接呈现出来的标题。

本任务中，设计的问卷标题如下。

"智能手环市场调查"。

> **📖 经验之谈**
>
> 有时，用于实地调查的纸质问卷需要设置问卷编号，编号一般在问卷封面的左/右上方。设置问卷编号的目的是控制问卷的发放和回收数量；整理问卷时，识别录入每份问卷。例如，开展全国范围的市场调查，对问卷设置10位数的编号，前6位数中每2位数分别代表省、市、区（县），后4位数代表问卷的顺序。

👤 活动2 设计调查问卷的问卷说明

问卷说明一般用于说明调查的目的和意义，通常包含问候语。有些调查问卷还有填表须知、有奖提示、交表时间和地点、调查组织单位介绍及其他注意事项。问卷说明一般放在问卷的开头，文字应该简洁明确，语气应该谦虚诚恳，以消除调查对象的顾虑，激发他们参与调查的积极性。

例如，某企业的客户满意度调查问卷的问卷说明内容如下。

亲爱的××（企业名）客户朋友：

您好，感谢您对××一直以来的支持！为给您提供更出色的产品以及更优质的服务，诚邀您在百忙之中抽出宝贵的3分钟填写此问卷。期待您真诚的反馈以及宝贵的意见，再次谢谢您的支持与配合！

又如，某份用于调查实践的调查问卷的问卷说明内容如下。

同学，你好！

我们是××学校的实践队员，正在做关于信息三农的调研，想问你几个相关的问题，了解你的意见。在此，我们郑重承诺，你的回答将被完全保密。请你就以下问题在你认为合适的地方打√。谢谢你的协助与支持！

本任务中，设计智能手环市场调查问卷的问卷说明内容如下。

尊敬的朋友：

您好，我们希望了解您关于智能手环的一些看法。本次调查为匿名调查，我们承诺将对您提供的所有信息严格保密。请您根据自己的情况放心作答。衷心感谢您的支持与配合！

经验之谈

针对有奖调查，如果是纸质问卷，问卷说明部分可简单提醒"参与问卷调查可获得奖品"，而由调查人员口头说明获奖的规则、奖品等。针对网络问卷，由于网络问卷常以二维码或链接的形式出现在市场调查的宣传文案中，因此，可在文案中说明问卷调查的目的、主题等，以吸引他人参与调查，如图 5-1 所示。

图5-1　文案中的问卷说明

活动3　设计调查问卷的调查题目

完成标题和问卷说明的设计后，小艾继续围绕调查目的和所需获得的资料设计问题和答案。

设计问卷题目时，第一部分为 1～4 题，用于调查用户的基本信息，包括性别、年龄、学历和职业，该部分的题目易于回答，填写轻松，能激发调查对象填写问卷的兴趣，内容如下。

1. 您的性别是？

○男　　　　　　　　　○女

2. 您的年龄是？

○ 18 岁以下　　　　　○ 18～30 岁　　　　　○ 31～40 岁

○ 41～50 岁　　　　　○ 50 岁以上

3. 您的学历是？

○初中及以下　　　　　○高中／中专　　　　　○大学专科

○大学本科　　　　　　○硕士及以上

4. 您的职业是？

○在校学生　　　　　　○普通职员　　　　　　○个体经销商／承包商

　　○企业管理者　　　　　　○公务员　　　　　　　○自由职业者

　　○退休人员　　　　　　　○其他_____

　　第二部分为 5～7 题，为过滤问题，其中第 5 题选择"无"选项以外的则结束问卷调查；第 6 题选择"是"选项的则结束问卷调查；第 7 题选择"不了解"选项的则结束问卷调查。这 3 道题目选择其他选项的继续答卷。

　　5. 您或您的家人是否有人在以下地方工作？

　　○广告公司

　　○电视台 / 电台 / 报纸 / 杂志等媒体机构

　　○市场研究 / 咨询公司

　　○产品研发 / 销售部门

　　○无

　　6. 您最近 3 个月内是否接受过智能可穿戴产品的市场研究访问？

　　○是　　　　　　　　○否

　　7. 您是否了解智能手环？

　　○非常了解　　　　　○比较了解

　　○了解一些　　　　　○不了解

　　第三部分为 8～10 题，继续调查用户的基本信息，问题稍微深入一些，包括用户的收入水平、兴趣爱好及锻炼频率。

　　8. 您的年收入是？

　　○ 3 万元及以下　　　○ 3 万（不含）～ 8 万元　　　　○ 8 万（不含）～ 15 万元

　　○ 15 万（不含）～ 20 万元　　○ 20 万元以上

　　9. 您最感兴趣的休闲活动是？

　　○摄影　　　　　　○上网　　　　　○听音乐

　　○看书看报　　　　○看电视　　　　○运动健身

　　○其他_____

　　10. 您锻炼的频率是？

　　○一周 4 次以上　　　○一周 2～4 次

　　○一周 1 次　　　　　○不喜欢锻炼

　　经验之谈

　　　　对于纸质问卷，当内容较多时，如果是双面的问卷，需要在第一页的末尾给出提示，提醒调查对象在背面还有问题需要回答，以免产生过多的无效问卷。例如，提示"请翻到背面继续填写"。

　　第四部分为 11～12 题，调查用户对智能手环的认知，其中第 11 题了解用户获取智能手环的信息的渠道，第 12 题了解用户对智能手环功能的了解和对功能的预期。

11. 您是通过哪些渠道了解智能手环的？（可多选）

☐ 产品官网

☐ 网络购物平台

☐ 户外广告

☐ 报纸 / 杂志 / 电视

☐ 微博 / 微信 / 抖音等新媒体

☐ 智能可穿戴产品展览会

☐ 超市 / 电器商场 / 实体专卖店

☐ 亲人 / 朋友 / 同学告知

12. 您希望智能手环具有以下哪些功能？（可多选）

☐ 提供心率、血压监测数据

☐ 运动计步、计算消耗的能量

☐ 消息通知，如通知短信、来电、邮件等消息

☐ 安全定位，以防儿童意外走失

☐ 具有交通卡、门禁卡、签到卡等磁卡的刷卡功能

☐ 提供噪声、温度、空气湿度等监测数据

☐ 远程控制电视、空调等家电设备

☐ 其他 _____

第五部分为 13 ~ 16 题，调查用户购买、使用智能手环的情况，其中第 13 题选择"是"选项的继续回答第 14 题，选择"否"选项的跳转至第 17 题答题；第 14 题用于了解用户获取智能手环的主要渠道；第 15 题用于了解各品牌智能手环的占比；第 16 题为开放式问题，用于收集用户对智能手环的改进建议。

13. 您是否使用过智能手环？

○ 是　　　　　　　○ 否

14. 您的智能手环是通过何种渠道获得的？

○ 电商平台　　　○ 直播间　　　　　○ 线下实体店

○ 他人赠送　　　○ 活动赠送

15. 您的智能手环的品牌是？

○ 小米　　　　　○ 华为　　　　　　○ Keep

○ Fitbit　　　　○ Jawbone　　　　○ 咕咚

○ OPPO　　　　○ 其他 _____

16. 根据您对智能手环的使用情况，您有何建议？

_____

第六部分为 17 ~ 19 题，用于调查未使用过智能手环的用户，其中第 17 题用于了解用户未购买智能手环的原因，第 18、第 19 题用于了解哪种价位和具备哪些特点用户会考虑购买智

能手环。

17. 您目前没有购买智能手环的原因是？

○价格贵

○功能不实用

○不能独立于手机使用

○未来打算买，还在观望中

○其他 ＿＿＿＿＿＿＿

18. 对于智能手环，定价多少您会考虑购买？

○ 200 元及以下　　　○ 200（不含）～ 500 元　　　○ 500（不含）～ 1 000 元

○ 1 000（不含）～ 2 000 元　　　　　　○ 2 000 元以上

19. 您会因为智能手环具备以下哪些特点而考虑购买？（可多选）

□佩戴舒适　　　　□外形精美、时尚　　　　□功能齐全

□电池续航能力强　□质量好　　　　　　　□可监测健康状况

□其他 ＿＿＿＿＿＿＿

经验之谈

　　虽然在调查问卷的开头已经感谢了调查对象，但是在问卷结尾，仍然需要再次表达感谢，如"再次感谢您的填写！"有的调查问卷会设计"调查对象的基本情况"部分，让调查对象填写姓名、联系电话等，作为抽奖、领奖的依据，或用于调查人员的回访追踪调查。

💡 **知识窗**

　　通常，完成调查问卷初稿后，调查人员可以在小范围内进行调查测试，以便了解调查问卷中存在的问题，调查测试内容如下。

　　（1）问题是否存在多余或遗漏的情况。

　　（2）问卷中的文字描述是否容易让人产生误解。

　　（3）问题的答案选项是否完全覆盖调查内容。

　　（4）完成问卷花费的时间是否过长。

　　（5）开放式问题是否留有足够的答题空间。

　　（6）问卷的外观设计（如纸张质量、字体大小、页面设置等）是否合适。

　　需要注意的是，问卷测试最好采用街头拦截访问等面对面的访问方式，这样调查人员能够观察调查对象填写问卷时的态度，以判断调查对象所给答案的真实性。通过测试发现问题后，调查人员应该立即修改问卷。问卷修改完成后，就可以定稿并投入使用。

💡 **知识窗**

任务三　使用调查问卷设计工具制作调查问卷

任务描述

完成调查问卷的内容设计后，接下来，小艾需要想办法将问卷输出到纸张上，或者制作成网络问卷，实施网络调查。正当小艾一筹莫展时，老李告诉小艾："现在有很多问卷在线设计工具，使用这些工具可以帮助我们快速制作出所需的问卷，如被大家所熟知的问卷星，你可以通过它来制作问卷。"

任务实施

👤 活动1　了解调查问卷设计工具——问卷星

通过询问同事和在网上查找资料，小艾了解到，问卷星（图5-2所示为问卷星官方网站首页）是一个专业的在线问卷调查、考核、测评、投票平台，为用户提供在线设计问卷、采集数据、自定义报表、调查结果分析等服务。问卷星具有快捷、易用的特点，已经被企业和个人广泛使用。

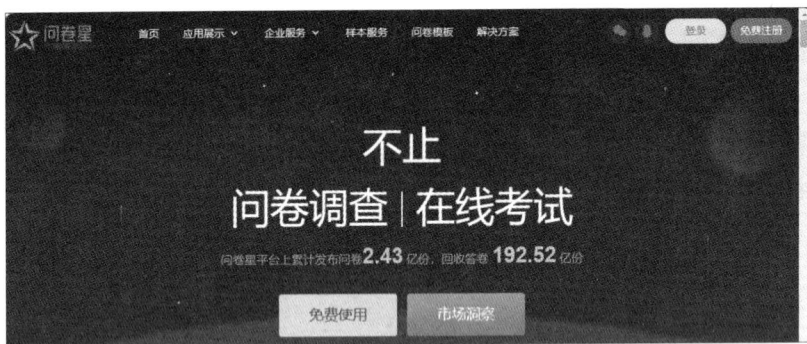

图5-2　问卷星官方网站首页

问卷星分为免费版和付费版。

（1）免费版适合学生或其他个人用户使用，可用于设计问卷，浏览、下载调查报告，统计与分析问卷结果，进行各类公开的在线调查、投票、评选、测试等，但免费版的部分功能使用受限。

（2）付费版包括企业标准版、企业尊享版和企业旗舰版，适合企业、政府机关、高校及科研机构使用，可用于市场调查、企业内部培训、人才测评、科研课题等。

> 📋 **经验之谈**
>
> 类似于问卷星的调查问卷设计工具还有很多，如腾讯问卷、问卷吧、易调研、调研宝、金数据、调查派、微调查、云调查、网易问卷、云思洞察、问答箱子、问卷网、表单大师、问卷帮、第一调查网、通太问卷、点问卷、E调查等，有些需要付费，有些可免费使用。调查人员可对比选择使用。

活动2 使用问卷星制作智能手环市场调查问卷

小艾使用问卷星设计问卷，首先需要打开问卷星官方网站注册账号，然后使用注册的账号登录，进入管理后台后，才可开始设计问卷。下面小艾将根据智能手环市场调查问卷的内容设计制作问卷，其具体操作如下。

（1）在问卷星管理后台单击 创建问卷 按钮，如图5-3所示。

（2）将鼠标指针移到打开页面的"调查"选项上，单击弹出的"创建"按钮，如图5-4所示。

微课视频

使用问卷星
制作智能手环
市场调查问卷

图5-3 单击"创建问卷"按钮

图5-4 单击"创建"按钮

（3）打开"创建调查问卷"页面，在"请输入标题"文本框中输入问卷标题，此处输入"智能手环市场调查"，单击 立即创建 按钮，如图5-5所示。

经验之谈

在"创建调查问卷"页面中，有"复制模板问卷""文本导入""人工录入服务"3种问卷创建方式，"复制模板问卷"和"文本导入"功能所有用户均可使用，而"人工录入服务"功能仅付费用户可以使用。"复制模板问卷"创建方式即用户搜索与调查相关的问卷模板，然后编辑问卷内容；"文本导入"创建方式即用户导入调查问卷的文本内容，然后编辑问卷内容；"人工录入服务"创建方式，由问卷星根据用户需求协助录入问卷内容。

图5-5 输入问卷标题并单击"立即创建"按钮

（4）进入问卷设计页面，左侧为题型设置面板，右侧为问卷内容编辑面板。单击"添加问卷说明"超链接，如图5-6所示。

图5-6 单击"添加问卷说明"超链接

（5）在弹出的"说明"文本框中输入问卷说明内容，如图5-7所示。

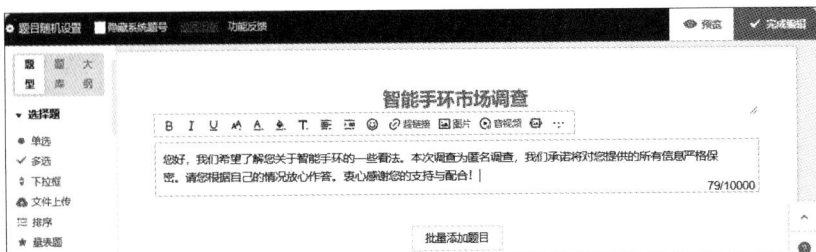

图5-7 输入问卷说明内容

（6）在左侧题型设置面板中选择"单选"选项添加第 1 题，如图 5-8 所示，默认显示"标题"文本框和两个答案选项。在"标题"文本框中输入问题"1.您的性别是？"在"答案"文本框中输入答案选项，如图 5-9 所示。

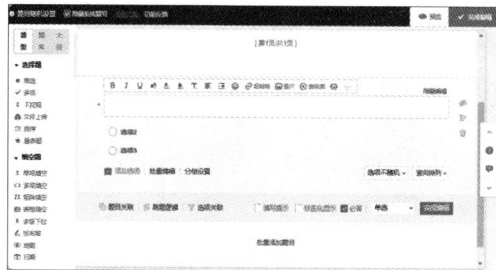

图5-8 添加第1题

图5-9 编辑第1题答案选项

（7）在左侧题型设置面板中选择"单选"选项添加第 2 题，输入问题后，因为默认只能输入两个答案选项，这里需要单击"添加选项"超链接，用于添加答案选项输入文本框。添加答案选项输入文本框后，输入各答案选项，如图 5-10 所示。

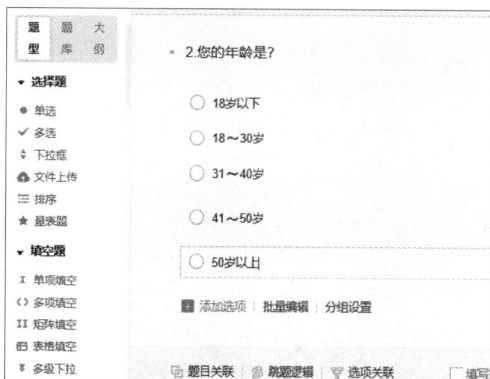

图5-10 添加第2题

（8）使用相同的方法添加第 3 题，问题为"3.您的学历是？"答案分别为"初中及以下""高中 / 中专""大学专科""大学本科""硕士及以上"，效果如图 5-11 所示。

（9）使用相同的方法添加第 4 题，输入问题和答案选项后，在"其他"答案选项右侧选中"填空"复选框，如图 5-12 所示。

经验之谈

在答案选项右侧选中"填空"复选框后，再选中"必填"复选框，表示调查对象选择"其他"选项后，必须填写答案，才能继续答题。

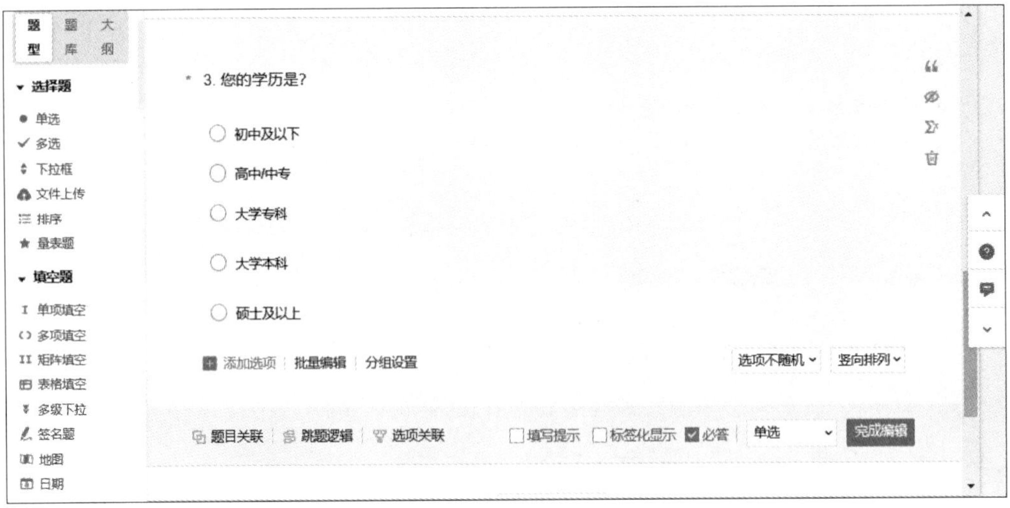

图5-11　添加第3题

图5-12　添加第4题

（10）在编辑面板底部单击 批量添加题目 按钮，打开"批量添加"对话框，在左侧的文本框中输入第5～10题的问题和答案选项（题目与题目之间需空一行，答案选项之间按【Enter】键换行），然后单击 确定导入 按钮，如图5-13所示。批量添加题目后，在第9题的"其他"答案选项右侧选中"填空"复选框。

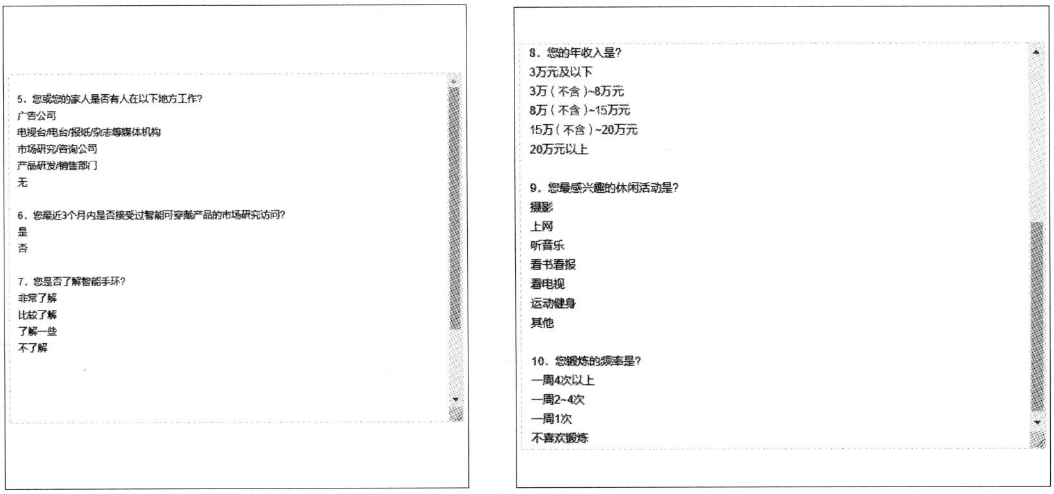

图5-13　批量添加第5~10题

（11）在左侧题型设置面板中选择"多选"选项添加第11题，输入问题和答案选项，效果如图5-14所示。

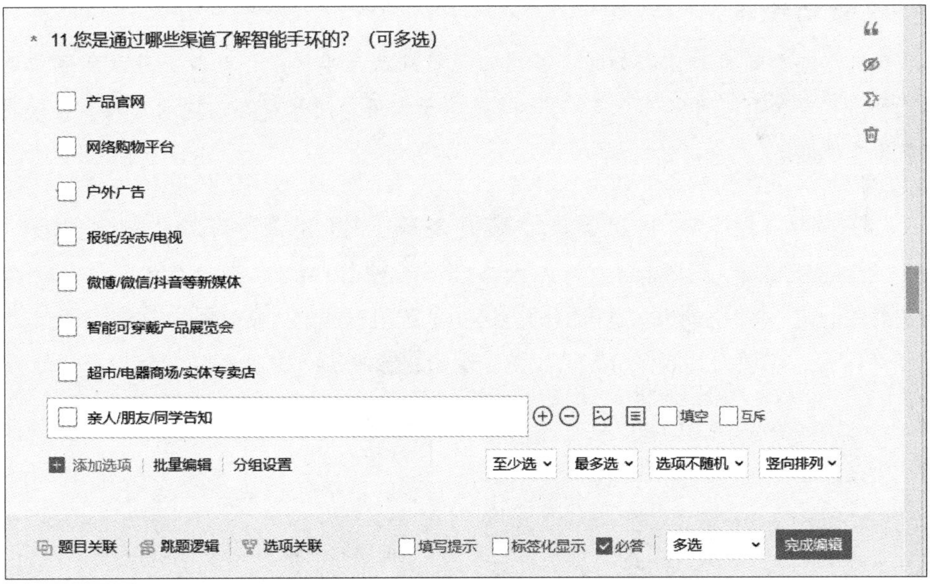

图5-14　添加第11题

（12）在编辑面板底部单击 批量添加题目 按钮，打开"批量添加"对话框，在左侧的文本框中输入第12 ~ 19题的问题和答案。对于第16题这种文本型题目，在题目下方直接空一行，问卷星会默认将其识别为文本型题目，输入后的效果如图5-15所示。单击 确定导入 按钮，在第12题、第15题、第17题、第19题的"其他"答案选项右侧选中"填空"复选框。

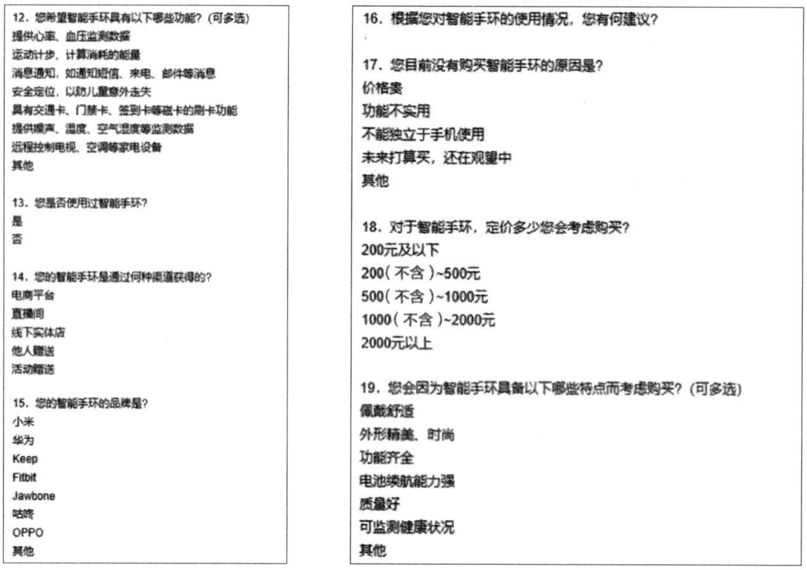
12. 您希望智能手环具有以下哪些功能？（可多选）
提供心率、血压监测数据
运动计步、计算消耗的能量
消息通知，如通知短信、来电、邮件等消息
安全定位，以防儿童意外走失
具有交通卡、门禁卡、签到卡等磁卡的刷卡功能
提供噪声、温度、空气湿度等监测数据
远程控制电视、空调等家电设备
其他

13. 您是否使用过智能手环？
是
否

14. 您的智能手环是通过何种渠道获得的？
电商平台
直播间
线下实体店
他人赠送
活动赠送

15. 您的智能手环的品牌是？
小米
华为
Keep
Fitbit
Jawbone
咕咚
OPPO
其他

16. 根据您对智能手环的使用情况，您有何建议？

17. 您目前没有购买智能手环的原因是？
价格贵
功能不实用
不能独立于手机使用
未来打算买，还在观望中
其他

18. 对于智能手环，定价多少您会考虑购买？
200元及以下
200（不含）~500元
500（不含）~1000元
1000（不含）~2000元
2000元以上

19. 您会因为智能手环具备以下哪些特点而考虑购买？（可多选）
佩戴舒适
外形精美、时尚
功能齐全
电池续航能力强
质量好
可监测健康状况
其他

图5-15　批量添加第12～19题

经验之谈

在批量添加题目时，添加的有答案的题目默认为单选题，此时如果该问题中有类似“哪些”或含有“可多选”“多选”的提示性词语，问卷星在创建题目时可自动将其识别为多选题。

（13）选择第5题，在下方单击“跳题逻辑”超链接。打开“跳题逻辑”对话框，选中“按选项跳题”复选框，在“广告公司”“电视台 / 电台 / 报纸 / 杂志等媒体机构”“市场研究 / 咨询公司”“产品研发 / 销售部门”这4个选项右侧的“跳转到”栏中均选择“跳到问卷末尾结束作答”选项，其他保持默认设置，单击确定按钮，如图5-16所示。

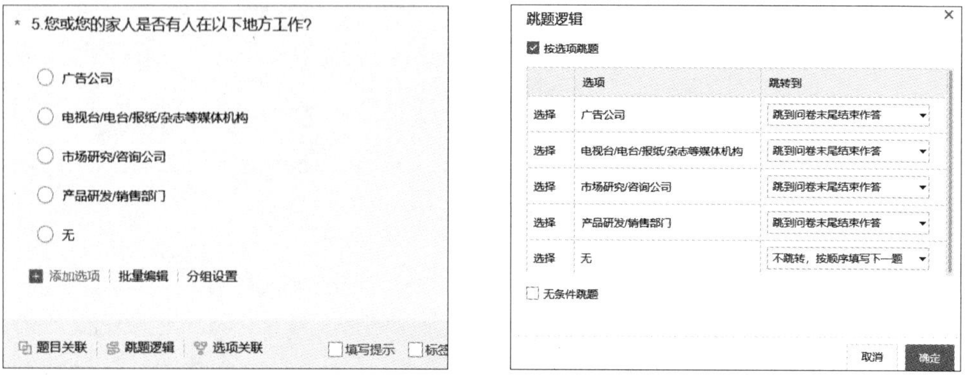

图5-16　设置第5题的跳题逻辑

（14）选择第6题，单击“跳题逻辑”超链接，打开“跳题逻辑”对话框，选中“按选项

跳题"复选框,在"是"选项右侧的"跳转到"栏中选择"跳到问卷末尾结束作答"选项,其他保持默认设置,单击 确定 按钮,如图5-17所示。

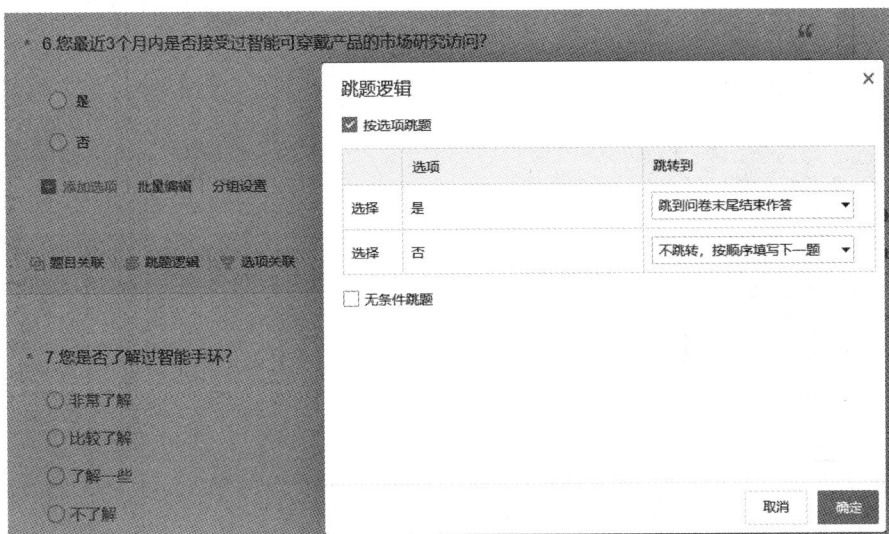

图5-17 设置第6题的跳题逻辑

(15)选择第7题,单击"跳题逻辑"超链接,打开"跳题逻辑"对话框,选中"按选项跳题"复选框,在"不了解"选项右侧的"跳转到"栏中选择"跳到问卷末尾结束作答"选项,其他保持默认设置,单击 确定 按钮,如图5-18所示。

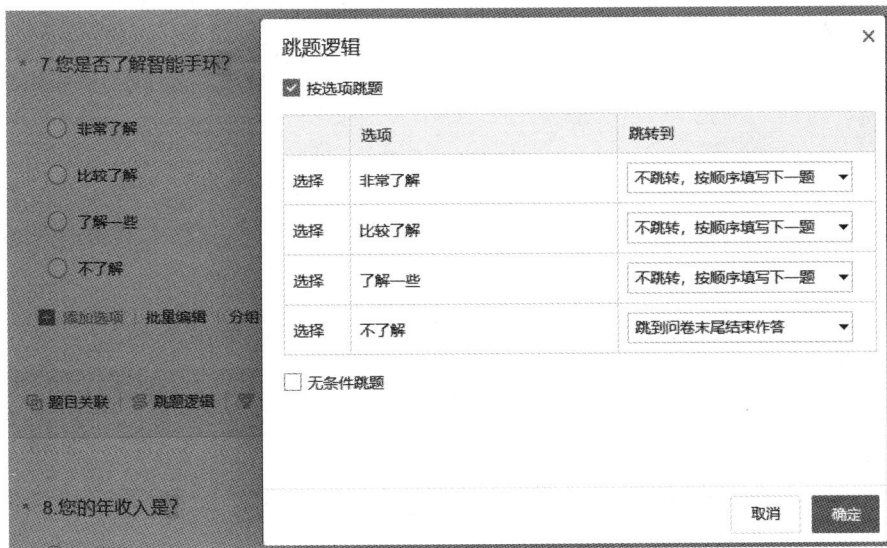

图5-18 设置第7题的跳题逻辑

(16)选择第13题,单击"跳题逻辑"超链接,打开"跳题逻辑"对话框,选中"按选项跳题"复选框,在"否"选项右侧的"跳转到"栏中选择"17.您目前没有购买智能手环的原因是？"选项（即第 13 题选择"否"选项的跳转至第 17 题作答），单击 ▇▇ 按钮，其他保持默认设置，如图 5-19 所示。

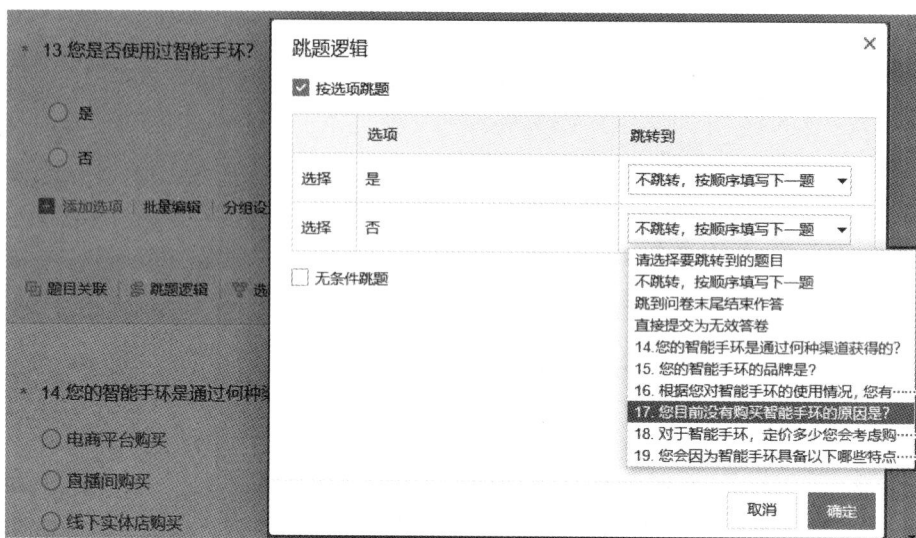

图5-19　设置第13题的跳题逻辑

（17）选择第 16 题，单击"跳题逻辑"超链接，打开"跳题逻辑"对话框，选中"无条件跳题，填写此题后跳转到"复选框，并将其跳题逻辑设置为"跳到问卷末尾结束作答"，即第 13 题选择"是"选项的继续从第 14 题作答直到第 16 题结束，单击 ▇▇ 按钮，如图 5-20 所示。

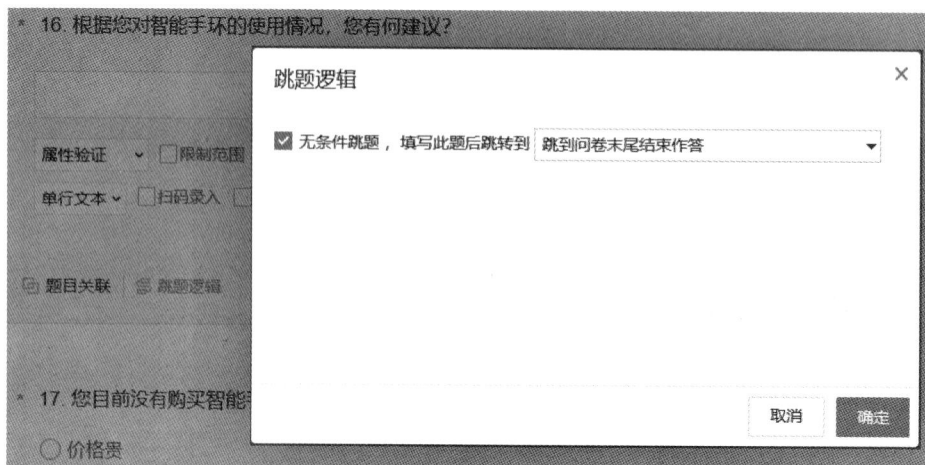

图5-20　设置第16题的跳题逻辑

（18）完成问卷内容的设置后，单击问卷设计页面右上角的 ▇▇▇ 按钮，打开"设计向导"页面，在该页面中单击 ▇▇▇ 按钮，发布调查问卷，如图 5-21 所示。

图5-21　发布调查问卷

经验之谈

在"设计向导"页面右上角单击 [预览问卷] 按钮，可预览PC（Personal Computer，个人计算机）端或手机端的问卷显示效果；单击"导出问卷到word"超链接，在打开的页面中，单击 [打印] 按钮可打印问卷，单击 [保存为Word文档] 按钮或采用复制问卷内容的方式，可将调查问卷保存为 Word 文档。

（19）打开"链接与二维码"页面，如图 5-22 所示。调查人员可通过发送问卷链接和二维码的方式邀请调查对象参与问卷填写，还可以将问卷网页分享到微信朋友圈或 QQ 空间及微博等。

图 5-22　"链接与二维码"页面

（20）完成网络调查后，登录问卷星，在管理后台的问卷列表中，单击已发布问卷对应的"分析 & 下载"超链接，在打开的列表中选择对应的选项，如图 5-23 所示，查看和下载回收问卷的统计分析资料。

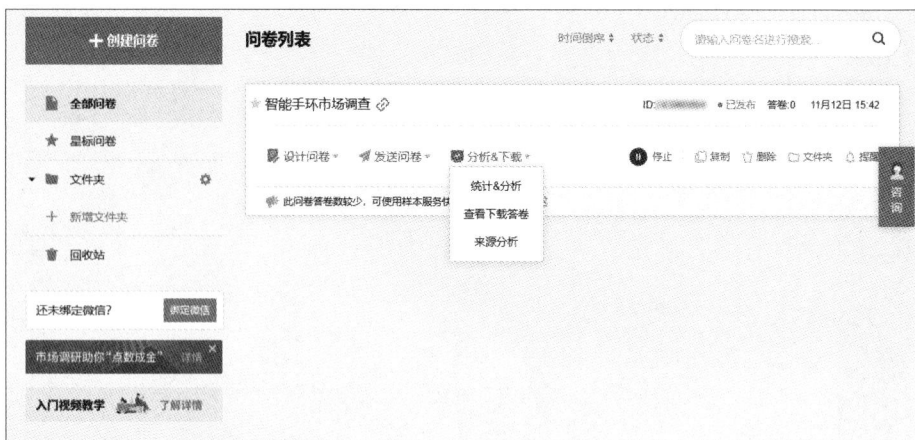

图5-23　单击"分析&下载"超链接

✎ **素养小课堂**

根据我国相关法规，问卷星不允许调查人员发布与政治、军事、信仰、民族、民主、国家主权、国家统一、外交事件等敏感话题相关的问卷。同时，需要注意的是，在问卷设计中，禁止调查人员使用歧视性、侮辱性的语言。遵守有关规定是每个市场调查人员的基本素养和应尽的责任与义务。

同步实训

👤 实训一　设计学生手机市场调查问卷的内容

实训描述

在"项目三　选用市场调查方法"的"使用焦点小组访谈法调查学生手机市场"实训项目中，各调查小组已经拟订了访谈提纲，访谈提纲内容如下。

1. 你从哪些渠道获取手机的产品信息？
2. 你使用的是什么品牌的手机？
3. 你是通过什么渠道购买的手机？
4. 你使用的手机的价格是多少？
5. 你选择购买所使用的这款手机的原因是什么？
6. 什么原因才会促使你更换手机？
7. 如果你要更换手机，倾向的品牌是什么？
8. 购买手机时，哪种促销方式对你更有吸引力？

9. 你周围的其他同学使用的是什么品牌的手机？

10. 你周围的其他同学一般用手机做什么？

11. 你对购买手机后的售后服务有什么要求？

12. 你理想中的手机是什么样子的？

同时，通过实施焦点小组访谈获得了访谈的结果，为设计调查问卷的问题和答案提供了参考。例如，针对"你从哪些渠道获取手机的产品信息？"进行讨论，得到的获取渠道包括电视广告、户外广告、社交媒体平台（如微信、微博等）、短视频平台（如抖音、快手等）、新闻资讯平台（如腾讯新闻、今日头条等）、同学/朋友推荐及其他。

本次实训请同学们以调查小组为单位，根据焦点小组访谈结果设计学生手机市场调查问卷的内容。

操作指南

本次实训，因为针对的是学校全部学生，所以剔除针对周围同学的第 9 题和第 10 题。根据访谈提纲明确需通过问卷收集的资料如下。

- 学生的性别、年级。
- 学生获取手机产品信息的渠道。
- 学生购买手机的渠道。
- 学生对手机品牌的偏好。
- 学生对手机价格的偏好。
- 学生购买手机考虑的因素。
- 学生使用手机的用途。
- 学生购买手机对促销方式的偏好。
- 学生对手机售后服务的需求。

在设计问卷时，可按照以下步骤实施操作。

（1）拟订问卷标题。如"学生手机市场调查问卷"。

（2）编写问卷说明。示例如下。

同学，你好！

我们正在做关于手机市场的调研，想问你几个相关问题，了解你的意见。本次调查为匿名调查，我们承诺将对你提供的所有信息保密，且调查结果不会作为商业用途。期待你宝贵的意见。

（3）设计问卷问题与答案，具体内容如下。

1. 你的性别是？

○男

○女

2. 你的年级是？

○一年级

○二年级

○三年级

3. 你所学的专业是？

○广告设计

○市场营销

○市场调查与统计分析

○以上都不是

4. 你目前使用的手机的品牌是？

○华为

○小米

○ OPPO

○ vivo

○魅族

○一加

○其他

5. 你一般多久换手机？

○半年以内

○半年以上，一年以内

○一年以上，两年以内

○两年以上

6. 如果更换手机，你倾向的品牌有哪些？（选 1～3 项）

□华为

□小米

□ OPPO

□ vivo

□魅族

□一加

□其他

7. 如果购买手机，你认为合适的价位是多少？

○ 1 000 元及以内

○ 1 000（不含）～2 000 元

○ 2 000（不含）～3 000 元

○ 3 000（不含）～4 000 元

○ 4 000 元以上

8. 你购买手机时首先考虑的因素是？

○品牌

○外观

○价格

○质量

○性能

○售后服务

9. 你通过哪些渠道获取手机的产品信息？（选 1～3 项）

□电视广告

□户外广告

□社交媒体平台（如微信、微博等）

□短视频平台（如抖音、快手等）

□新闻资讯平台（如腾讯新闻、今日头条等）

□同学 / 朋友推荐

□其他

10. 你一般选择在哪儿购买手机？

○网络购物平台

○营业厅

○商场专柜

○实体专卖店

○其他

11. 购买手机时你最喜欢哪种促销方式？

○打折

○送话费

○积分返现

○分期付款

○以旧换新

○其他

12. 你购买手机的主要用途是？

○学习

○娱乐

○社交

○网上购物

○其他

13. 以下哪个因素最影响你对手机售后服务的评价？

○服务点的环境

○服务人员的态度

　　○解决问题的速度

　　○解决问题的质量

　　○维修费用

　　以上的问卷内容，第1～2题用于调查学生手机用户的性别、年级，题目简单、容易选择。第3题是过滤问题，选择"以上都不是"选项的继续作答，否则停止作答。第4题询问调查对象正在使用的手机品牌。第5题询问调查对象更换手机的间隔时间。之后的题目逻辑涉及调查对象购买手机的整个流程，首先询问调查对象购买手机倾向的品牌、价格、考虑的因素，然后询问调查对象购买手机时从哪些渠道了解产品信息、在哪里购买、倾向于哪种促销方式、购买手机的主要用途、售后服务更重视哪些因素。

　　（4）用 Word 记录问卷内容。完成问卷内容设计后，将问卷内容包括标题、问卷说明和题目输入 Word 文档中，不需要刻意排版，但要保证内容的完整性。另外，需在文档的开头写明通过问卷收集的资料，文档参考（配套资源:\效果\项目四\学生手机市场调查问卷内容.docx）。

实训评价

　　各小组提交记录调查问卷内容的 Word 文档，需注意提交的文档应注明所属调查小组，老师据此按表5-4所示内容进行打分。

表5-4　实训评价

序号	评分内容	分数	老师打分	老师点评
1	是否明确需要收集到的资料	20		
2	问卷问题和答案设置是否合理	40		
3	问卷题目顺序安排是否合理、有逻辑	40		

总分：＿＿＿＿＿＿＿

实训二　使用问卷星制作学生手机市场调查问卷并实施调查

实训描述

　　本次实训，各调查小组根据老师的评价意见，修改调整问卷内容，然后使用问卷星输入问卷内容制作调查问卷，并实施调查。

微课视频

使用问卷星制作"学生手机市场调查问卷"并实施调查

操作指南

　　其具体实施步骤参考如下。

　　（1）创建问卷。登录问卷星管理后台，单击 创建问卷 按钮，将鼠标指针移到打开页面的"调查"选项上，单击弹出的"创建"按钮。打开"创建调查问卷"页面，在"请输入标题"文本框中输入问卷标题，单击 立即创建 按钮。

（2）输入问卷说明。进入问卷设计页面，输入问卷说明，在编辑面板底部单击 批量添加题目 按钮，如图 5-24 所示。

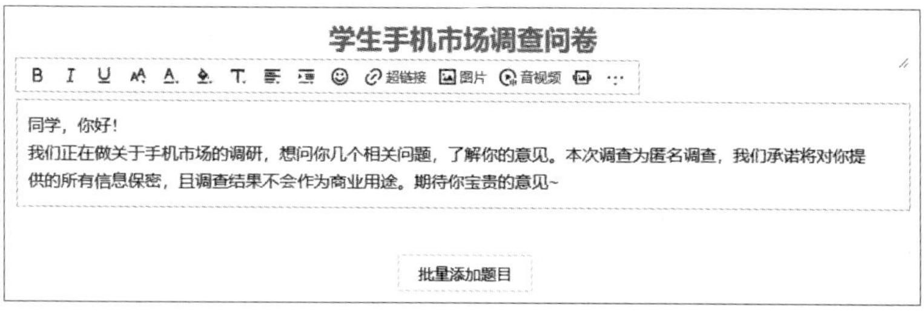

学生手机市场调查问卷

B I U A A T 🔲 🔲 😊 ∅超链接 🖼图片 ▣音视频 ⊞ ⋯

同学，你好！
我们正在做关于手机市场的调研，想问你几个相关问题，了解你的意见。本次调查为匿名调查，我们承诺将对你提供的所有信息保密，且调查结果不会作为商业用途。期待你宝贵的意见~

批量添加题目

图5-24　输入问卷说明并单击"批量添加题目"按钮

（3）批量添加问卷题目。打开"批量添加"对话框，将实训一文档中的问卷内容复制到左侧的文本框中，注意不需要输入单选符号"○"和多选符号"□"，如图 5-25 所示。复制完成后单击 确定导入 按钮。

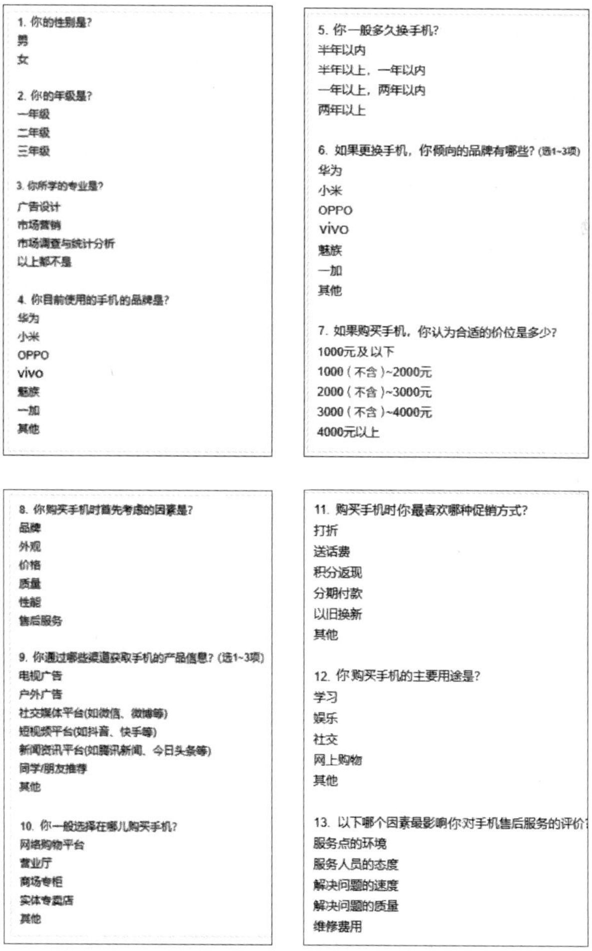

1. 你的性别是？
男
女

2. 你的年级是？
一年级
二年级
三年级

3. 你所学的专业是？
广告设计
市场营销
市场调查与统计分析
以上都不是

4. 你目前使用的手机的品牌是？
华为
小米
OPPO
vivo
魅族
一加
其他

5. 你一般多久换手机？
半年以内
半年以上、一年以内
一年以上、两年以内
两年以上

6. 如果更换手机，你倾向的品牌有哪些？(选1~3项)
华为
小米
OPPO
vivo
魅族
一加
其他

7. 如果购买手机，你认为合适的价位是多少？
1000元及以下
1000（不含）~2000元
2000（不含）~3000元
3000（不含）~4000元
4000元以上

8. 你购买手机时首先考虑的因素是？
品牌
外观
价格
质量
性能
售后服务

9. 你通过哪些渠道获取手机的产品信息？(选1~3项)
电视广告
户外广告
社交媒体平台(如微信、微博等)
短视频平台(如抖音、快手等)
新闻资讯平台(如腾讯新闻、今日头条等)
同学/朋友推荐
其他

10. 你一般选择在哪儿购买手机？
网络购物平台
营业厅
商场专柜
实体专卖店
其他

11. 购买手机时你最喜欢哪种促销方式？
打折
送话费
积分返现
分期付款
以旧换新
其他

12. 你购买手机的主要用途是？
学习
娱乐
社交
网上购物
其他

13. 以下哪个因素最影响你对手机售后服务的评价？
服务点的环境
服务人员的态度
解决问题的速度
解决问题的质量
维修费用

图5-25　批量添加问卷题目

（4）设置跳题逻辑。复制完问卷内容后，选择第 3 题，在下方单击"跳题逻辑"超链接。打开"跳题逻辑"对话框，选中"按选项跳题"复选框，将除"以上都不是"选项以外的选项的跳题逻辑设置为"跳到问卷末尾结束作答"，单击 ▇▇ 按钮，如图 5-26 所示。

（5）设置多选题的选择范围。选择第 6 题，在下方的"至少选"下拉列表框中选择"1 项"，在"最多选"下拉列表框中选择"3 项"，将第 6 题的选择范围设置为 1 ～ 3 项，如图 5-27 所示。再将第 9 题的选择范围设置为 1 ～ 3 项。

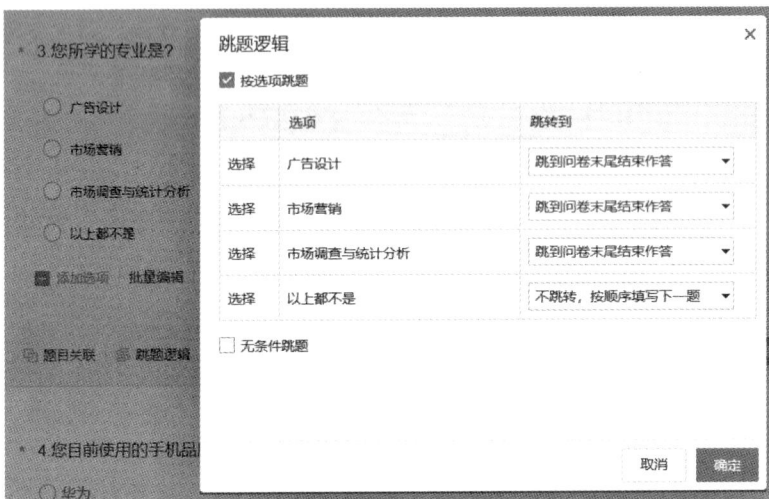

图5-26　设置第3题的跳题逻辑

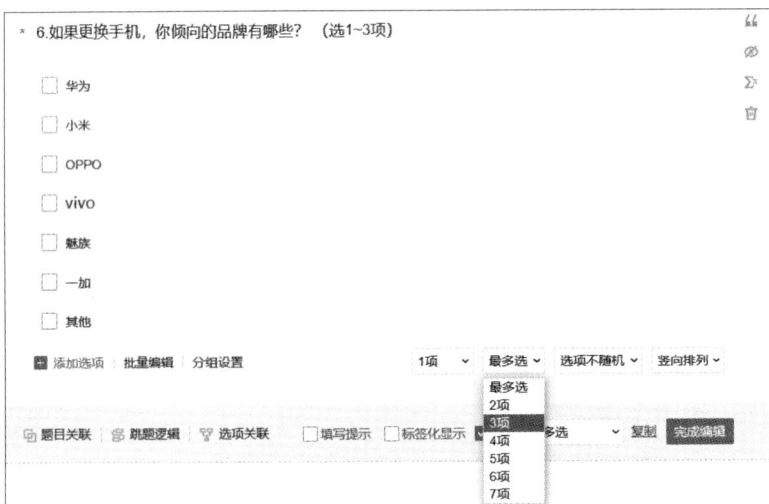

图5-27　设置多选题的选择范围

（6）实施调查。完成问卷编辑操作后，单击 ▇完成编辑▇ 按钮，打开"设计向导"页面，单击 ▇发布此问卷▇ 按钮。然后将问卷的二维码和超链接分享到校园网，在学校内展开网络问卷调查。此外，也可将问卷打印出来，通过街头拦截访问的方式在学校进行抽样调查。采用这种方式时，由于调查小组成员对本校学生比较了解，所以可将问卷中的过滤问题删除，由调查小组成员挑选符合要求的调查对象。

实训评价

各调查小组使用问卷星制作学生手机市场调查问卷并发布问卷后，将问卷的二维码或超链接分享给老师，老师据此按照表5-5所示内容进行打分。

表5-5　实训评价

序号	评分内容	分数	老师打分	老师点评
1	是否使用问卷星完成了问卷的制作	20		
2	问卷是否能正常作答	40		
3	题目的形式（如单选、多选）是否设置正确，跳题逻辑是否设置正确	40		

总分：_____

项目总结

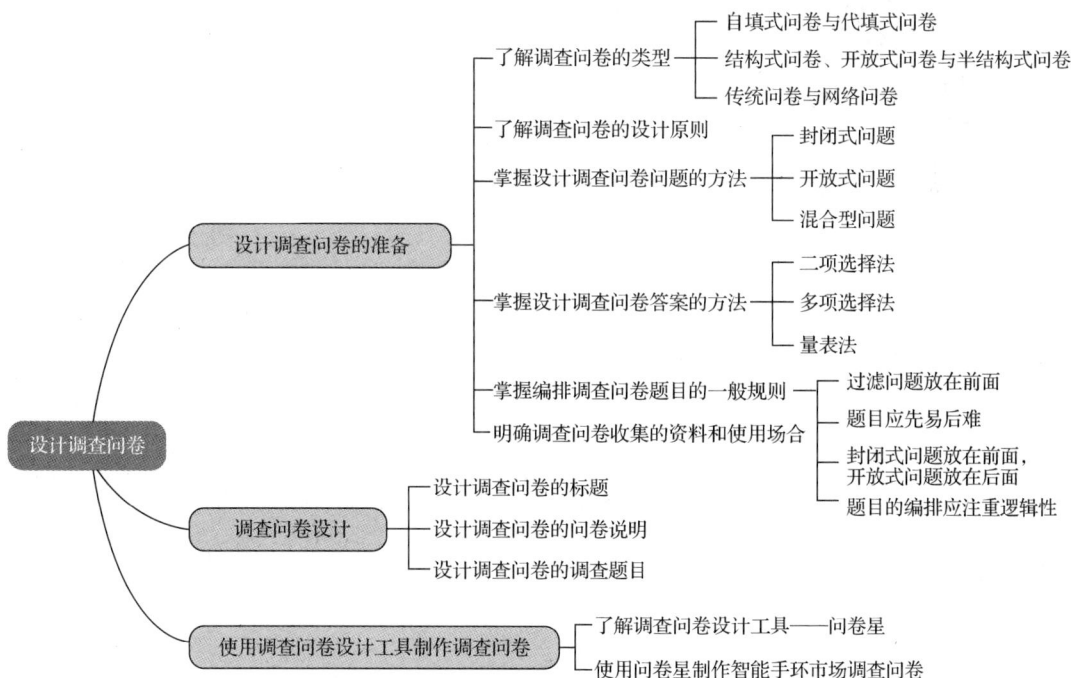

项目六

实施市场调查

职场情境

　　A公司组建市场调查项目组，挑选精英成员分组并设立项目管理团队。调查人员接受全面培训，掌握调查技巧。项目启动后，市场部制订详细计划，设立进度管理和质量控制团队，实时监控进度和数据质量。同时建立风险预警机制，确保调查顺利进行。通过这种高效的组织和管理，A公司成功实施了市场调查，为决策提供了有力支持。

学习目标

知识目标

1. 了解市场调查项目组的组成及职责。

2. 理解选择考察调查人员的基本因素。

3. 了解调查人员培训的具体内容。

4. 理解调查人员培训的形式。

5. 掌握市场调查项目的组织结构和职责分配。

6. 了解不同市场调查方法和技术的适用场景。

技能目标

1. 熟悉市场调研工作的职业要求。

2. 能够熟练选择和考察优秀的调查人员。

3. 能够掌握调查人员培训的内容、技巧和程序。

4. 能够掌握调查人员培训的基本途径及方法。

5. 能够熟练地开展调查人员培训。

6. 熟练掌握市场调查的数据收集、整理和分析技能。

7. 能够有效管理市场调查活动的进度、质量和风险。

素质目标

1. 懂得人际交往的基本礼仪，与被调查者礼貌交谈。

2. 在访谈过程中遵守保密、保持中立等职业道德准则。

3. 具有热情、坦率、谦虚、诚信、团结的品质。

4. 锻炼耐心和细心，确保市场调查数据的准确性和完整性。

5. 培养良好的职业道德，尊重调查对象，保护商业机密。

任务一 组建市场调查项目组

任务描述

XY 咖啡品牌作为国内知名的咖啡品牌，其速溶咖啡系列产品在市场上享有良好的口碑。为了进一步扩大市场份额，特别是针对川渝地区及全国重点城市的消费者，XY 咖啡品牌计划研制开发一款新的速溶咖啡产品。为确保新产品的成功上市并满足消费者的实际需求，XY 咖啡品牌决定委托 A 公司在重庆、成都两地开展深入的市场调查。在市场调查组织实施前，需要组建市场调查项目组并招聘调查人员。

任务实施

活动1　了解市场调查项目组成员

老李看着小艾，认真地说："小艾，我们的调研工作已经完成了确定调研问题和设计市场调研等工作。接下来，我们需要组建一个市场调查项目组，以便组织和实施实地市场调查。"

小艾好奇地问："组建市场调查项目组？我们需要多少人呢？"

老李回答道："这取决于调研的规模和复杂程度。但无论如何，我们需要确保项目组中有足够的专业人员来执行各种任务，比如数据收集、分析、整理等。"

小艾点了点头，问："那我们怎么来选拔项目组成员呢？"

老李解释说："我们可以从公司内部选拔有经验的员工，或者通过招聘来寻找具备相关技能和经验的人才。关键是要确保项目组成员都具备必要的技能和知识，并且能够有效地协作。"

小艾思考了一会儿，然后说："我明白了，一个强大的市场调查项目组对于收集准确、可靠的数据至关重要。"

老李满意地点点头，补充说："没错，一个优秀的市场调查项目组是我们成功完成实地市场调查的关键。所以，我们要尽快组建好项目组，并准备好开始实地调查工作。"因此，组建合适的市场调查项目组，加强对调查人员的培训与管理，提高调查人员的素质和能力，强化调研过程的管理和质量控制是市场调研中一项非常重要的工作。

一个市场调查项目组应该由各方面的专业人员组成。具体应该包括项目主管、实施主管、调查督导和调查员。

1. 项目主管

项目主管负责整个项目的管理，包括协调各部门的关系，起草初步的计划，制定预算并监督资源的使用情况。项目主管需要与高级管理层和客户保持密切联系，并向其报告调查的进度。他应该保证严守行业法规或法定的职责，遵守行业政策、标准、指导方针和条例。

2. 实施主管

实施主管负责项目的具体实施。在规模不大的市场调研机构中，或对于不大的调研项目，项目主管也可能是实施主管，实施主管的责任主要包括：了解调研项目的目的和具体的实施要求，根据调研设计的有关内容和要求挑选调查人员，负责督导团队的管理和调查人员的专业培训，负责调查实施中的质量控制，实施主管既要掌握市场调研的基本理论和方法，又要有较强的组织和运作能力，还要有丰富的现场操作经验。

3. 调查督导

调查督导是数据采集过程中的监督人员，负责对调查人员工作过程的检查及对调查结果的审核。调查督导又可以分为调查现场督导和调查技术督导。调查现场督导负责对调查人员日常工作的管理，包括现场监督、回收问卷，以及对问卷进行复核和其他服务工作。技术督导负责调查人员访问技巧的指导，回答现场调查中有关技术问题的咨询，协助实施主管挑选调查人员并进行专业培训等。在很多情况下，调查现场督导和调查技术督导是融为一体的。

4．调查人员

调查人员是调研项目的直接执行者，是调研项目实施中一个必不可少的重要人员。调查人员是指市场定量调查研究过程中组织起来的一定数量的承担现场调查工作的人员。与自填式问卷调查相比，由调查人员亲自参与的访问问卷调查的回收率、填答完整率和可信度都较高。因为调查人员在完成访问时可以采取适当的方法，帮助某些有困难的被访者进行回答，从而能够得到真实全面的信息，问卷的可信度也相对较高。

经验之谈

实施市场调查前，需组建合适的市场调查项目组，一个市场调查项目组应该由各方面的专业人员组成，包括负责整个项目的管理项目主管、实施主管负责项目具体实施的实施主管、数据采集过程中的负责监督的调查督导和调研项目的直接执行者调查人员组成。

活动2　招聘调查人员

小艾深知，市场调查的成功与否，很大程度上取决于调查人员的素质和能力。于是，她决定与老李一同探讨如何招聘并挑选出合格的调查人员。

"李老师，您说得对，我们需要更多的调查人员来确保这次市场调查的顺利进行。"小艾抬起头，目光坚定地看着老李。

老李微笑着点点头，开始详细解释招聘调查人员的流程："首先，我们需要明确调查人员的职责和要求。调查人员是市场调查的基石，他们需要具备良好的沟通能力、观察能力和分析能力。同时，他们还需要有一定的耐心和责任心，因为市场调查往往需要花费大量的时间和精力。"

小艾认真地听着，不时地点点头。"在筛选简历时，我们要重点关注应聘者的教育背景、工作经验和个人技能。"老李补充道，"尤其是那些具备市场调查经验或相关领域的专业背景的应聘者，他们更有可能成为我们项目组中的佼佼者。"

"当然，面试环节也是非常重要的。"老李继续说道，"在面试过程中，我们可以通过提问和观察来评估应聘者的沟通能力、思维能力和团队协作能力。同时，我们还可以设置一些模拟场景，让应聘者展示他们的应变能力和解决问题的能力。"

小艾听后，心中豁然开朗。她意识到，招聘调查人员的过程其实是一个双向选择的过程，既需要企业挑选出合适的应聘者，也需要应聘者认同企业的文化和价值观。

"李老师，我明白了。"小艾感激地说道，"我会按照您的建议，认真准备并执行招聘调查人员流程。"

1．调查人员的职业要求

（1）知识能力要求。

老李告诉小艾调查人员应掌握接触和调查受访者的流程、问问题的正确程序、记录答案的方法等相关知识，拥有阅读、表达、书写、记忆、注意力分配、独立外出、自我约束、探测等能力及减少拒绝率等人际交往技能。

（2）思想素质要求。

调查人员应了解并遵守国际准则和惯例，在访谈过程中遵守保密、保持中立等道德准则，应具备责任感、热情、坦率、谦虚、礼貌等职业素养。

2. 调查人员的招聘选择

小艾如果能招聘到一批优秀的调查人员，将会大大提高调研质量。小艾可以从以下几个方面着手准备。

（1）道德品质。

通过简短的面试，小艾很难对应聘者的道德品质做出真实客观的判断。为了保证录用者在道德品质方面尽可能符合企业的要求，可以采取以下两种方法。

第一，在正式录用前，向调查人员收取一定的风险保证金，并在签订的协议中明示违约处罚条款。

第二，事先声明每个人交回的问卷将按一定比率进行抽查，这样做可以让调查人员了解企业可以明确判断调查人员的执行质量。

（2）能力表现。

第一，应变能力。在面试调查人员过程中，招聘人员可增加一些应变能力方面的测试题，对他们的应变能力进行认真考察。

第二，语言能力。一个合格的调查人员必须口齿清晰，表达流利。如果调查区域的普通话普及率不高且受访者有老年人，尤其是农村地区，应注意同时考察调查人员的方言水平。

（3）外在仪表。

良好的外在仪表在挑选调查人员时必须予以重视。因为调查人员面对的受访者通常是陌生人，调查人员外表是否诚实可靠，不仅会影响受访者的合作态度，甚至会影响访谈能否顺利开展。

任务二　培训调查人员

任务描述

组建市场调查项目组后，XY 咖啡品牌需要对招聘来的调查人员进行培训。

任务实施

👤 活动1　调查人员的培训内容

小艾对招聘来的调查人员不知如何培训，眉头紧锁。她抬头看向老李，眼中满是困惑。

"李老师，我对市场调查人员培训环节还有些疑虑。"小艾开口道。

老李微微一笑，走过来坐在她对面，轻声说："小艾，市场调查就像是一场战役，而调查员们就是我们的先锋。他们的素质和能力，直接决定了这场战役的胜负。"

"我知道，我已经挑选了一批优秀的调查人员，但接下来怎么进行培训，确保他们能准确了解川渝地区和全国重点城市消费者的需求呢？"小艾焦急地问道。

"别急，我们首先要做的是让他们明确调查的目的和意义。"老李不紧不慢地说，"接着，我们需要针对不同城市的消费者特点，设计不同的调查方法和技巧。比如，在重庆，我们要注重了解消费者对速溶咖啡口感的偏好；在成都，我们则要关注消费者对速溶咖啡便捷性的需求。"

"然后呢？"小艾追问。

"然后，我们要对调查员们进行系统的培训。"老李继续说，"包括职业素养、调研内容和调研技巧、数据分析方法、消费者心理洞察等。我们要让他们学会如何与被调查者建立良好的沟通关系，如何准确地记录和分析调查数据，以及如何洞察消费者的真实需求。"

小艾握紧拳头，坚定地说："好！我一定不会让您失望的！"

调查人员培训是项目实施成败的核心环节，是保证数据采集质量的关键所在。对调查人员进行培训的内容根据调研目的和受训人员的具体情况而有所不同，通常包括职业素养、调研内容、调研技巧和调研程序4个方面。

1. 职业素养培训

（1）思想道德方面的教育。组织调查人员学习市场经济的一般理论，国家有关政策、法规，充分认识市场调研的重要意义，使他们有强烈的事业心和责任感，端正工作态度和工作作风，激发其调研的积极性。

（2）性格修养方面的培养。在热情、坦率、谦虚、礼貌等方面对调查人员进行培训。

2. 调研内容培训

调研内容培训大体上分为基础培训、专业培训和项目培训。

（1）基础培训。基础培训是指对调查人员进行如自我介绍、入户方式、应变能力、工作态度、安全意识、报酬计算标准、奖惩条例、作业流程、纪律与职业道德等内容的培训，以及调研的基本理论及研究方法、访谈工作流程、访谈技巧及应对方法、访谈及记录方法、相关表格和访谈工具的使用、问卷结构及题型介绍、问题的追问方式、访谈时突发事件的处理方法等内容的培训。

（2）专业培训。专业性培训是指针对某一份具体问卷所涉及的诸如如何甄选被调查者、如何统一理解或向被调查者解释某些专业概念与名词，如何提问问题、如何做好笔录、如何追问及如何自查问卷等技术性问题的培训。

（3）项目培训。项目培训是针对所有的调查人员进行的，其目的在于让调查人员了解项目的有关要求和标准做法，使所有调查人员都能以统一的口径和标准的做法进行调查，同时进一步明确调查纪律和操作规范。项目培训主要包括以下内容。

① 行业背景介绍。市场调研项目会涉及不同的行业，例如，日用品、汽车、医药等，适当地介绍一些行业背景和与调研内容有关的专业知识，有助于调查人员正确理解调研问题的含义，更好地与被调查者沟通，这对于普通人不太熟悉的行业与产品，如生物制药、高科技产品、汽车等行业尤为重要。

② 问卷内容及抽样方法的讲解。向调查人员解释问卷中每一个问题的含义，以及问题之间的逻辑关系，使所有调查人员按照统一和正确的理解进行调查。讲解问卷内容，是项目培训的关键所在，培训人员可以从以下几个方面入手。

a. 问卷整体结构。概括每部分的内容，使调查人员对问卷有一个大致的了解。

b. 题目的讲解。重点讲解那些容易引起不同理解的问题，澄清可能存在的歧义，统一某些关键特例的处理办法。

c. 逻辑关系。对前后相关联的问题，讲清其逻辑关系，并介绍现场逻辑检验方。

d. 及时总结。问卷的每个部分结束后，明确本部分的逻辑关系和操作难点并解答疑问；整份问卷完成后，对问卷的要点、难点、歧义点进行总结和归纳。向调查人员介绍抽样方法。作为直接操作层的调查人员，一定要对样本和总体之间的关系有清楚的认识，保证调查的随机性。如果有抽样的原则和样本具体清单，在调查时一定要忠实于抽样，不能随便改变样本，

③ 其他要求。例如，被调查者的条件（筛选合格的被调查者），问卷执行方法和回访要求。需要完成的样本量和时间进度的要求，介绍所需要的调查工具如胸卡、照片、调查介绍信、访问工具等；调查人员应当遵守的有关纪律，如不得在调查期间进行产品的宣传推销活动、普委托方保密、尊重被调查者隐私等。

3. 调研技巧培训

调研技巧培训主要包括地址抽样，访谈形式、对象甄别、持卷姿势、填写方法、不同问题的追问技巧、记录技巧、常见情况和意外情况的处理技巧等内容。为了切实保障数据的准确性，企业通常会设立调研督导，通过开展现场审查、补问及复核等工作有效提升数据采集的水平。在访谈过程中调查人员应该掌握的基本访谈技巧如下所示。

（1）注意与被调查者的沟通。最大限度争取被调查者的支持，并且使调查过程保持愉快。因为被调查者的情绪容易对问卷的填写质量产生较大的影响。

（2）不要误导被调查者。比如调研某一款饮料的口味，调查人员应该说"请您说说您对口味的看法"，而不应该说"您是不是觉得口味有点太甜了？"

（3）说明调查时间。如果调研项目回答时间比较长，应先向被调查者说明大约需要的时间，避免被调查者因赶时间而草率应对。

（4）礼品处理。如果调研项目有礼品赠送，应在适宜的时机告知被调查者，并应向其说明是他们配合调研应得到的合理报酬，避免被调查者因感恩心理而做有倾向性的回答。

4. 调研程序培训

在调查人员掌握调研内容、调研技巧等培训内容后，在调研项目正式开始之前，企业要向

调查人员说明问卷要求、项目进度、酬金标准、项目难度、赏罚标准，并要求调查人员结合自己的实际情况决定是否进入该项目。该阶段的具体任务和流程是解释问卷问题、统一问卷填写方法、分派任务、准备访谈、陪访、跟访、检查调研结果、统计项目进度、检查问卷、做访谈总结并进行评价。

在项目培训结束后，企业先拿出少量问卷，将调研任务分派给每个调查人员，让他们按照正式要求去试访几份。与此同时，督导以旁观陪同者的身份，对每一个调查人员的入户调查进行一次陪访，实地观察调查人员在实际工作中是否存在什么问题，在试访和陪访结束后，督导应再对调查人员进行一次集中总结，及时纠正试访中存在的问题，并及时淘汰部分难以胜任工作的调查人员。

培训结束后，要鼓励调查人员互相提问，迅速熟悉问卷和项目要求，同时也务必强调市场调研的保密原则，警告调查人员泄露商业机密的严重后果。总之，对调查人员的培训越细致，要求越高，调研项目的实施就会越顺利。

活动2 调查人员的培训形式

根据培训目的和受训人员情况选用不同的培训方法。

（1）集中讲授。就是邀请有关专家、调研方案的设计者对调研课题的意义、目的、要求内容、方法及调研工作的具体安排等进行讲解。在必要的情况下，还可讲授一些调研基本知识，介绍一些背景材料等。这是目前培训中采用的主要方法。采用这种培训方法，应注意突出重点、加强针对性、讲求实效。

（2）以会代训。即由主管市场调研的部门召集研讨会或经验交流会。开研讨会的目的是就需要调研的主题进行研究，从调研题目拟定到调研设计，资料搜集，整理和分析等各项内容逐一研究确定。开经验交流会是为了可以互相介绍各自的调研经验、先进的调研方法和手段、成功的调研案例等，以集思广益，博采众长，共同提高。这种形式的方法，一般要求参加者有一定的知识和业务水平。

（3）以老带新。这是一种传统的培训方法，由有一定理论和实践经验的人员，对新接触调研工作的人员进行传、帮、带，使新手能尽快熟悉调研业务和提高调研水平。这种方法能否取得成效，取决于带人者是否无保留地传授，学习者是否虚心求教。

（4）模拟训练。即人为制造一种调研环境，由培训者和受训者或受训者之间相互分别装扮成调查者和被调查者，进行二对一的模拟调研，练习某一具体的调研过程。模拟时，要将在实际调研中可能遇到的各种问题和困难表现出来，让受训者做出判断、解答和处理以增加受训者的经验。采用这种方法，应事先做好充分准备，这样模拟时才能真实地反映调研过程中可能出现的情况。

（5）实习锻炼。即在培训者的策划下，让受训者到自然的调研环境中去实习和锻炼。采用这种方法，能将理论和实践有机地结合，在实践中发现各种问题，在实践中培养处理问题的能力。同时，应注意掌握实习的时间和次数，并对实习中出现的问题和经验及时进行总结。

任务三 管理市场调查活动

任务描述

通过本次市场调查，将为 XY 咖啡品牌提供一份全面、深入的市场分析报告，为新产品的研制开发和上市提供有力支持。同时，小艾将获得丰富的市场调查实践经验和技能。

任务实施

活动1 实施市场调查前的准备工作

老李告诉小艾，市场调查的实施对于确保市场调查结果的质量至关重要。在实施市场调查前，市场调查项目组必须精心策划并充分准备各项工作内容。而在市场调查的实际执行过程中，项目主管及督导人员则需要承担相应的组织责任，并对调查活动进行有效的监控，以确保调查流程的顺利进行和数据的准确性。

1. 宣传

在实施市场调查前，市场调查项目组应积极开展宣传工作，通过多元化渠道扩大调查活动的影响力，从而为调查活动的顺利进行创造有利条件。具体而言，项目组可以明确向潜在调查对象或相关单位传达本次调查的主题、目的及重要性，以争取他们的积极支持与配合。同时，项目组的负责人还应加强对小组成员的宣传动员，激发他们的工作热情和参与积极性，共同为市场调查的成功实施贡献力量。

本任务中，XY 咖啡品牌实施市场调查前的宣传如下。

在实施市场调查前，XY 咖啡品牌的市场调查项目组需充分宣传以扩大影响。项目组应清晰传达市场调查的主题和目的，利用官网、社交媒体及合作伙伴等多渠道发布信息，并在门店设置宣传展板吸引顾客。对于特定的调查对象，可直接联系邀请参与调查活动。同时，项目组负责人需召开内部动员会，强调市场调查的重要性，激发成员热情，并提供必要培训。此外，设立激励机制以提高参与意愿，定期跟进反馈以优化策略。通过这些举措，XY 咖啡品牌能更有效地推广市场调查，提高公众及内部成员参与度，为市场调查顺利开展打下坚实基础。

2. 与调查对象取得联系

为了降低市场调查中的拒访率，市场调查项目组应主动与调查对象建立联系，通过直接沟通或其他渠道了解其背景和需求，从而增加接触成功率。在进行入户访问时，项目组应提前预约合适的访问时间，以尊重调查对象的个人安排。对于网络访问调查，项目组可利用已有的网络渠道，如电子邮件、社交媒体等，提前告知调查对象调查的目的和内容，以增加他们对调查的接受度和参与度。通过这些细致的准备和沟通，项目组能有效降低拒访率，确保市场调查的顺利进行。

本任务中，XY 咖啡品牌在实施市场调查前，为确保与调查对象取得有效联系，可以采取以下措施。

（1）明确调查对象。为了实施市场调查，XY 咖啡品牌需先明确目标消费者群体、合作伙伴和行业专家等调查对象，并根据调查目的按年龄、性别、职业、地域等因素进行细分。

（2）多渠道联系。为了扩大调查范围，XY 咖啡品牌将通过电子邮件 / 短信向已知调查对象发送个性化邀请，利用社交媒体平台发布调查信息，与合作伙伴共享调查内容，并在门店内设置宣传材料，以吸引更多参与者。

（3）预约与沟通。对于入户访问，XY 咖啡品牌将提前电话预约访问时间；对于网络调查，将通过电子邮件或社交媒体告知调查内容，并提供在线问卷链接。

（4）持续跟进。对于未响应的调查对象，将进行跟进了解原因并提供协助，同时根据反馈调整策略以提高接触成功率。

（5）激励措施。提供适当的激励措施，如优惠券、积分兑换等，以鼓励调查对象积极参与调查。

3. 准备辅助工具

（1）编写调查指导手册。

为确保市场调查的高效、统一和标准化，市场调查项目组需预先编写详细的调查指导手册。该手册分为两部分，分别是调查人员手册和督导人员手册，旨在提供清晰的工作指导和技术支持。

① 调查人员手册。调查人员手册的内容因项目而异，但核心部分涵盖与调查对象接触的规范、访问技巧、问卷审核和疑难解答等方面。内容通常包括以下几点。

a. 接触与访问：指导调查人员如何初次接触调查对象，确保样本的准确性，并教授就近访问的技巧。

b. 访问技巧：提供一般访问技巧及针对特定调查的具体示例。

c. 问卷审核：要求调查人员现场或调查结束后立即审核问卷，明确审核方法和规则。

d. 疑难解答：解释调查中的概念和术语，预测可能出现的问题，并提供相应的处理建议和方法。

② 督导人员手册。督导人员手册专为管理调查活动而设计，包含作业管理、质量检查和执行控制等方面的内容。

a. 作业管理：说明如何分配任务、分发和回收问卷，以及处理财务问题和分发报酬的流程。

b. 质量检查：阐述对调查人员工作进行质量检查的原则和方法。

c. 执行控制：指导督导人员如何通过表格记录调查实施过程中的各个环节执行情况。

（2）其他材料。

除了编写调查指导手册，市场调查项目组在调查实施前还需准备一系列必要的文字、图片材料以供打印或印刷。这些材料包括但不限于以下几种。

① 调查工具：如调查表、调查问卷等，它们是数据收集的关键工具，需确保设计合理、内容明确。

② 样本名单：包含调查对象的详细地址表、地理位置图等，有助于精准定位目标群体，提高调查效率。

③ 辅助材料：包括各种卡片、相关表格等，用于记录调查过程中的关键信息，辅助调查人员进行数据整理和分析。

④ 证明文件：如介绍信、调查员证等，这些文件能够证明调查活动的合法性和调查人员的身份，有助于获取调查对象的信任与配合。

通过准备这些材料，市场调查项目组能够确保调查活动的顺利进行，并为后续的数据分析提供有力支持。

（3）物品准备。

物品准备是市场调查中不可或缺的一环，它涵盖了与调查相关的所有实物。在现场调查中，常需准备的物品主要有以下几种。

① 礼品：作为对调查对象参与调查的感谢，礼品的选择至关重要。市场调查项目组应根据调查活动的时间长短、难易程度及调查对象的特性，精心挑选易于被接受且适宜的礼品。

② 测试用品：对于定价测试、包装测试、口味测试等特定类型的调查项目，市场调查项目组需要提前准备好所需的测试用品，以确保调查活动顺利进行。

③ 工具：调查过程中，还需要准备一些基本的工具，如笔（用于填写问卷）、访问夹（整理问卷和相关资料）、手提袋（装载问卷和礼品）、手表（用于记录访问时间）等，这些工具能够辅助调查人员更加高效地完成调查任务。

> **经验之谈**
>
> 实施市场调查前，需明确调查目的，精简调查内容，编写调查指导手册，准备必要的礼品、测试用品和工具等。同时，需考虑经费和人力资源，确保调查的可行性。进行预测试，建立有效的沟通机制，并遵守法律法规。这些准备工作有助于确保市场调查活动的顺利进行，提高调查效率，确保数据的准确性和可靠性，从而支持企业的决策和战略规划。

活动2　实施市场调查

在明亮的办公室里，小艾坐在办公桌前，手中拿着一份市场调查的初步计划，面露些许困惑。这时，经验丰富的老李走了进来，看到小艾的表情，便主动坐下来与她交流。

"小艾，市场调查的实施可不是一件简单的事。"老李语重心长地说，"它对于确保调查结果的质量至关重要。在实施之前，我们必须精心策划并充分准备各项工作内容。"

小艾点点头，认真聆听。老李继续说道："从调查目的的确定，到调查内容的精简，再到所需物品的准备，每一个环节都不能马虎。同时，我们还需要考虑调查经费和人力资源的合理安排。"

小艾思索片刻，问道："那在实际执行过程中，我们应该怎么做呢？"

老李微笑着回答："在执行过程中，项目主管和督导人员要承担起组织责任，确保调查团队明确任务内容，掌握正确的调查技巧。同时，他们还需要对调查活动进行有效的监控，确保调查流程的顺利进行和数据的准确性。"

小艾听后豁然开朗，感激地说："谢谢李老师，您的指导对我帮助很大。我会按照这些要点去准备和执行市场调查的。"

老李满意地点点头，鼓励道："我相信你一定能够做好。加油！"

两人相视而笑，共同为即将到来的市场调查工作做好充分的准备。

1. 明确调查方法

根据市场调查方案，调查人员应明确所采用的调查方法，如问卷调查、访谈调查、观察法等。每种方法都有其独特的优势和适用场景，调查人员需根据调查目的和实际情况选择最合适的调查方法。

2. 抽样方式的执行

抽样是市场调查中非常关键的一环。调查人员需按照市场调查方案中确定的抽样方式，如随机抽样、分层抽样、系统抽样等，对调查对象进行抽样选择。抽样过程中要确保样本的代表性和广泛性，以准确反映目标市场的总体情况。

3. 调查地点的确定

根据调查目的和抽样结果，调查人员需确定具体的调查地点。这些地点可以是商场、超市、街头巷尾等，要确保能够覆盖目标市场的各个区域和层面。

4. 时间安排与活动进度

调查人员需按照市场调查方案中规定的时间安排和活动进度，有序地开展调查工作。在调查过程中，要注意时间的合理分配和进度的控制，确保调查工作能够按时完成。

5. 数据资料的收集

调查人员应按照调查方法和要求，对调查对象进行调查，并准确、完整地收集数据资料。在收集过程中，要注意保护调查对象的隐私和权益，确保数据的真实性和可靠性。通过以上几个关键步骤的有序实施，市场调查工作将能够顺利进行，为企业提供准确、有价值的市场信息。

活动3　监控市场调查活动

在调查活动即将开始之际，小艾正在忙碌地整理着市场调查的各项准备工作。她抬头望向老李，眼中带着一丝不确定："李老师，我总觉得调查活动一旦开始，会有很多事情需要监控，但我们具体应该怎么做呢？"

老李微笑着放下手中的文件，走到小艾身边，耐心地解释："小艾，监控市场调查活动确实是个重要的环节。首先，我们要确保调查人员都经过了充分的培训，明确自己的任务和责任。这样他们在执行市场调查过程中才能更加专业、高效。"

"然后，我们要密切关注调查计划的执行情况。"老李继续说，"项目主管和督导人员要定期检查调查进度，确保各个环节都按照计划进行。如果发现有偏差或问题，要及时调整并采取相应的措施。"

"除了这些，我们还要关注调查过程中的数据质量。"老李强调，"数据的准确性对于整个调查活动的成功至关重要。因此，我们要对收集到的数据进行严格把关，确保数据的真实性和可靠性。"

小艾听后恍然大悟，她感激地看着老李："李老师，您这么一说我就明白了。那我会按照这些要点去监控我们的市场调查活动，确保它顺利进行。"

在市场调查活动中，相关负责人需确保调查的高效与准确，因此必须着重于以下 3 个方面的监控。

首先，对调查人员的监管是确保市场调查质量的基础。这包括监督调查人员的行为是否规范、操作是否得当，以及是否遵循了既定的调查方法和标准。有效的监管能够防止调查人员出现偏差或错误，保障数据的真实性和可靠性。

其次，对市场调查计划的执行情况进行监控是确保调查活动按计划推进的关键。这包括检查调查进度是否与计划相符、调查内容是否完整、调查范围是否达到预期等。通过实时监控，能够及时发现并解决执行过程中出现的问题，确保调查活动能够顺利进行。

最后，对调查工作的协调管理也是至关重要的。这涉及调查过程中各个环节的衔接与配合，以及与其他部门或团队的沟通与合作。通过有效的协调管理，能够确保调查工作顺利进行，避免资源浪费和重复劳动，提高调查效率。

1. 监管调查人员

（1）质量控制。

在市场调查中，督导人员对调查人员的工作执行要实行严格的质量控制。在调查现场，督导人员需特别关注调查人员是否严格遵循调查规定，尤其是在需要追问的情况下，调查人员是否进行了必要的追问。调查结束后，督导人员还需对回收的问卷进行质量检查，确保所有问题均得到回答，答案完整且清晰。此外，通过随机回访调查对象，督导人员能够核实调查内容的真实性。

（2）抽样控制。

抽样控制是确保调查活动按既定计划进行的关键。督导人员应防范调查人员出现以下几种不当行为：自行筛选调查样本、擅自更改已确定的样本、擅自扩大抽样范围。为实现此目标，督导人员应详细记录调查人员的工作进度，包括应调查、实际调查和拒绝调查的数量，并通过电话或实地回访部分样本，确保调查的真实性。

（3）作弊行为控制。

市场调查中的作弊行为如伪造样本、随意填写问卷、不赠送或替换礼品等，都会严重影响调查结果的准确性。为防范这些行为，督导人员除了对调查人员进行职业道德培训外，还需加强现场督导和核查力度，确保调查活动的公正和准确。

（4）调查人员评估。

定期对调查人员进行评估，不仅有助于提升调查团队的整体质量，还能激励调查人员提高工作效率。评估标准主要包括以下几点。

① 时间成本：督导人员通过评估调查人员的工作完成时间和成本，判断其是否按照计划进行，并对工作效率高的调查人员给予相应奖励。

② 应答率：督导人员比较不同调查人员的拒访率，对拒访率较高的调查人员给予指导，帮助其提高应答率。

③ 访谈质量：通过直接观察或查看访问录像，督导人员评估调查人员的自我介绍、提问技巧、追问能力等方面，确保访谈过程的高质量。

④ 数据质量：督导人员检查问卷填写的清晰度和完整性，确保开放性问题的答案详细且可编码，避免数据遗漏或错误。

2. 监控市场调查计划的执行情况

市场调查计划是确保调查工作高效、有序进行的关键性文件，它详细规划了市场调查的各个环节，包括方案制定、问卷设计、人员培训、实地调查、数据分析和报告撰写等，并明确了各项工作的预计完成时间。这一计划的执行对于保障调查质量、提升调查效益至关重要。

在项目启动前，项目主管需进行周密的经费预算，明确各项费用标准，旨在实现调查成本的最小化，同时确保调查结果的准确性和可靠性。若在实际执行过程中遭遇可能导致项目延期的问题，如调查进度滞后、人员能力不足等，项目主管应及时识别问题根源，迅速制定应对策略，如增加人力投入、对相关人员进行额外培训等，以确保调查项目能够按照既定计划顺利推进。通过这些措施，项目主管能够确保市场调查计划的顺利执行，为企业提供及时、准确的市场信息支持。

3. 协调管理调查工作

项目主管需实时跟进实地调查的工作进度，确保各调查人员之间的工作协调一致。同时，项目主管应主动了解调查人员在执行过程中遇到的各类问题，并迅速提供支持和解决方案。对于普遍存在的共性问题，项目主管应提出统一的解决方案，以确保调查工作的顺利进行和高效完成。

素养小课堂

在市场调查过程中，调查人员的基本素养是确保调查结果准确、客观的关键。他们必须严格遵守调查方案，避免任何形式的作弊行为，确保数据的真实性和可信度。同时，他们需要具备扎实的市场调查知识和技能，能够选择合适的调查方法并细致认真地收集、处理数据。此外，调查人员应保持客观公正的态度，避免个人偏见影响调查结果。良好的沟通能力也是必不可少的，这有助于他们与被调查者建立良好关系，获得更准确的信息。最后，调查人员应具备时间管理和效率意识，确保调查工作的高效进行。这些基本素养共同构成了市场调查人员的基础要求。

同步实训

实训　实地调查

实训描述

某影片是一部以喜剧手法讲述历史趣闻的影片，豆瓣评分高达 9.0；优酷站内数据显示，在该片发布弹幕的人群中，"95 后""00 后"的占比竟是全站基准值的 16 倍。这并不是偶然现象。近年来，年轻观众对喜剧电影的热爱体现在了一系列作品中。

这些喜剧电影以欢笑传递欢笑，用幽默解构严肃，在银幕内外掀起了一股传播青春快乐的热潮。为了了解本校学生对喜剧电影的认识和看法，我们决定实施一次市场调查。看看年轻一代对幽默、趣味及人生感悟有何独到的见解和体会。

操作指南

本次实训通过组建市场调查项目组，对本校学生对喜剧电影的认识和看法展开市场调查，具体实施步骤如下。

（1）全班学生以 5 ～ 8 人为一组进行分组，各组选出组长并进行任务分工，将小组成员及分工情况填入表 6-1 中。

表6-1　小组成员及分工情况

班级		组号		指导老师
小组成员	姓名	学号	任务分工	
组长				
组员1				
组员2				
组员3				
组员4				
组员5				
……				

（2）小组商议，制订具体的实训计划，填入表 6-2 中。

表6-2　实训计划

步骤	工作内容	时间安排	负责人
1			
2			
3			
4			
5			

（3）按照实训计划，对本校学生观看喜剧影视剧的现状实施市场调查。将具体的实施情况记录在表6-3中。

表6-3 实施步骤

时间安排	实施步骤
	1. 了解喜剧影视剧的播出情况，列举本小组认为比较优秀的喜剧影视剧： （1） （2） （3） （4） （5） （6）
	2. 根据调查方案及表6-1中任务分工细分出市场调查项目组的组成，并由项目主管安排各小组成员的工作职责及内容： （1）项目主管 （2）实施主管 （3）督导人员 （4）调查人员 （5）数据录入员
	3. 根据调查项目特点，撰写及实施调查人员培训计划方案： （1）培训程序 （2）培训内容 （3）培训形式
	4. 小组讨论，确定市场调查实施前的准备工作： （1）宣传与联系 （2）编写调查指导手册 （3）准备其他材料及礼品等
	5. 制定市场调查方案并实施市场调查，记录市场调查中存在的问题： （1） （2） （3） （4） （5） （6）
	6. 小组讨论，对调查结果进行汇总、整理
	7. 提出部分喜剧影视剧在内容选取、表现手法和播出时间等方面存在的问题： （1） （2） （3） （4） （5） （6）
	8. 市场调查结束后，项目组将市场调查实施方案、调查人员培训计划方案、市场调查结果等制作成PPT演示说明

实训评价

各小组组长提交实施调查实训成果纸质文档，老师按照表6-4所示内容进行初步评价，了解各小组实施调查的实训完成情况。

表6-4 实训评价

序号	评价内容	分数	老师打分	老师点评
1	小组成员实训态度、协作情况	20		
2	小组成员分工和工作职责是否合理、培训方案是否科学	30		
3	小组实施调查的前期准备是否周全、实施调查中存在的问题及处理是否得当	30		
4	PPT制作是否美观、内容是否完整、演示是否流畅、是否重点突出、是否条理清晰	20		

总分：_____

项目总结

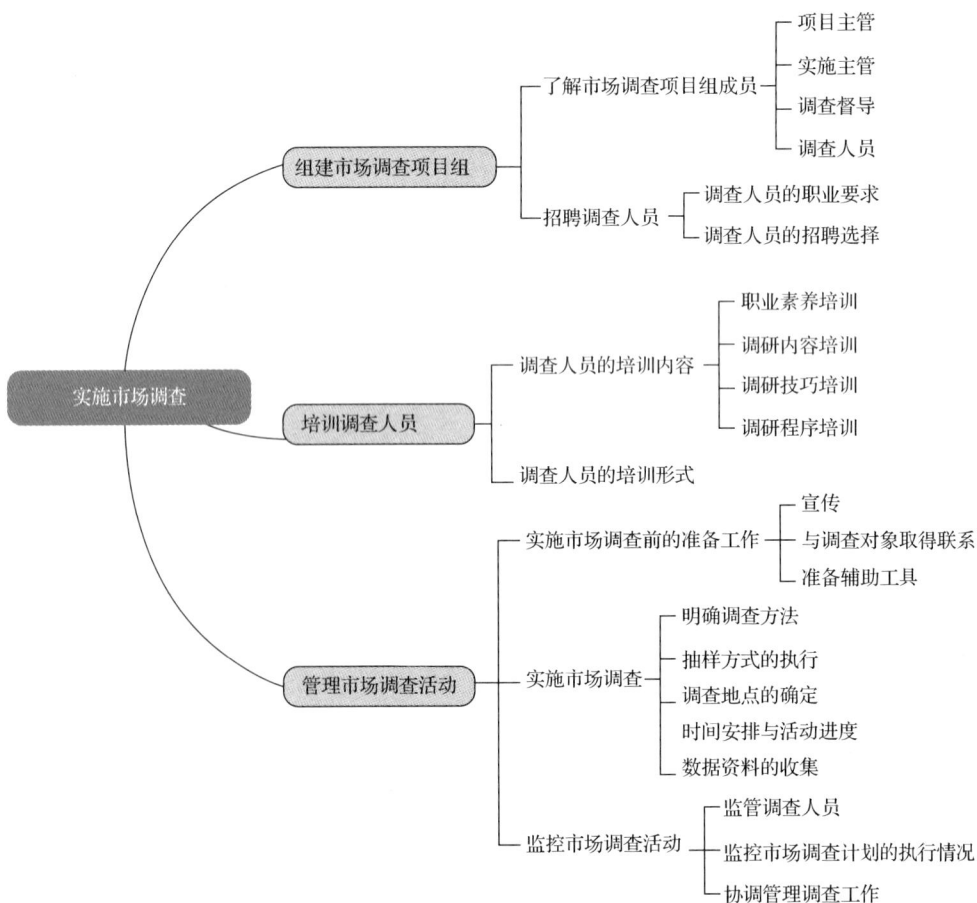

项目七

统计与分析市场调查数据

职场情境

　　小艾和很多新手一样，在收集大量的调查资料后，对分散凌乱的资料无从下手。老李告诉小艾，在获得市场调查资料后，需要整理资料，它是市场调查工作中数据统计分析的基础和前提。数据统计分析需要采用不同的方法获得分析结果，其分析结果可用于预测市场发展趋势。为了让小艾掌握市场调查数据统计与分析的基础方法，老李让小艾参与智能手环市场调查项目的数据整理与分析工作，并进行一些基本的市场预测。

学习目标

✈ **知识目标**

1. 掌握资料回收、审核、问卷编码与数据录入的方法。
2. 掌握基本的市场调查数据分析方法。
3. 掌握简单的市场发展趋势预测方法。

✈ **技能目标**

1. 能够基本完成市场调查资料的整理工作。
2. 能够使用基本的方法进行数据分析和市场预测。

✈ **素质目标**

1. 不伪造数据，不违反职业道德。
2. 具备责任感，确保市场资料的完整性和安全性。

任务一　整理市场调查资料

任务描述

A 公司市调 1 组以街头拦截访问的方式就"智能手环市场调查"开展问卷调查，用于了解智能手环的使用人群及其购买、使用情况。小范围测试后，市调 1 组重新调整了问卷内容，开始正式的问卷调查。此次调查，调查时间共 3 天，调查样本量为 400 人。调查过程中，调查人员到全市各区有代表性的数码商城拦截行人，挑选符合要求的调查对象（智能手环的使用者）进行问卷调查，在调查对象回答问卷时进行简单指引并实时回收问卷。

扫一扫

智能手环市场
调查问卷

此次调查，小艾将参与整理市场调查资料的工作。

任务实施

👤 活动1　资料回收与审核

随着调查工作的开展，小艾作为调查人员应及时回收资料，完成资料回收后还需进一步审核资料。

1. 资料回收

整理市场调查资料从回收第一份调查问卷时就开始了。资料回收的要点如下。

（1）掌握问卷收发情况，主要记录实发问卷数和回收问卷数等。

（2）回收的问卷应分别按照不同调查人员和调查地区放置，以方便整理和查找。

（3）回收的每份问卷应有唯一、有序的编号，并作为原始文件保存。

（4）如果发现结果没有满足抽样方案中对样本的配额要求，调查人员应在正式进行资料审核之前及时做补充调查。

2. 资料审核

资料审核是为了避免出现资料缺失、错误或重复的情况，以保证资料准确、真实和完整，这样才可以进行后续的数据统计分析。

（1）资料审核的内容。

资料审核包括及时性审核、完整性审核和准确性审核等内容。

- **及时性审核**。检查调查资料是否按规定及时提供，如果迟报，审核人员应分析迟报的原因，并提出改进意见，以做到资料按时或提前上报。

- **完整性审核**。检查调查问卷份数是否齐全、内容是否完整（如是否缺页、内容是否填写完整）等。

- **准确性审核**。检查资料内容是否存在错误，可以通过逻辑检查发现错误，即分析指标、数据之间是否符合逻辑，有无矛盾及违背常理的地方。例如，全部问题都选择第1个答案选项，低年龄段的调查对象选择的文化程度为大学以上，较低收入水平的调查对象倾向于购买高价格的产品等，这些情形明显不合逻辑。

（2）处理有问题的资料。

对于有问题的资料，审核人员可采用以下3种方法处理。

- **重新调查**。对于回答不完全或存在明显错误的问卷，在调查规模较小、调查对象容易确认的情形下，审核人员可让调查人员联系调查对象重新调查，取得符合要求的数据。

- **填补缺失数据**。在无法重新调查的情形下，当有缺失值的问卷数量较少（一般占总问卷数的10%以下），一份问卷中未答项所占比例很小（一般占总答题项的10%以下）时，不做处理或填补缺失数据。填补方法为：①用中间值代替，如该变量的平均值或量表的中间值，若遇到性别这种变量，可以将第1个缺失值用"男性"替代，第2个缺失值用"女性"替代，依次交叉替代；②用逻辑答案替代，如收入值缺失，审核人员可以根据职业情况来确定收入值。

- **弃用不合格资料**。如资料存在这3种情况，可弃用：①问卷的调查对象不符合抽样要求；②问卷未填内容和填写错误的内容占比较大；③问卷中的关键变量缺失。

根据资料回收与审核结果，此次调查共发放问卷400份，回收问卷400份，问卷回收率100%。同时审查问卷的有效性和真实性，剔除漏选、多选及有逻辑错误的不合格问卷共50份，最后有效回收350份问卷，有效回收率为87.5%（一般问卷的有效回收率至少需达到70%，问卷调查才是合格的）。

素养小课堂

市场调查中，调查人员不得伪造访问数据，这样做不仅违背了职业道德，还会使最终的调查结果失准。调查人员应具备责任感，在问卷回收过程中，要确保问卷的完整和安全，避免损坏或丢失问卷。审核人员在审核资料时，要严格遵守审核规则，认真筛选出有问题的问卷，科学合理地填补缺失数据或弃用不合格的问卷。

活动2　问卷编码与数据录入

在问卷编码与数据录入阶段，小艾理所当然地想通过给问卷答案画记号来编号。老李阻止了她，并告诉她，这种方法在处理大量的数据资料时效率低、速度慢，已成为次要的辅助手段。目前的市场调查工作一般采用计算机汇总处理技术来汇编资料。运用计算机处理数据时，首先需要对数据资料进行编码，然后将数据资料录入计算机，选择相应的计算机软件或自编程序进行分析。

接下来，老李将指导小艾进行问卷编码与数据录入。编码是将调查问卷中的每个问题的答案转化为计算机可识别的代码（通常是一个数字）。数据录入是将问卷内容输入计算机。原始资料一般可分为数字资料和文字资料两类，数字资料可以直接录入计算机，文字资料则需要经过编码转化为数字资料再录入计算机。

1. 封闭式问题编码

因为封闭式问题已事先给出可能的答案，所以，调查人员在设计问卷时可以对每个问题的答案选项进行编码。

（1）单选题编码。

例如，在问题"您的性别是？"的答案选项的编码中，代码1表示"男"，代码2表示"女"。又如，在问题"您的年龄是？"的答案选项的编码中，代码1、2、3、4、5、6、7分别表示"18岁以下""18～25岁""26～30岁""31～35岁""36～40岁""41～50岁""50岁以上"。

需要指出的是，对于未回答（有缺失值）的情况也要进行编码，如用"0"或"00"等对一份调查问卷中没有回答的问题进行编码。

（2）多选题编码。

例如，"您是通过哪些渠道了解智能手环的？（可选1～3项）"，在这个题目中分别用1、2、3、4、5、6、7、8表示"产品官网""网络购物平台""户外广告""报纸/杂志/电视""微博/微信/抖音等新媒体""智能可穿戴产品展览会""超市/电器商场/实体专卖店""亲人/朋友/同学告知"，用0表示未选择的选项，全为0则表示未回答。因为本题可选择1～3项，如果调查对象选择的选项是"网络购物平台"和"亲人/朋友/同学告知"，那么本题的编码为"280"；如果调查对象未回答本题，则编码为"000"。

　　顺序量表编码的方法如下。例如，"请按照您喜欢的程度对以下计算机品牌进行排序，最喜欢的品牌排在第一位，依此类推"，在这个题目的编码中，分别用1、2、3、4表示华硕、惠普、戴尔、华为。如果调查对象选择的选项顺序是"华为→华硕→惠普→戴尔"，那么该题目的编码为"4123"。

2. 开放式问题编码

　　由于在调查前不能确定开放式问题的具体答案，开放式问题的编码一般在资料收集完成后，根据调查对象的回答设置。开放式问题的编码步骤如图7-1所示。

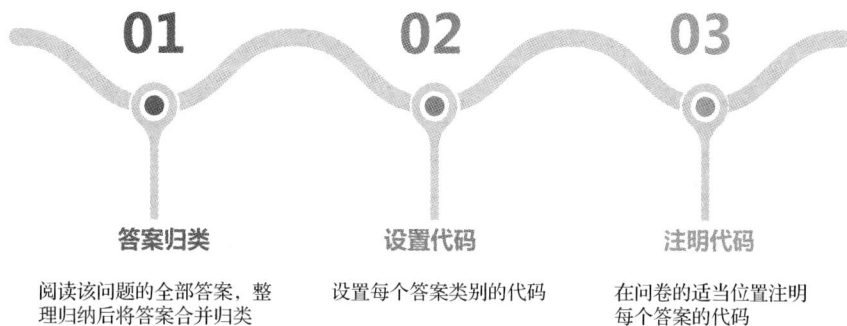

01	02	03
答案归类	设置代码	注明代码
阅读该问题的全部答案，整理归纳后将答案合并归类	设置每个答案类别的代码	在问卷的适当位置注明每个答案的代码

图7-1　开放式问题的编码步骤

　　对于开放式问题，编码时要注意以下3点。

　　（1）样本量较小时，应查阅问卷中对该问题的所有答案；样本量较大时，可抽取部分问卷来查阅问题的回答情况，但应尽量获取所有类型的答案。

　　（2）每个答案都要归属到一个类别中，每个答案类别都有一个代码，不能交叉重叠。将不易编码或个数较少，且可以不予考虑的答案归入其他项。

　　（3）对于数字型开放式问题，直接用答案的数字作为代码。例如，"您的年龄是多少岁"，如果调查对象的回答是"45"，则其代码为45。

　　例如，针对"根据您对智能手环的使用情况，您有何建议？"的开放式问题编码。首先将与改善外观颜值、减轻手环重量、使用更舒适的材质有关的建议归于"提高穿戴舒适度"的类别；将与产品提供更多不同功能有关的建议归于"丰富功能种类"的类别；将认为产品价格贵，建议降低产品价格的答案归于"降低价格水平"的类别；将认为产品一次可使用的时间太短，建议提高使用时长的答案归于"提升续航能力"的类别；将认为产品反馈的数据不稳定、不够精确，建议提升稳定性和精确性的答案归于"提高数据质量"的类别；将认为产品智能程度不高、人机交互不自然、响应不灵敏，建议提高智能程度的答案归于"提高智能程度"的类别。然后为每个类别编码，用1、2、3、4、5、6分别表示"提高穿戴舒适度""丰富功能种类""降低价格水平""提升续航能力""提高数据质量""提高智能程度"等类别。最后，在问卷中注明该问题答案的编码，如"根据您对智能手环的使用情况，您有何建议？（1）"。

> **经验之谈**
>
> 　　同一问题的所有答案选项的代码位数必须一致，答案与代码要一一对应，且每个答案选项只有一个代码。对于可选答案选项的数量为 1 ~ 9 个的情况，编码时只使用一位数字就可以了，答案选项数量超出 10 个的，则使用两位数字编码，不够两位的则要补足两位使编码位数一致，如"1"的编码为"01"，方便后期进行数据统计分析。

3. 制作编码明细表

编码明细表是数据录入的工作指南，录入时，需要根据编码明细表制定的编码规则将调查问卷中的数据录入计算机数据处理软件。

编码明细表通常包括 4 个方面的内容：对问题编码时代码所在列的位置（1 个问题的编码中，每 1 个答案占 1 列）、变量名称、问题编号和编码说明。例如，根据"智能手环市场调查"问卷的部分内容制作的编码明细表，如表 7-1 所示。

智能手环市场调查问卷（部分内容）

1. 您的性别是？

　○ 男　　　　　　　　　　○ 女

2. 您的年龄是？

　○ 18 岁以下　　　　　　　○ 18 ~ 25 岁　　　　　　○ 26 ~ 30 岁

　○ 31 ~ 35 岁　　　　　　　○ 36 ~ 40 岁　　　　　　○ 41 ~ 50 岁

　○ 50 岁以上

3. 您的学历是？

　○ 初中及以下　　　　　　　○ 高中 / 中专　　　　　　○ 大学专科

　○ 大学本科　　　　　　　　○ 硕士及以上

4. 您的职业是？

　○ 在校学生　　　　　　　　○ 普通职员　　　　　　　○ 个体经销商 / 承包商

　○ 企业管理者　　　　　　　○ 公务员　　　　　　　　○ 自由职业者

　○ 退休人员　　　　　　　　○ 其他 _____

5. 您的年收入是？

　○ 3 万元及以下　　　　　　○ 3 万（不含）~ 8 万元　　　○ 8 万（不含）~ 15 万元

　○ 15 万（不含）~ 20 万元　　　　　　　　　　　　○ 20 万元以上

6. 您最感兴趣的休闲活动是？

　○ 摄影　　　　　　　　　　○ 旅游　　　　　　　　　○ 影音娱乐

　○ 看书看报　　　　　　　　○ 运动健身　　　　　　　○ 其他 _____

7. 您锻炼的频率是?

○一周 4 次以上　　○一周 2～4 次　　　　○一周 1 次

○不喜欢锻炼

8. 您是通过哪些渠道了解智能手环的?

○产品官网

○网络购物平台

○户外广告

○报纸 / 杂志 / 电视

○微博 / 微信 / 抖音等新媒体

○智能可穿戴产品展览会

○超市 / 电器商场 / 实体专卖店

○亲人 / 朋友 / 同学告知

表7-1　"智能手环市场调查"问卷编码明细表

列数	变量名称	问题编码	编码说明
第1列	问卷编码		001～350(共350份问卷)
第2列	性别	1	1:男。2:女。0:未回答
第3列	年龄	2	1:18岁以下。2:18～25岁。3:26～30岁。4:31～35岁。5:36～40岁。6:41～50岁。7:50岁以上。0:未回答
第4列	学历	3	1:初中及以下。2:高中/中专。3:大学专科。4:大学本科。5:硕士及以上。0:未回答
第5列	职业	4	1:在校学生。2:普通职员。3:个体经销商/承包商。4:企业管理者。5:公务员。6:自由职业者。7:退休人员。8:其他。0:未回答
第6列	年收入	5	1:3万元及以下。2:3万(不含)～8万元。3:8万(不含)～15万元。4:15万(不含)～20万元。5:20万元以上。0:未回答
第7列	最感兴趣的休闲活动	6	1:摄影。2:旅游。3:影音娱乐。4:看书看报。5:运动健身。6:其他。0:未回答
第8列	锻炼的频率	7	1:一周4次以上。2:一周2～4次。3:一周1次。4:不喜欢锻炼。0:未回答
第9列	获取产品信息的渠道	8	1:产品官网。2:网络购物平台。3:户外广告。4:报纸/杂志/电视。5:微博/微信/抖音等新媒体。6:智能可穿戴产品展览会。7:超市/电器商场/实体专卖店。8:亲人/朋友/同学告知。0:未回答

做一做：制作 A 超市调查问卷编码明细表

A 超市为了更好地为消费者服务，提高服务质量，了解消费者的购买情况，以不记名的方式对 500 位消费者展开问卷调查。请根据以下问卷内容（部分）制作编码明细表（内容填写至表 7-2 中）。

1. 您了解 A 超市吗？

○不太了解　　　　　　　　○一般了解

○比较了解　　　　　　　　○非常了解

2. 您是通过什么途径了解 A 超市的？（可选 1～3 项）

□朋友推荐　　　　　　　　□超市的 App/微信小程序

□抖音同城频道　　　　　　□本地门户网站

□超市促销宣传单　　　　　□其他

3. 您一星期去 A 超市的次数是？

○1～3 次　　　　　　　　　○4～6 次

○6 次以上　　　　　　　　○不去

4. 您在 A 超市通常选择购买哪些种类的产品？（可选 1～3 项）

□泡面类　　　　□饮料类　　　　　□饼干或面包类

□护理用品类　　□床上用品类　　　□学习用品类

□餐具类　　　　□粮油类　　　　　□其他日用品

5. 您对 A 超市的服务质量评价如何？

○非常不满意　　　　○不满意　　　　　○一般

○比较满意　　　　　○非常满意

表7-2　A 超市调查问卷编码明细表

列数	变量名称	问题编码	编码说明

4. 数据录入

如果采用计算机辅助电话调查、网络调查等，数据收集与录入可以同时完成。若采用传统纸质问卷收集数据，则应在资料收集完成后录入数据。录入数据时，一般利用 Excel 等软件，将调查问卷的编码输入 Excel 表格中。例如，在智能手环市场调查中，将前 15 份调查问卷数据录入 Excel 表格中（配套资源：\效果\项目五\问卷数据录入 .xlsx），如图 7-2 所示。

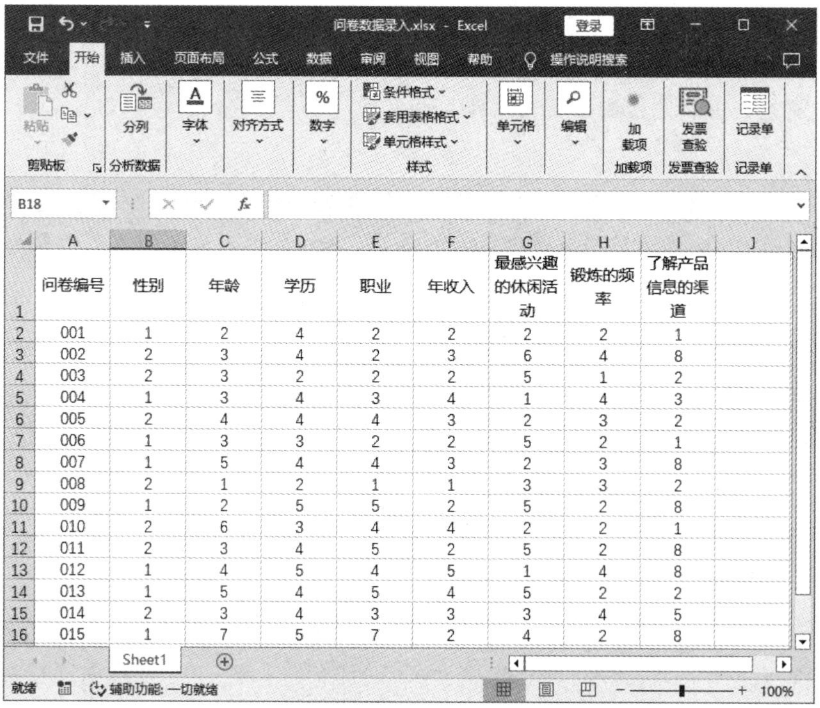

	A	B	C	D	E	F	G	H	I	J
1	问卷编号	性别	年龄	学历	职业	年收入	最感兴趣的休闲活动	锻炼的频率	了解产品信息的渠道	
2	001	1	2	4	2	2	2	2	1	
3	002	2	3	4	2	3	6	4	8	
4	003	2	3	2	2	2	5	1	2	
5	004	1	3	4	3	4	1	4	3	
6	005	2	4	4	4	3	2	3	2	
7	006	1	3	3	2	2	5	2	1	
8	007	1	5	4	4	3	2	3	8	
9	008	2	1	2	1	1	3	3	2	
10	009	1	2	5	5	2	5	2	8	
11	010	2	6	3	4	4	2	2	1	
12	011	2	3	4	5	2	5	2	8	
13	012	1	4	5	4	5	1	4	8	
14	013	1	5	4	5	4	5	2	2	
15	014	2	3	4	3	3	3	4	5	
16	015	1	7	5	7	2	4	2	8	

图7–2　在Excel 中录入调查问卷数据

做一做：录入 A 超市调查问卷数据

A 超市进行问卷调查，其中前 2 份问卷调查对象的填写情况如下。请根据表 7-2 所示的问卷编码明细表录入数据，将结果填写至表 7-3 中。

第 1 份问卷的填写情况：

1. 一般了解；2. 朋友推荐；3. 1 ～ 3 次；

4. 泡面类、饮料类、饼干或面包类；5. 比较满意。

第 2 份问卷的填写情况：

1. 比较了解；2. 超市促销宣传单；3. 4 ～ 6 次；

4. 饮料类、粮油类；5. 比较满意。

表7–3　A 超市调查问卷数据录入

问卷编码	了解超市的程度	了解超市的渠道	一星期去超市的次数	购买产品的种类			服务质量评价

知识窗

直接通过键盘和鼠标录入数据，容易产生输入错误，因此，可采取以下措施来保证录入质量。

（1）挑选技术熟练、工作认真、有责任心的录入人员。

（2）加强对录入人员的监督管理，淘汰差错率和录入速度达不到要求的录入人员。

（3）避免逻辑性差错。例如，性别代码中 1 表示男、2 表示女、0 表示未回答，如果代码的取值为 3、4、5 等，则明显存在错误。

（4）抽查录入数据。一般随机抽取 25% ~ 35% 的问卷复查数据。

（5）双机录入对比。用两台计算机同时录入相同数据，比较并找出不一致的数据资料，确定差错，然后加以更正。双机录入可有效提高数据资料的录入质量，但花费的时间较长，花费的费用也较高。

知识窗

任务二　分析市场调查数据

任务描述

完成数据录入后，随机抽选 100 份问卷检查，没有发现错误录入的情况。接下来，小艾将统计分析录入的智能手环市场调查问卷数据，以提取有价值的信息，揭示事物内在的数量关系规律。

任务实施

活动1　统计指标分析

统计指标分析是常用、基本的数据分析方法，它是根据一定时期的资料，对总体的各种数量特征进行分析的方法，如分析总体的规模、结构、水平、比例关系等。小艾将对录入的数据进行结构相对指标分析、比例相对指标分析、比较相对指标分析。

1. 结构相对指标分析

结构相对指标又称结构相对数，是指在统计分组的基础上，总体中某组的数值与总体数值的比值，可以说明某组数值在总体数值中所占的比重，持续测量不同时间的结构相对指标，可反映事物内部构成的变化过程和趋势。结构相对指标一般用百分数表示，结构相对指标中各组结构相对指标的数值小于1，各组结构相对指标的数值之和等于1。

结构相对指标的计算公式如下。

结构相对指标 = 总体中某组的数值 / 总体数值 ×100%

经验之谈

资料分组是根据调查与分析的目的和要求，按照某种标志（分组标志），将资料总体区分为若干部分的一种统计方法。从总体分出的这些部分，就称为“组”。很多时候，调查人员在设计调查问卷或观察表时，就对所需获得的资料进行了分组，尤其是封闭式问题，如按性别分组、按年龄段分组、按收入水平分组、按购物频率分组等。

（1）数据统计。

在 Excel 中录入数据后，可使用 COUNTIF 函数统计分组数据。例如，按性别分组，统计智能手环市场调查前 15 份调查问卷“性别”列中“1”的个数，其具体操作为：选择 B17 单元格，在编辑栏中输入“=COUNTIF(B2:B16,1)”，按【Enter】键得到 B2:B16（“性别”列）单元格区域中数值为“1”的单元格的个数为“8”，如图 7-3 所示。“1”代表性别“男”，即男性用户有 8 个，代入公式“8/15*100%”即可得到男性用户的占比。选择 B18 单元格，输入“=8/15*100%”，按【Enter】键得到结果（结果四舍五入保留 2 位小数），如图 7-4 所示。利用“=COUNTIF(B2:B16,2)”函数可统计“性别”列中数值为“2”的单元格的个数，即统计女性用户的个数，其他数据的统计方法类似。

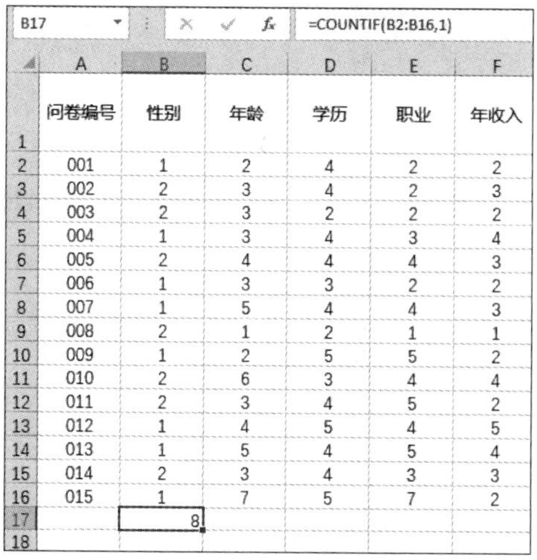

B17　=COUNTIF(B2:B16,1)

	A	B	C	D	E	F
1	问卷编号	性别	年龄	学历	职业	年收入
2	001	1	2	4	2	2
3	002	2	3	4	2	3
4	003	2	3	2	2	2
5	004	1	3	4	3	4
6	005	2	4	4	4	3
7	006	1	3	3	2	2
8	007	1	5	4	4	3
9	008	2	1	2	1	1
10	009	1	2	5	5	2
11	010	2	6	3	4	4
12	011	2	3	4	5	2
13	012	1	4	5	4	5
14	013	1	5	4	5	4
15	014	2	3	4	3	3
16	015	1	7	5	7	2
17		8				
18						

图7-3　使用COUNTIF函数统计分组数据

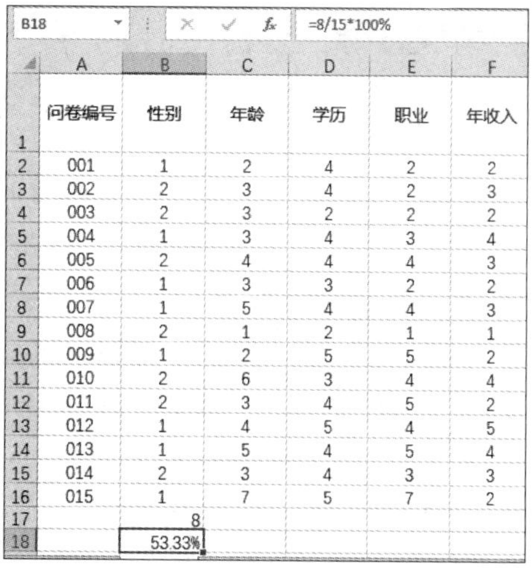

B18　=8/15*100%

	A	B	C	D	E	F
1	问卷编号	性别	年龄	学历	职业	年收入
2	001	1	2	4	2	2
3	002	2	3	4	2	3
4	003	2	3	2	2	2
5	004	1	3	4	3	4
6	005	2	4	4	4	3
7	006	1	3	3	2	2
8	007	1	5	4	4	3
9	008	2	1	2	1	1
10	009	1	2	5	5	2
11	010	2	6	3	4	4
12	011	2	3	4	5	2
13	012	1	4	5	4	5
14	013	1	5	4	5	4
15	014	2	3	4	3	3
16	015	1	7	5	7	2
17		8				
18		53.33%				

图7-4　计算男性用户占比

经验之谈

COUNTIF 是一个统计函数，用于统计指定区域内满足某个条件的单元格的数量，该函数的语法结构为“= COUNTIF（range，criteria）”。其中，range 表示要统计非空单元格数目的区域，criteria 表示以数字、表达式或文本形式定义的条件。

（2）指标分析。

在智能手环市场调查项目中，共回收有效问卷 350 份，统计数据时，需调整统计单元格的区域，例如，统计数值为"1"的单元格的个数，将函数修改为"=COUNTIF(B2:B351,1)"。假设本次调查的结构相对指标统计结果以及根据结果进行的分析描述如下（括号中前一个数值表示选择该选项的人数或次数，后一个数值即结构相对指标）。

1. 您的性别是？

○男（210，60%）　　　　　　○女（140，40%）

统计结果分析描述：使用智能手环的男性用户占 60%，女性用户占 40%，男性用户数多于女性用户数，说明使用智能手环更多的是男性用户。

2. 您的年龄是？

○ 18 岁以下（7，2%）　　　　　○ 18～25 岁（28，8%）

○ 26～30 岁（119，34%）　　　○ 31～35 岁（133，38%）

○ 36～40 岁（42，12%）　　　　○ 41～50 岁（14，4%）

○ 50 岁以上（7，2%）

统计结果分析描述：在年龄分布上，使用智能手环的用户主要为 26～35 岁，占比高达 72%，该年龄段的用户是使用智能手环的主力军，相对来说有一定的消费能力。同时，年龄越往上或年龄越往下，使用智能手环的人数越少。

3. 您的学历是？

○初中及以下（6，1.71%）　　　○高中/中专（30，8.57%）

○大学专科（75，21.43%）　　　○大学本科（150，42.86%）

○硕士及以上（89，25.43%）

统计结果分析描述：在学历分布上，大学本科占比最大，超过 40%，大学专科及以上的用户占比高达 89.72%，说明使用智能手环的用户受教育程度较高。

4. 您的职业是？

○在校学生（30，8.57%）　　　　○普通职员（66，18.86%）

○个体经销商/承包商（56，16%）　○企业管理者（85，24.29%）

○公务员（88，25.14%）　　　　　○自由职业者（18，5.14%）

○退休人员（7，2%）　　　　　　○其他（0，0%）

统计结果分析描述：在职业分布上，具有正式职业的用户（包括普通职员、个体经销商/承包商、企业管理者和公务员）占比达 84.29%，占比大。

5. 您的年收入是？

○ 3 万元及以下（40，11.43%）

○ 3 万（不含）～8 万元（53，15.14%）

○ 8 万（不含）～15 万元（82，23.43%）

○ 15 万（不含）～20 万元（115，32.86%）

○ 20 万元以上（60，17.14%）

统计结果分析描述：有 40 个用户年收入在 3 万元以下，这是因为其中有 36 人为在校学生。其他用户的年收入以 15 万（不含）～ 20 万元为主，占比近 1/3，年收入 8 万（不含）～ 20 万元的用户占比为 56.29%，年收入 20 万元以上的用户占比为 17.14%，说明使用智能手环的用户为中高等收入水平。

6. 您最感兴趣的休闲活动是？

○摄影（25，7.14%）　　　　　　○旅游（70，20%）

○影音娱乐（65，18.57%）　　　　○看书看报（12，3.43%）

○运动健身（173，49.43%）　　　　○其他（5，1.43%）

统计结果分析描述：喜欢运动健身的人数最多，几乎占总人数的一半，其次是喜欢旅游的用户。

7. 您锻炼的频率是？

○一周 4 次以上（29，8.29%）　　　○一周 2 ～ 4 次（90，25.71%）

○一周 1 次（186，53.14%）　　　　○不喜欢锻炼（45，12.86%）

统计结果分析描述：智能手环用户大多会进行锻炼，不喜欢锻炼的用户数占比仅为 12.86%；喜欢运动健身的用户中，一周锻炼 1 次的用户占比最大，其次是一周锻炼 2 ～ 4 次的用户。

8. 您是通过哪些渠道了解智能手环的？

○产品官网（21，6%）

○网络购物平台（74，21.14%）

○户外广告（10，2.86%）

○报纸 / 杂志 / 电视（13，3.71%）

○微博 / 微信 / 抖音等新媒体（53，15.14%）

○智能可穿戴产品展览会（8，2.29%）

○超市 / 电器商场 / 实体专卖店（66，18.86%）

○亲人 / 朋友 / 同学告知（105，30%）

统计结果分析描述：多数用户通过亲人、朋友或同学获得产品信息，说明用户重视好友的推荐，产品口碑越好越利于推广；获取产品信息的其他主要渠道包括网络购物平台、超市 / 电器商场 / 实体专卖店、微博 / 微信 / 抖音等新媒体，说明仍有部分用户通过线下渠道去了解产品信息，剩下的用户主要通过互联网了解产品信息。

9. 您的智能手环是通过何种渠道获得的？

○电商平台（86，24.57%）　　　　○直播间（78，22.29%）

○线下实体店（175，50%）　　　　○其他（11，3.14%）

统计结果分析描述：通过线下实体店购买智能手环的用户最多，占总人数的一半；通过电商平台购买和通过直播间购买智能手环的用户相差无几，两者人数相加，几乎占总人数的一半，说明整体上通过线下、线上购买智能手环的人数相当；其他渠道的人数占比很小。

10. 您的智能手环的品牌是？

○小米（75，21.43%）　　　　○华为（112，32%）

○ Keep（33，9.43%）　　　　○ Fitbit（11，3.14%）

○ Jawbone（8，2.29%）　　　○咕咚（15，4.29%）

○ OPPO（90，25.71%）　　　○其他（6，1.71%）

统计结果分析描述：占比排前 3 的品牌依次是华为、OPPO、小米，三者的人数占比均在 20% 以上。

11. 您的智能手环的价格是？

○ 200 元及以下（115，32.86%）　　○ 200（不含）～ 500 元（111，31.71%）

○ 500（不含）～ 1 000 元（79，22.57%）

○ 1 000（不含）～ 2 000 元（35，10 %）　　○ 2 000 元以上（10，2.86%）

统计结果分析描述：使用 200 元以下的智能手环的用户为 115 人，占比为 32.86%，使用 200（不含）～ 500 元的智能手环的用户为 111 人，占比为 31.71%，两者十分接近，两者的占比之和为 64.57%，说明低价位的产品占主导地位；同时，智能手环的价格越高，购买人数越少，说明价格是影响人们购买智能手环的重要因素。

12. 您希望智能手环具有以下哪些功能？

○提供心率、血压监测数据（70，20%）

○运动计步、计算消耗的能量（135，38.57%）

○消息通知，如通知短信、来电、邮件等消息（1，0.29%）

○安全定位，以防儿童意外走失（86，24.57%）

○具有交通卡、门禁卡、签到卡等磁卡的刷卡功能（21，6%）

○提供噪声、温度、空气湿度等监测数据（16，4.57%）

○远程控制电视、空调等家电设备（18，5.14%）

○其他（3，0.86%）

统计结果分析描述：有 135 名用户希望智能手环用于运动计步、计算消耗的能量，占总人数的 38.57%；其次是用于安全定位，人数占比为 24.57%；再次是用于监测心率、血压数据，人数占比为 20%。三者占比之和为 83.14%。说明用户购买智能手环主要用于健身、安全定位和监测健康。

13. 根据您对智能手环的使用情况，您有何建议？

○提高穿戴舒适度（78，22.29%）　　○丰富功能种类（16，4.57%）

○降低价格水平（95，27.14%）　　　○提升续航能力（23，6.57%）

○提高数据质量（113，32.29%）　　○提高智能程度（25，7.14%）

统计结果分析描述：用户对智能手环的建议主要集中在提高数据质量、降低价格水平和提高穿戴舒适度上，三者占比之和为 81.72%。

总的来说，购买智能手环的用户主要是 26 ～ 35 岁的年轻人，男性用户多于女性用户，这些用户受教育程度较高、拥有中高等收入，既有公务员，也有企业普通职员和管理者，他们大多喜欢运动健身，会进行日常锻炼。在使用和购买智能手环方面，用户主要通过线下实体店、他人推荐及互联网获取产品信息，主要从线下实体店购买低价位的产品。使用智能手环的品牌主要有华为、OPPO 和小米，常用于健身、安全定位和监测健康，用户对智能手环的期望是提高数据质量、降低价格水平和提高穿戴舒适度。

经验之谈

能进行市场调查数据统计分析的软件有很多，如 SPSS、SAS 等，但使用这些软件不仅需要具备一定的专业技术，还需要支付一些费用。对初学者而言，或者说对个人或中小企业而言，Excel 是一款非常适用于统计分析的软件，它虽不如 SPSS、SAS 的功能强大，但在日常学习和工作中的应用也十分广泛。并且，Excel 所提供的函数计算、图表绘制、数据分析及电子表格等功能，可以很好地满足非统计专业的教学和工作需要。

2. 比例相对指标分析

比例相对指标是指统计分组后，总体中某组的指标数值与总体中另一组的指标数值的比值，可以反映总体内不同部分之间的比例关系、差异程度，一般用比值、百分数或倍数表示。

比例相对指标的计算公式如下。

比例相对指标 = 总体中某组的指标数值 / 总体中另一组的指标数值 ×100%

例如，统计分析智能手环市场调查问卷数据中的男女用户数比例：

男女用户数比例 =210：140=1.5：1，即男性用户数是女性用户数的 150%。

统计智能手环市场调查问卷数据中高学历（大学本科及以上，其中大学本科学历 150 人、硕士及以上学历 89 人）与低学历（大学本科以下，其中初中及以下学历 6 人、高中 / 中专学历 30 人、大学专科学历 75 人）用户数比例：

高学历与低学历用户数比例 =（150+89）：（6+30+75）=239：111=2.15：1，即高学历用户数是低学历用户数的 215%。

统计智能手环市场调查问卷数据中中高收入：8 万元以上，其中 8 万（不含）～ 15 万元收入的有 82 人、15 万（不含）～ 20 万元收入的有 115 人、20 万元以上收入的有 60 人；低收入：8 万元及以下，其中 3 万元及以下收入的有 40 人、3 万（不含）～ 8 万元收入的有 53 人；中高收入与低收入用户数比例如下。

中高收入与低收入用户数比例 =（82+115+60）：（40+53）=257：93=2.76：1，即高收入用户数是低收入用户数的 276%。

以上数据表明，用户学历和收入水平差异很明显，高学历和中高收入的用户分别是低学历和低收入用户的两倍多。

3. 比较相对指标分析

比较相对指标是指将同一时期内，某种同类现象在不同分组上的指标数值进行对比，以反映现象之间的差别程度或比例关系，一般用比值、百分数或倍数表示。

比较相对指标的计算公式如下。

比较相对指标 = 某组的某一指标数值 / 另一组的同类指标数值 ×100%

例如，针对用户使用智能手环的用途为"运动计步、计算消耗的能量"这一指标，有 135 人选择该项，假设其中男性用户为 115 人，女性用户为 20 人，按性别分组，男性用户与女性用户的比较相对指标为 115÷20×100%=575%。针对用户使用智能手环的用途为"安全定位，以防儿童意外走失"这一指标，有 86 人选择该项，假设其中男性用户为 6 人，女性用户为 80 人，按性别分组，男性用户与女性用户的比较相对指标为 6÷80×100%=7.5%，可见男女用户在使用智能手环的用途上存在十分显著的差别。

经验之谈

比较相对指标也可以用于对比不同地区、部门或单位的指标数值，反映现象之间的差别程度，其计算公式为：比较相对指标 = 甲地区（部门、单位）的某一指标数值 / 乙地区（部门、单位）的同类指标数值 ×100%。例如，将 2023 年 A 厂商智能手环产品销量和 B 厂商智能手环产品销量进行比较，A 厂商销量为 2 万件，B 厂商销量为 1 万件，则 A 厂商销量是 B 厂商销量的 2 倍，或 B 厂商销量为 A 厂商销量的 50%，这就比较鲜明地反映出 A、B 厂商之间产品销量的差别程度。

知识窗

统计指标有很多，除了以上介绍的结构相对指标、比例相对指标、比较相对指标，常见的统计指标还有以下 4 种。

1. 总量指标

总量指标是反映总体在一段时间的规模或水平的统计指标，是人们认识总体的基础指标。例如，2023 年某企业产品销量为 2 万件，这 2 万件就是总量指标。

2. 动态相对指标

动态相对指标是指某种现象在不同时期内的同类指标数值的比值，反映总体在不同时间的发展变化情况，因此也叫发展速度，通常用百分数表示。常用的动态相对指标包括同比发展速度及同比增长率、环比发展速度及环比增长率。

同比是将本期与上年同期相比较，统计周期一般为一个季度或半年，用于反映某一现象的长期变化趋势。同比发展速度是本期指标数值与上年同期指标数值的比值，计算公式为：同比发展速度 = 本期指标数值 / 上年同期指标数值 ×100%。同比增长率则是本期指标数值和上年同期指标数值相比较的增长率，计算公式为：同比增长率 =（本期指标数值－上年同期指标数值）/ 上年同期指标数值 ×100%。例如，某企业 2023 年上半年销售额为 5 000 万元，为本期指标数值，上年同期指标数值就是 2022 年上半年的销售额 2 000 万元，同比发展速度 = 5 000 ÷ 2 000 × 100% = 250%，同比增长率 =（5 000−2 000）÷ 2 000 × 100% = 150%，即某企业 2023 年上半年销售额同比增长 150%。

环比是将本期与上期相比较，统计周期一般为日（如 7 日环比、15 日环比）或月，用于反映某一现象短期内的变化趋势。环比发展速度是本期指标数值与上期指标数值的比值，计算公式为：环比发展速度 = 本期指标数值 / 上期指标数值 × 100%。环比增长率则是本期指标数值和上期指标数值相比较的增长率，计算公式为：环比增长率 =（本期指标数值−上期指标数值）/ 上期指标数值 × 100%。例如，某企业 2023 年 12 月销售额 585 万元，为本期指标数值，上期指标数值就是 2023 年 11 月的销售额 450 万元，环比发展速度 = 585 ÷ 450 × 100% = 130%，环比增长率 =（585 − 450）÷ 450 × 100% = 30%，即某企业 2023 年 12 月销售额环比增长 30%。

3. 平均指标

平均指标是反映总体各单位某一数量标志值在一定时间、地点、条件下的一般水平或代表性水平的指标。平均指标可以消除因总体范围不同而产生的总体数量差异，使不同总体具有可比性，也可以用于分析数据的集中趋势。按计算方法和应用条件的不同，平均指标可以分为平均数、中位数和众数等。

4. 完成程度相对指标

完成程度相对指标是指对比某种现象在某一段时间的实际完成量与计划完成量后得到的比值，一般用百分数表示，其计算公式为：完成程度相对指标 = 实际完成量 / 计划完成量 × 100%。完成程度相对指标可以检查计划的完成情况。例如，某企业 2023 年计划销售额为 5 000 万元，当年该厂商实际销售额为 5 500 万元，则该厂商计划销售额的完成程度相对指标 = 5 500 ÷ 5 000 × 100% = 110%，即该厂商当年的产值超额（10%）完成。

活动2 数据制表

小艾将数据统计分析结果交给老李，老李看后摇了摇头，告诉她："你要知道，企业管理者关注的是一目了然的数据统计分析结果。整理、分析市场调查获得的大量原始资料后，我们可以得到反映总体综合情况的数据资料。然而这些数据资料需要直观地展现出来，其主要表现形式是统计表与统计图，这样才能让企业管理者更好地接收和理解数据信息。"

接下来，老李要求小艾根据智能手环市场调查问卷的统计分析数据，制作反映用户获取智能手环产品信息的渠道的统计表，以此掌握制作统计表的方法。

1. 统计表的结构

把数据按一定的顺序排列在表格中，就形成了统计表。统计表是用于表现数字资料整理结果的常用表格。统计表既能有条理、系统地排列数据，让人一目了然，又能合理、科学地组织数据，便于对照比较。

从形式上看，统计表是由纵横交叉的直线组成的左右两边不封口的表格，一般由总标题、横栏标题/纵栏标题和统计数据组成，如表7-4所示。

（1）总标题。总标题是统计表的标题，用于概括统计资料的内容，一般写在表上方正中的位置。

（2）横栏标题。横栏标题通常是各组的名称，也是统计表要说明的对象，一般写在表的第一列。

（3）纵栏标题。纵栏标题通常是统计指标或变量的名称，一般写在表的第一行。

（4）统计数据。统计数据即表格中的数据内容。

表7-4　智能手环用户人数统计表

性别	人数（单位：人）	占比
男	210	60%
女	140	40%
合计	350	100%

2. 统计表的制作要点

为了使统计表实用、美观，调查人员在绘制统计表时应注意以下6点。

（1）总标题要简明扼要，恰当地反映表中的内容。

（2）统计表的外形一般应为长宽比例适中的长方形。

（3）统计数据应有计量单位，如果全表的计量单位是相同的，应在表的上方注明"单位：××"字样，如果表中同栏数据的计量单位相同而各栏之间不同，则可在各栏标题中注明计量单位。

（4）当统计表中有数字为0时应写出，如果不应有数字时可用一字线"—"表示。

（5）表内如有相同的数字，不能用"同上""同左"等字样表示，应完整填写。

（6）如有需要，在表格的下方还可对资料来源等做注解、说明。

3. 制作统计表

制作统计表的操作很简单，通常可以通过 Office 办公软件制作统计表。例如，使用 Excel 来绘制反映通过不同渠道获取产品信息的用户人数的统计表，具体操作如下。

微课视频

制作统计表

（1）启动 Excel，默认新建空白的工作簿，在 A1 单元格中输入统计表的标题"用户获取产品信息的渠道来源统计表"。

（2）在 A2、B2 单元格中输入纵栏标题"渠道来源""用户人数（单位：人）"，如图 7-5 所示。

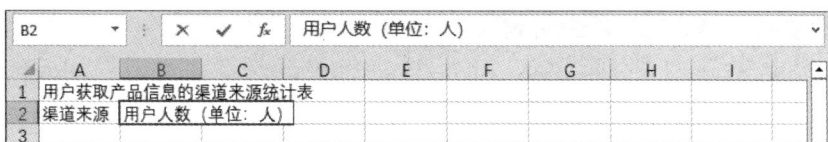

图7-5　输入纵栏标题

（3）选择 B2 单元格，在【开始】/【单元格】组中单击"格式"按钮，在打开的下拉列表中选择"列宽"选项，如图 7-6 所示。

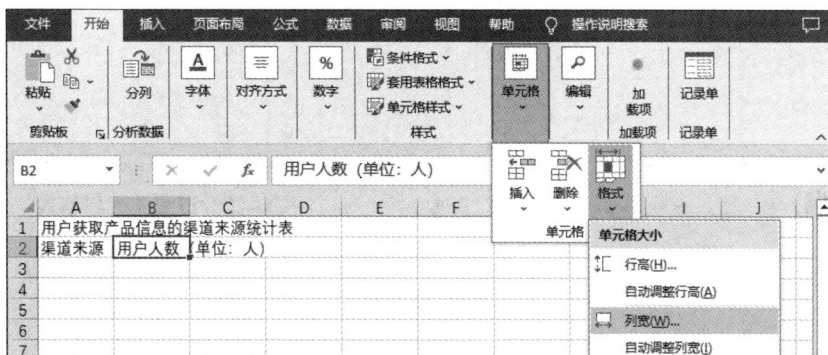

图7-6　选择"列宽"选项

（4）打开"列宽"对话框，在"列宽"文本框中输入"20"，单击 确定 按钮，如图 7-7 所示。调整单元格列宽，使"用户人数（单位：人）"文本内容在单元格中显示完整，然后在 C2 单元格中输入"用户占比"，如图 7-8 所示。

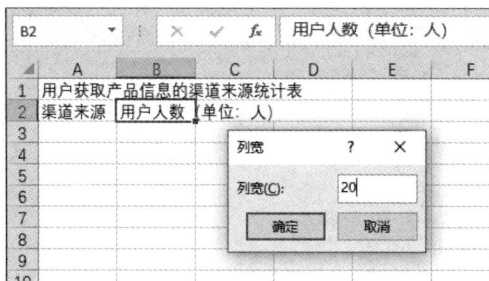

图7-7　设置列宽

图7-8　调整列宽后输入文本

（5）在 A3:A10 单元格区域中输入横行标题，并将 A 列单元格的列宽设置为"25"，然后在 B3:B10 单元格区域中输入用户人数的数值，在 C3:C10 单元格区域中输入用户占比的数值，效果如图 7-9 所示。

（6）选择 C3:C10 单元格区域，单击鼠标右键，在弹出的快捷菜单中选择"设置单元格格式"命令。打开"设置单元格格式"对话框，在"数字"选项卡的"分类"列表框中选择"百分比"选项，在"小数位数"数值框中输入"2"，单击 确定 按钮，如图 7-10 所示。

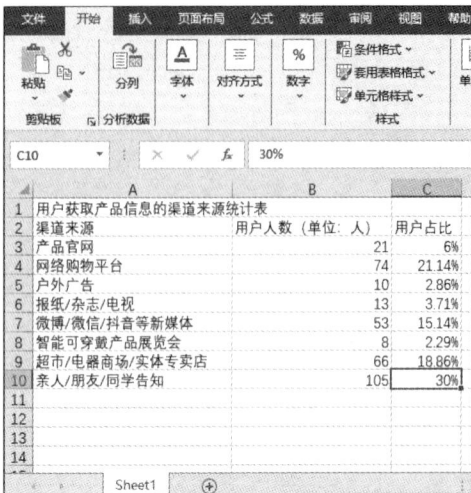

图7-9　输入其他内容

图7-10　设置单元格格式

（7）选择 A1:C10 单元格区域，在【开始】/【字体】组的"字体"下拉列表框中选择"微软雅黑"选项，如图 7-11 所示。

（8）选择 A1:C1 单元格区域，在【开始】/【对齐方式】组中单击"合并后居中"按钮 ，如图 7-12 所示。

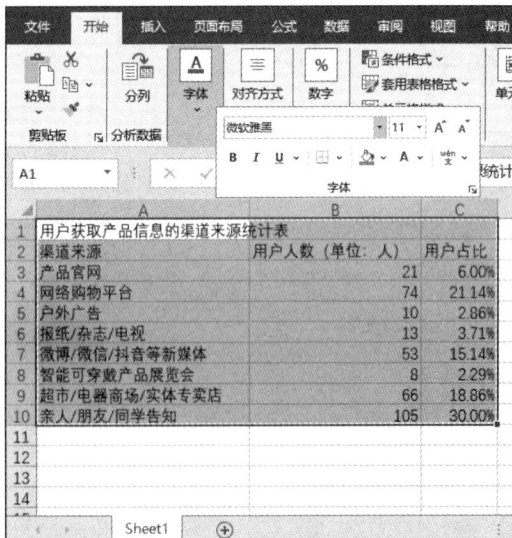

图7-11　设置数据的字体

图7-12　合并单元格

（9）选择合并后的 A1 单元格，在【开始】/【字体】组的"字号"下拉列表框中选择"14"选项，如图 7-13 所示。

（10）调整单元格的行高和列宽，适当美化表格，效果如图 7-14 所示。

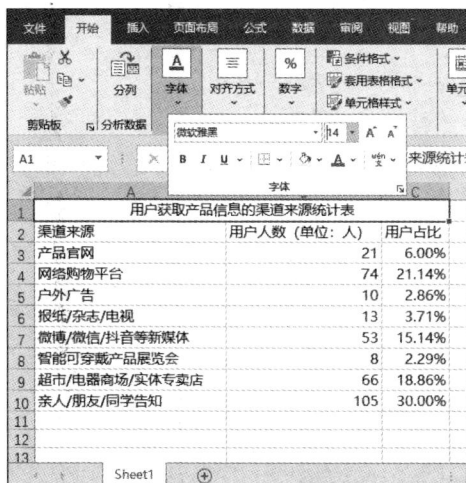

图7-13　设置标题的字号

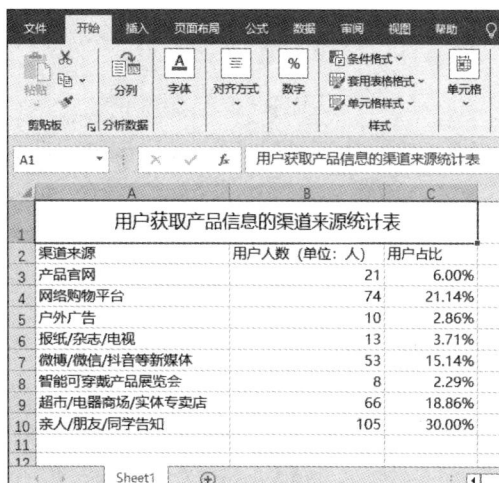

图7-14　调整列宽和行高后的效果

（11）选择 A2:C2 单元格区域，在【开始】/【对齐方式】组中单击"居中"按钮三，如图 7-15 所示。

（12）选择 B3:C10 单元格区域，在【开始】/【对齐方式】组中单击"居中"按钮三，设置用户人数与占比数据居中对齐，效果如图 7-16 所示。

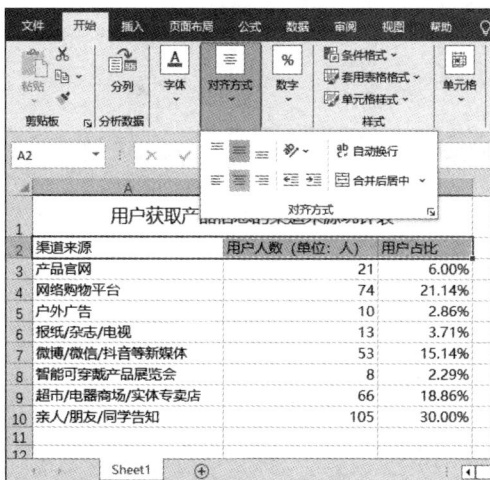

图7-15　设置纵栏标题居中对齐

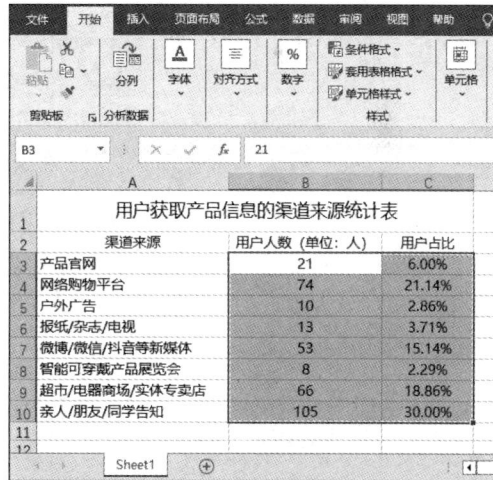

图7-16　用户人数与占比数据居中对齐效果

（13）选择 A2:C2 单元格区域，在【开始】/【字体】组中单击"填充颜色"按钮右侧的下拉按钮，在打开的下拉列表中选择"白色，背景1，深色35%"选项，如图 7-17 所示。

（14）选择 A2:C2 单元格区域，然后在【开始】/【字体】组中单击"字体颜色"按钮A右侧的下拉按钮，在打开的下拉列表中选择"白色，背景1"选项，如图 7-18 所示。

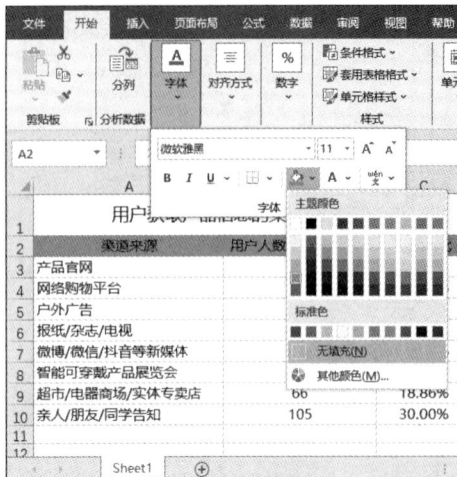

图7-17　设置纵栏标题的填充效果

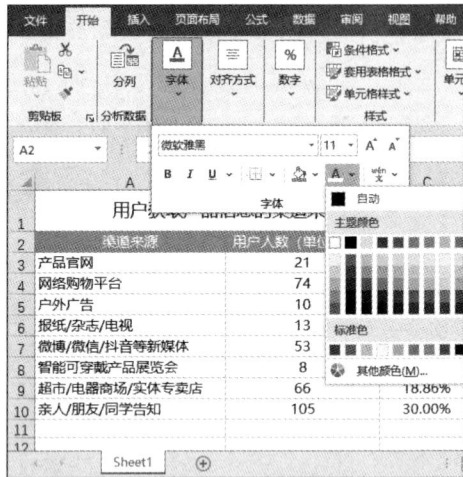

图7-18　设置纵栏标题的字体颜色

（15）选择 A2∶C10 单元格区域，单击鼠标右键，在弹出的快捷菜单中选择"设置单元格格式"命令，如图 7-19 所示。

（16）打开"设置单元格格式"对话框，单击"边框"选项卡，在"样式"列表框中选择线条样式，然后在"预置"栏中单击"内部"按钮，在"边框"栏中依次单击"上边框"按钮、"下边框"按钮，单击　确定　按钮，如图 7-20 所示，为表格设置边框。

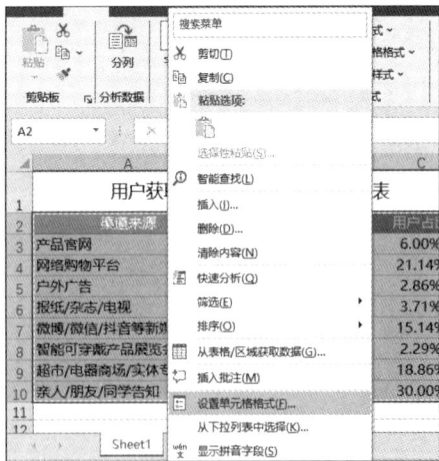

图7-19　选择"设置单元格格式"命令

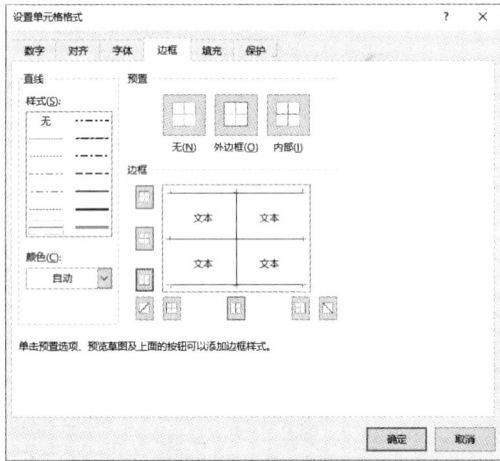

图7-20　设置边框

（17）选择 A2∶C10 单元格区域，在【数据】/【排序和筛选】组中单击"排序"按钮，如图 7-21 所示。

（18）打开"排序"对话框，在"列"下方的下拉列表框中选择"用户占比"选项，在"排序依据"下方的下拉列表框中选择"单元格值"选项，在"次序"下方的下拉列表框中选择"升序"选项，单击　确定　按钮，如图 7-22 所示，使数据按照"用户占比"列中单元格的数值升序（由小到大）排列。

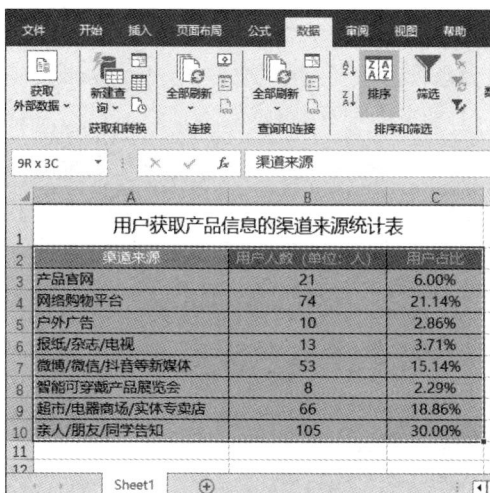

图7-21 单击"排序"按钮

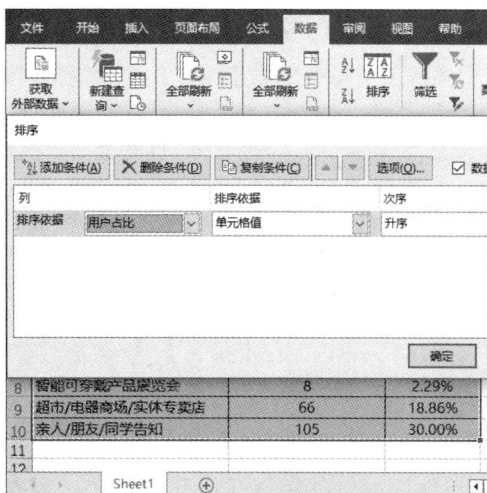

图7-22 设置排序规则

（19）数据升序排列后的效果如图 7-23 所示，使用户获取产品信息的渠道来源的用户人数和用户占比对比情况一目了然。按【Ctrl+S】组合键保存并命名工作簿名称为"用户获取产品信息的渠道来源统计"（配套资源:\效果\项目五\用户获取产品信息的渠道来源统计 .xlsx）。

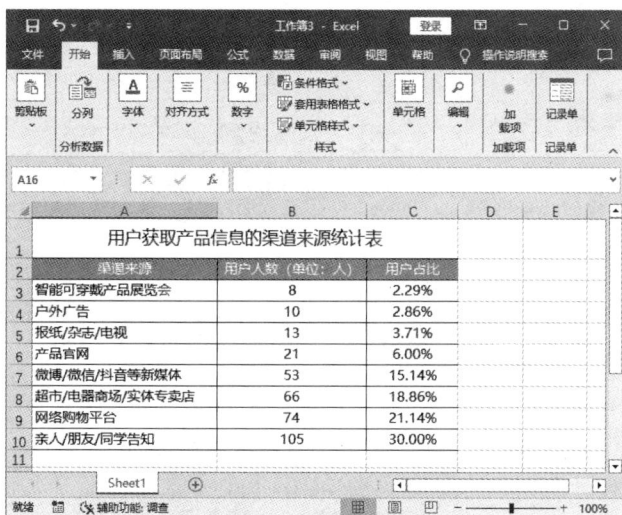

图7-23 数据升序排列效果

活动3 数据图形化

统计图具有简洁具体的视觉效果，它能将数据之间的关系形象地显示出来，让人直观地感受数据的变化等。接下来，老李要求小艾根据前面制作的统计表，制作条形图和饼图，条形图用来展示用户获取产品信息渠道的人数对比情况；饼图用来显示用户获取产品信息的渠道分布情况，主要展示各渠道的用户占比。

1. 制作条形图

条形图由多个矩形条组成，这些矩形条称作数据系列，主要用于数据大小的对比。下面通过 Excel 创建条形图，以反映用户获取产品信息渠道的人数对比情况，具体操作如下。

（1）打开"用户获取产品信息的渠道来源统计 .xlsx"工作簿（配套资源：\素材\项目五\用户获取产品信息的渠道来源统计 .xlsx），选择 A2:B10 单元格区域（其中 A2:A10 单元格区域为条形图的纵坐标轴，B2:B10 单元格区域为条形图的数据系列），在【插入】/【图表】组中单击"插入柱形图或条形图"按钮 **|||** ，在打开的下拉列表中选择"簇状条形图"选项，如图 7-24 所示，创建的簇状条形图如图 7-25 所示。

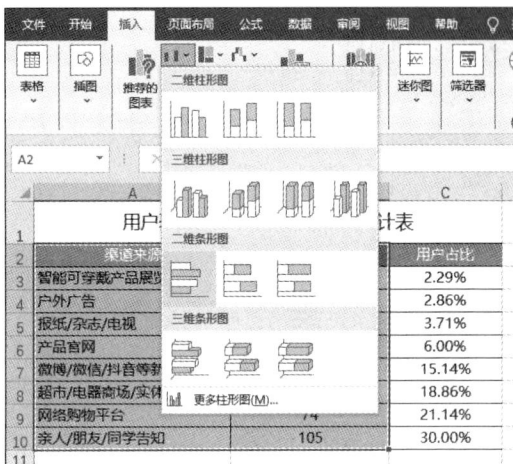

图7-24　创建簇状条形图

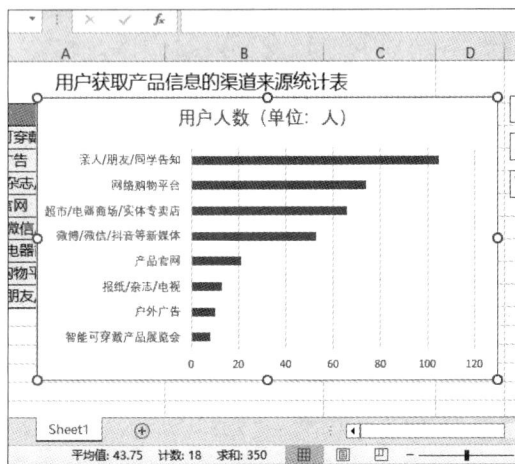

图7-25　簇状条形图的创建效果

（2）选择条形图的标题，将其修改为"用户获取产品信息渠道的人数对比"，如图 7-26 所示。

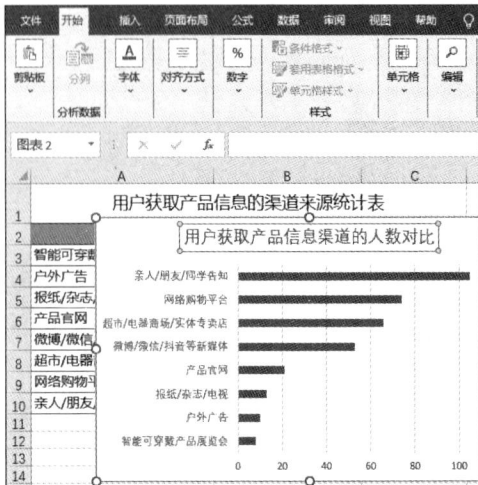

图7-26　修改标题

（3）选中条形图，在【图表设计】/【图表布局】组单击"快速布局"按钮，在打开的下拉列表中选择"布局2"选项，如图7-27所示。将图例显示于图表上方，数据标签显示在数据系列右侧。

（4）选中纵坐标轴，在【开始】/【字体】组将字体字号设置为"11"，将字体颜色设置为"黑色，文字1"，如图7-28所示。

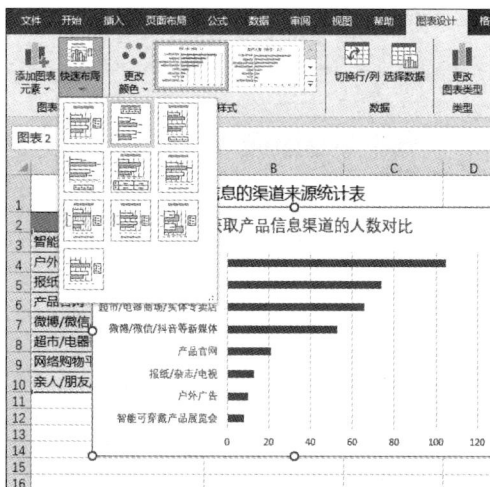

图7-27 快速布局图表

图7-28 设置纵坐标轴字体

（5）将图表标题字体颜色设置为"黑色，文字1"，将图例字体字号设置为"10"，字体颜色设置为"黑色，文字1"，效果如图7-29所示。

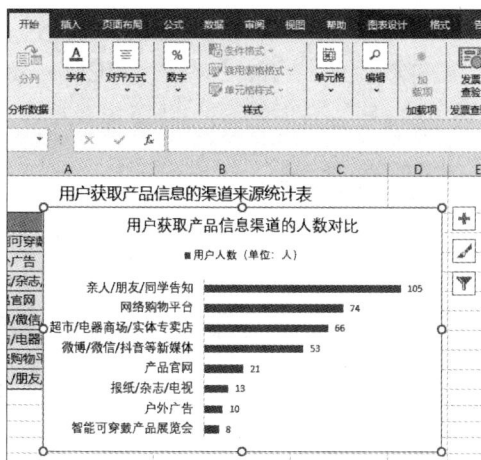

图7-29 设置标题和图例字体后的效果

（6）单击矩形条选中数据系列，在【图表设计】/【图表样式】组单击"更改颜色"按钮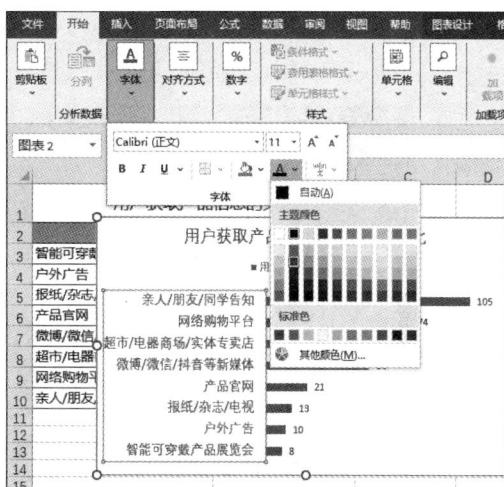，在打开的下拉列表框中选择"单色调色板2"选项，如图7-30所示。

（7）将鼠标指针移到图表右下角，当鼠标指针变为"↘"形状时，拖动鼠标放大图表，如

图 7-31 所示。将工作簿另存为"渠道来源条形图 .xlsx"工作簿（配套资源：\ 效果 \ 项目五 \ 渠道来源条形图 .xlsx）。

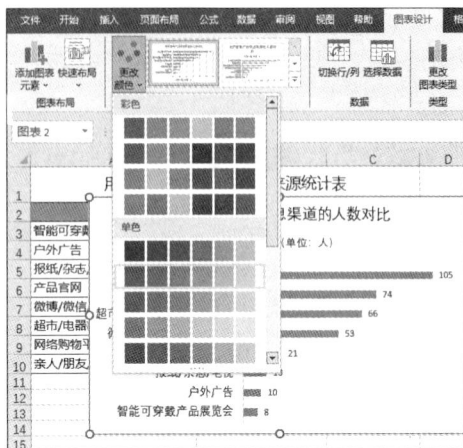

图7-30　更改数据系列颜色

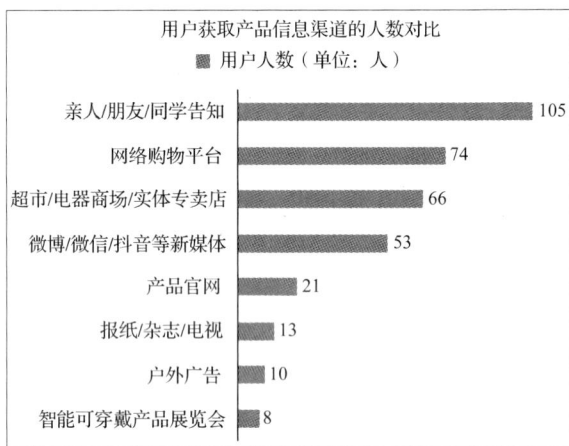

图7-31　放大图表

2. 制作饼图

饼图适用于体现对象之间的比例大小关系。如果饼图结构过于复杂，影响阅读和理解，则可以创建复合饼图，将占比较小的对象统一起来单独显示，从而简化饼图的结构，提高可读性。下面通过 Excel 创建复合饼图，以反映用户获取产品信息渠道分布的比例关系，具体操作如下。

（1）打开"用户获取产品信息的渠道来源统计 .xlsx"工作簿（配套资源：\ 素材 \ 项目五 \ 用户获取产品信息的渠道来源统计 .xlsx），按住【Ctrl】键的同时选择 A2:A10 和 C2:C10 单元格区域，在【插入】/【图表】组中单击"插入饼图或圆环图"按钮，在打开的下拉列表中选择第 3 种图表类型，创建复合饼图，如图 7-32 所示。

微课视频

制作饼图

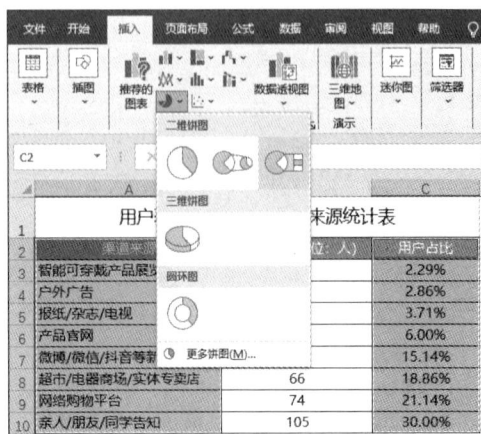

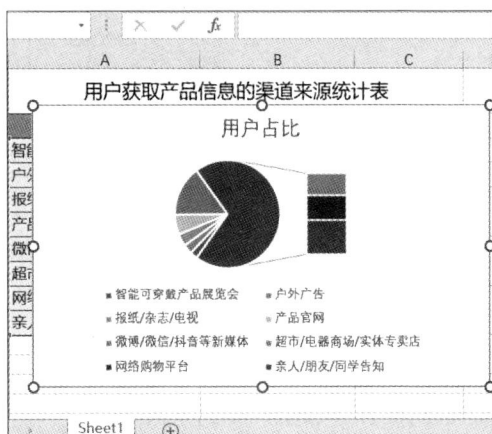

图7-32　创建复合饼图

（2）删除图表底部的图例，将图表标题修改为"用户获取产品信息的渠道分布"，然后将其字体字号设置为"方正正中黑简体，12"，效果如图7-33所示。

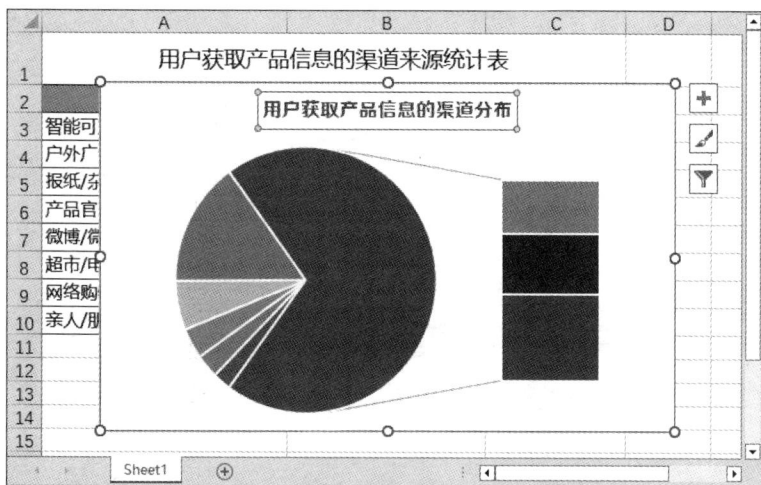

图7-33 删除图例、设置标题后的效果

（3）单击饼图中的数据系列，打开"设置数据系列格式"窗格，单击"系列选项"按钮，在"系列分割依据"下拉列表框中选择"百分比值"选项（即以百分比值的大小作为将占比较小的数据统一起来单独显示的依据），在"值小于"数值框中输入"10%"（即将百分比值小于"10%"的数据统一起来单独显示），如图7-34所示。

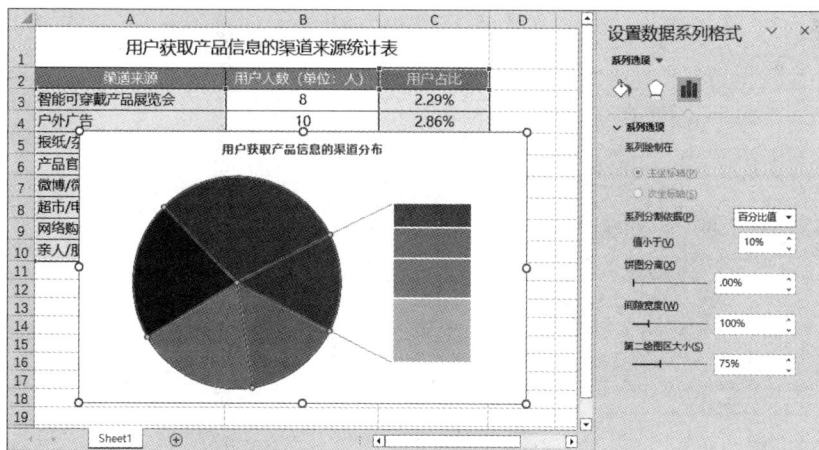

图7-34 设置数据系列格式

（4）在【图表设计】/【图表布局】组中单击"添加图表元素"按钮，在打开的下拉列表中选择【数据标签】/【数据标签外】选项，如图7-35所示。

（5）选择添加的数据标签，在"设置数据标签格式"窗格中单击"标签选项"按钮，选中"类别名称""值""显示引导线"复选框，如图7-36所示。

169

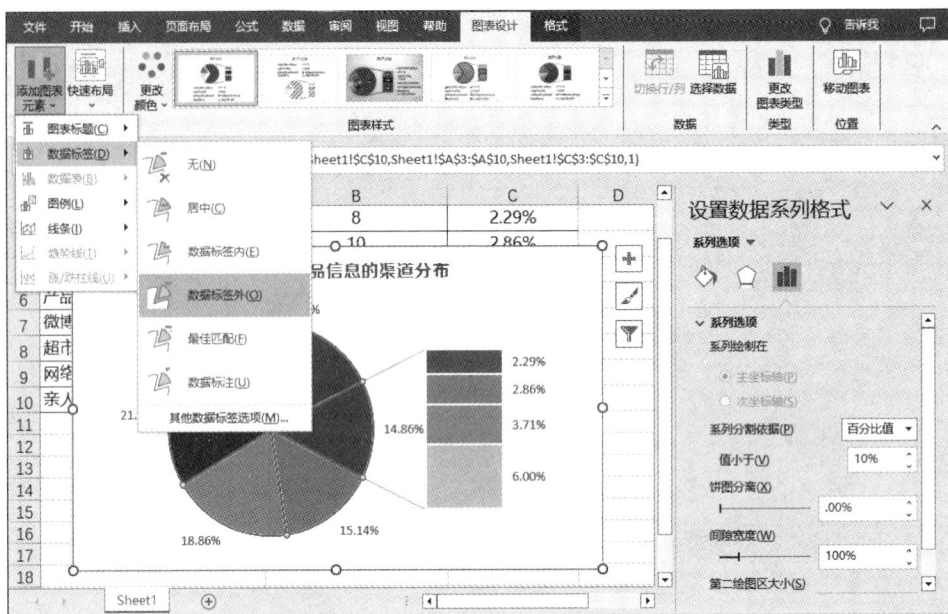

图7-35　添加数据标签

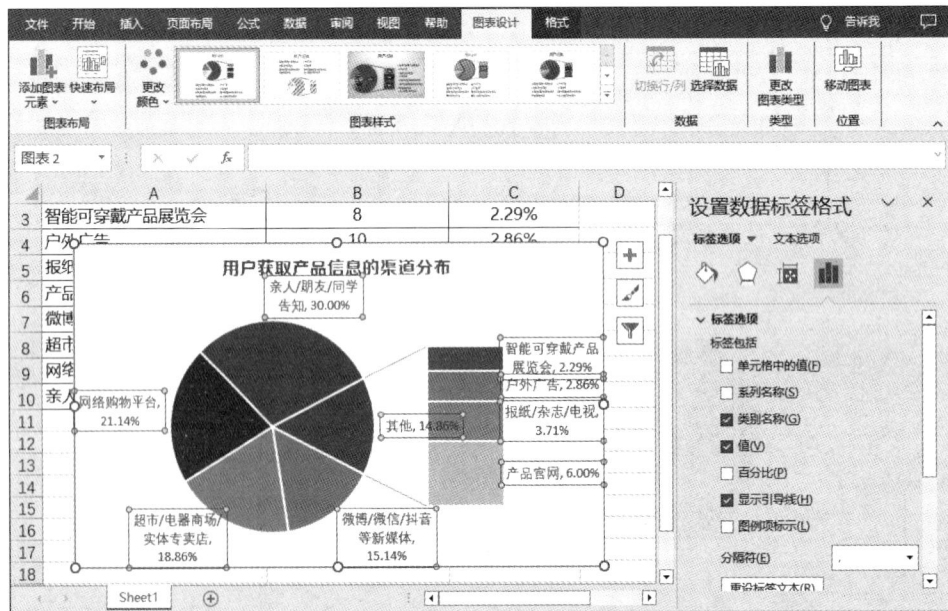

图7-36　设置数据标签格式

（6）调整图表大小，使数据标签清楚显示出来，然后在"设置数据标签格式"窗格中单击"标签选项"按钮 ▮▮，在"分隔符"下拉列表框中选择"（新文本行）"选项，使数据标签的类别名称和数值分行显示，如图 7-37 所示。最后将工作簿另存为"渠道来源分布复合饼图 .xlsx"工作簿（配套资源：\ 效果 \ 项目五 \ 渠道来源分布复合饼图 .xlsx）。

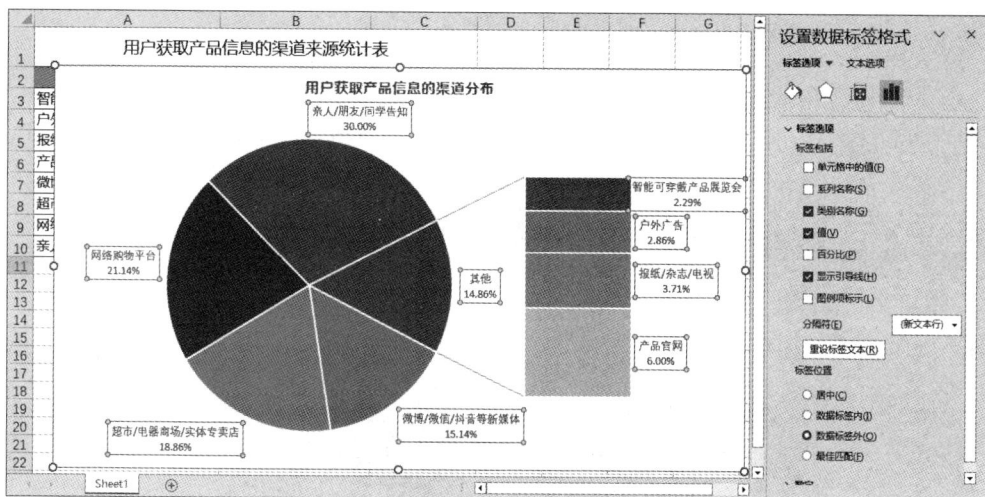

图7-37　最终效果

💡 知识窗

统计图形式多样，调查人员应该根据制图目的选择合适的统计图样式，同时要选择符合制图目的的统计资料，使统计图内容准确而又简明扼要。常用的统计图除了条形图和饼图，还有柱形图和折线图等。

柱形图实际上相当于横向的条形图，如果数据系列少，可以选择创建柱形图，图7-38所示为通过柱形图反映空调上半年各月销量的情况，如果数据系列过多或横坐标轴标签过长，影响了柱形图的可读性和美观性，就可以选择创建条形图。折线图是体现数据变化趋势的最佳图表类型之一，它可以将数值标记为点，使用直线将这些点连接起来，通过多条折线的高低起伏状态，直观地反映数据的变化，图7-39所示为通过折线图反映上半年空调销量的走势。

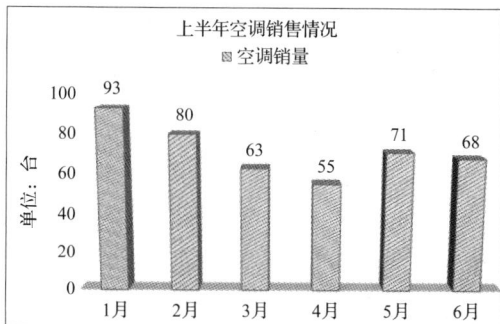

图7-38　柱形图

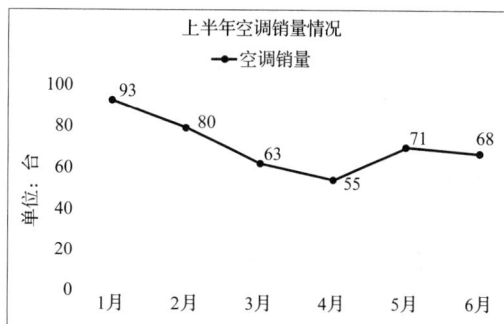

图7-39　折线图

💡 知识窗

做一做：制作复合饼图

请根据提供的素材文件"裤子交易额统计.xlsx"工作簿（配套资源：\素材\项目五\裤子交易额统计.xlsx）制作复合饼图，以反映各产品的交易额占比情况。参考效果如图7-40所示（配套资源：\效果\项目五\裤子交易额统计.xlsx）。

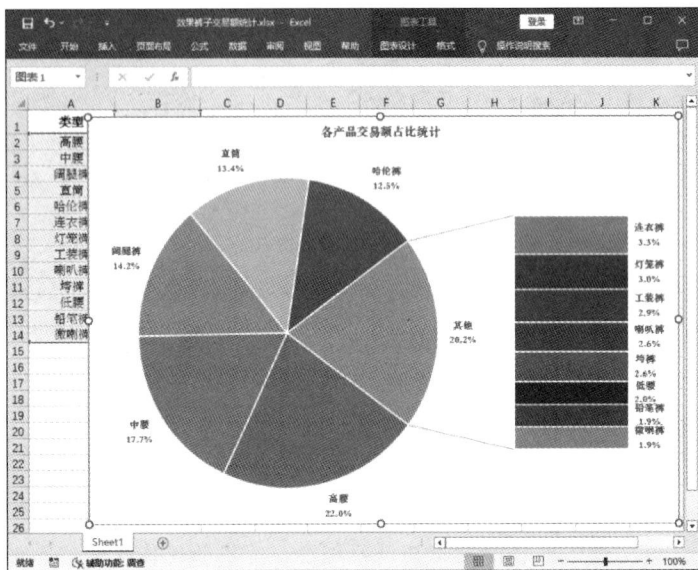

图7-40　复合饼图参考效果

扫一扫

操作步骤参考

任务三　预测市场发展趋势

任务描述

通过市场调查和数据分析，智能手环厂商已经掌握了一些市场信息。该厂商继续让市调1组根据掌握的市场信息，进行市场预测，为自己的营销活动提供参考依据。小艾将跟随老李做一些基本的工作，学习一些基本的预测方法。

任务实施

活动1　了解市场预测的概念及作用

老李要求小艾查找市场预测的资料，以便对市场预测有基本的了解。

市场预测是指企业在获得一定市场调查资料的基础上，针对自身的实际需要及相关的现实环境因素，运用已有的知识、经验和科学方法，对企业和市场未来发展变化的趋势做出适当的判断和估算，为企业的经营活动提供可靠依据的一种活动。

市场预测并不是独立于市场调查的一种活动，它是市场调查的延续。事物总是按照过去、现在、未来的阶段不断发展变化的，如果市场调查主要是认识市场的过去与现在，那么市场预测则是根据过去和现在探测与判断市场的未来，它的具体作用体现在以下5个方面。

（1）预见市场未来的发展趋势，为企业确定生产经营方向、制订生产经营发展计划提供依据，降低决策的盲目性和风险性。

（2）可获知消费者消费心理变化、购买力变化、产品需求结构变化等信息，然后企业可结合自身条件，分析优势与劣势，寻求可行的解决方案。

（3）摸清竞争对手的状况，制定相应策略，从而克敌制胜。

（4）了解与企业有关的市场环境的变化情况，有针对性地制定措施和策略，以提高企业适应市场环境变化的能力，确保企业生产经营的顺利开展。

（5）预测市场变化可能引起的企业管理变革。

📑 经验之谈

市场预测的方法大致上可以分为定性预测和定量预测两类。定性预测主要依靠掌握的信息、知识和实践经验，预测市场未来的发展趋势。定性预测操作简单，易于掌握，适用于在难以获取全面资料的条件下分析预测的情况。但定性预测的准确度受预测人员主观因素的影响。定量预测是利用充分的统计数据和市场信息，运用统计方法和数学模型，预测市场未来的发展趋势。定量预测依靠实际的观测数据进行量化推断，较少受预测人员的经验和分析判断能力的影响。

👤 活动2　运用定性预测方法预测市场发展趋势

小艾刚放下手头的工作，就被老李叫住，老李让小艾去会议室布置会场。小艾到了会议室，向同事打听，才知道原来是某智能手环厂商需要在这间会议室召开会议，根据智能手环市场调查获得的资料使用集合意见法预测下一年度新款智能手环的销售量，并希望获得本公司的帮助。小艾决定借这个机会好好学习一下集合意见法的实际应用。

1. 认识集合意见法

集合意见法是常用的市场趋势定性预测方法，一般指集合企业内部的部分管理人员与业务人员开展座谈讨论，并要求各类人员结合自身实践经验，相互交换意见，共同对市场发展趋势做出预测的一种方法。这种方法简便易行、注重发挥集体智慧，克服了个人直观判断的局限性和片面性，并且由于企业的管理人员和业务人员通过日常经营活动积累了丰富的经验，掌握大量可靠的资料，比较熟悉市场需求及其变化情况，所以他们往往能预测出市场的实际发展趋势。

2. 集合意见法的实施步骤

某智能手环厂商运用集合意见法预测下一年度产品的销量，其具体实施步骤如下。

（1）预测组织者选定预测人员，预测人员要具备较高的知识水平、较丰富的经验和较强的市场洞察力与分析能力，包括 2 名经理、3 名部门主管、4 名业务骨干。

（2）选定预测人员后，预测组织者向预测人员提出预测目标即预测新款智能手环下一年的销量，并尽可能提供有关背景资料，这里提供的资料主要有智能手环市场问卷调查的整理分析资料及其他文献资料。

（3）预测人员根据预测要求和掌握的资料，提出各自的预测结果并说明理由。在分析讨论的基础上，预测人员可以重新调整其给出的预测结果。预测人员对预测结果做出描述时，应包括以下 3 项内容。

- 确定未来市场可能出现的几种销售状态，包括"好""一般""差"。
- 确定各种可能状态出现的概率，各种可能状态出现的概率之和等于1。
- 确定每种状态下的产品销量。

本次预测项目中，不同预测人员对下一年度产品销售状态和销量做出的预测结果分别如表7-5、表7-6、表7-7所示。

表7-5　经理的预测结果

经理	销售状态	销量预测值（单位：万件）	概率
甲	销售好	8.0	30%
	销售一般	6.8	50%
	销售差	5.2	20%
乙	销售好	9.2	40%
	销售一般	7.6	40%
	销售差	6.0	20%

表7-6　部门主管的预测结果

部门主管	销售状态	销量预测值（单位：万件）	概率
甲	销售好	10.0	50%
	销售一般	8.6	20%
	销售差	7.5	30%
乙	销售好	10.4	40%
	销售一般	9.0	30%
	销售差	7.9	30%
丙	销售好	11.0	30%
	销售一般	9.5	50%
	销售差	7.9	20%

表7-7 业务骨干的预测结果

业务骨干	销售状态	销量预测值（单位：万件）	概率
甲	销售好	9.8	50%
	销售一般	7.5	20%
	销售差	5.0	30%
乙	销售好	8.8	30%
	销售一般	6.6	30%
	销售差	5.5	40%
丙	销售好	10.2	30%
	销售一般	8.8	40%
	销售差	7.0	30%
丁	销售好	9.5	30%
	销售一般	8.3	40%
	销售差	6.8	30%

（4）分别计算各预测人员的预测期望值，预测期望值等于各种可能状态下的预测值与概率乘积之和。计算方法为：预测期望值 = "销售好"的预测值 × 概率 + "销售一般"的预测值 × 概率 + "销售差"的预测值 × 概率。例如，经理甲的预测期望值 =8.0×30%+6.8×50%+5.2×20%=6.84（万件），经理乙的预测期望值 =9.2×40%+7.6×40%+6.0×20%=7.92（万件），以此类推。

（5）对预测人员进行分组，如经理组、部门主管组、业务骨干组等，计算各组预测人员的综合期望值。由于各预测人员对市场的了解程度及实践经验等不同，所以各预测人员对最终预测结果的影响作用也不同。为体现这种差异，可分别给予各预测人员不同的权重值，最后采用加权平均法获得各组预测人员的综合期望值：各组综合期望值 =（组员1的预测期望值 × 组员1的权重值 + 组员2的预测期望值 × 组员2的权重值 +……+ 组员 n 的预测期望值 × 组员 n 的权重值）/（组员1的权重值 + 组员2的权重值 +……+ 组员 n 的权重值）。若给予每个预测人员相同的权重值，则表示各预测人员的重要性相同，综合期望值可直接采用算术平均法获得。

本次预测项目中，由于各预测人员对业务的熟悉程度、判断能力各不相同，因此依据各预测人员的综合能力的强弱（或重要性的区别）赋予其不同的权重值。各预测人员的预测期望值及权重值如表 7-8 所示。

表7-8 预测人员的预测期望值及权重值

预测人员		预测期望值（单位：万件）	权重值
经理	甲	6.84	0.4
	乙	7.92	0.6

续表

预测人员		预测期望值（单位：万件）	权重值
部门主管	甲	8.97	0.3
	乙	9.23	0.3
	丙	9.63	0.4
业务骨干	甲	7.90	0.2
	乙	6.82	0.2
	丙	8.68	0.3
	丁	8.21	0.3

各组预测人员的综合期望值如下。

经理组综合期望值 =（6.84×0.4+7.92×0.6）÷（0.4+0.6）= 7.49（万件）。

部门主管组综合期望值 =（8.97×0.3+9.23×0.3+9.63×0.4）÷（0.3+0.3+0.4）= 9.31（万件）。

业务骨干组综合期望值 =（7.90×0.2+6.82×0.2+8.68×0.3+8.21×0.3）÷（0.2+0.2+0.3+0.3）= 8.01（万件）。

经验之谈

简单来说，权重是指某一因素或指标的相对重要程度。上例中在确定各预测人员的权重值时，每组预测人员的权重值之和设为"1"，然后按照该组中各预测人员的重要程度给予一定比重的权重，如果预测人员的综合能力更强，其预测值更可靠，则给予其更高的权重值。例如，在经理组中，经理乙的能力更强，预测的数值更可靠，因此给予其更大的权重——0.6，而经理甲的权重为0.4，两者权重值之和为1。

（6）计算最终的预测值。在计算最终的预测值时，根据每组预测人员的重要程度给予每组不同的权重值，假设经理组、部门主管组和业务骨干组的权重值分别为0.6、0.3和0.1，则最终预测值 =（7.49×0.6 + 9.31×0.3 + 8.01×0.1）÷（0.6+0.3+0.1）= 8.09（万件）。所以，该企业下一年度的产品销量预计为8.09万件。最后，决策者还可以根据企业的实际情况，对产品销量的预测值加以适当调整。

活动3 运用定量预测方法预测市场发展趋势

小艾学习利用集合意见法进行市场预测，大有所获。当然，除了定性预测，还有定量预测方法。对此，老李让小艾在一些实践应用中，学习掌握基础的定量预测方法。

1. 平均法

平均法即把若干历史时期的统计数值作为观察值，求出观察值的平均数作为下期预测值。平均法的运算过程比较简单，是基于近期数据和远期数据等平均化得到预测结果的，因此适用于事物变化不大的趋势预测，一般用于近期或短期预测。如果事物呈现出某种强烈的上升或下降趋势，就不宜采用这种方法。

基本的平均法包括算术平均法和加权平均法。

（1）算术平均法。

算术平均法是用一定观察期内预测目标的历史数据的算术平均数（即通常所说的平均值）作为预测值的预测方法。在算术平均法中，历史数据的差异程度越小，算术平均数作为预测值的代表性就越好。

假设有 n 个历史数据，分别为 x_1，x_2，$\cdots$，x_n，根据这些历史数据计算算术平均数作为预测值，其计算公式如下。

预测值（历史数据的算术平均数）$= (x_1+x_2+\cdots+x_n)/n$

例如，某智能手环厂商某款产品1—4月的销量分别为3 600件、5 000件、4 300件、4 000件，将算术平均数作为预测值，则5月的产品销量为：（3 600+5 000+4 300+4 000）÷4=4 225(件)。

（2）加权平均法。

加权平均法是将历史数据的加权平均数作为预测值的预测方法。在按时间顺序排列的一组历史数据中，每个历史数据的重要性不同，一般离预测期近的数据更重要、影响程度更高、权重值更大，离预测期远的数据权重值则更小。因此，加权平均法是一种比算术平均法更理想的预测方法。

假设有 n 个历史数据，分别为 x_1，x_2，$\cdots$，x_n；f_1，f_2，$\cdots$，f_n 为对应的权重值，根据这些历史数据计算加权平均数作为预测值，其计算公式如下。

预测值（历史数据的加权平均数）$= (x_1 f_1 + x_2 f_2 + \cdots + x_n f_n)/(f_1 + f_2 + \cdots + f_n)$

例如，某智能手环厂商某款产品1—4月的销量分别为3 600件、5 000件、4 300件、4 000件，各月销量的权重值为0.1、0.2、0.3、0.4，将加权平均数作为预测值，则5月的产品销量为：（3 600×0.1+5 000×0.2+4 300×0.3+4 000×0.4）÷（0.1+0.2+0.3+0.4）=4 250（件）。

💡 知识窗

对分组数据而言，每组数据的权重值为该组中数据的个数。例如，对某小区居民每月的人均收入进行调查，调查人员将人均收入水平按3 000元以下、3 000～5 000元、5 001～8 000元、8 000元以上分组，随机访问了100位居民。根据汇总结果，在调查的100位居民中，月收入在3 000元以下的有15人、3 000～5 000元的有36人、5 001～8 000元的有46人、8 000元以上的有3人。各分组的平均数分别为1 500元、4 000元、6 500元、9 000元。用加权平均法计算人均月收入，人均月收入为：（1 500×15+4 000×36+6 500×46+9 000×3）÷（15+36+46+3）=4 925（元）。

💡 知识窗

2. 比例关系推算法

比例关系推算法是利用现象之间存在的比例关系进行预测的方法。例如，在配套产品中根据主件和配件的比例关系，在主件需求量可知的情况下，可预测出配件的需求量。这种预测方法计算简单，预测人员可以迅速在统计资料中找出相应的比例关系来推算出所需结果，前提是现象总体上无论是呈现出上升还是下降的趋势，相应的比例关系都维持在稳定的水平。

例如，某智能手环厂商生产 A、B、C 这 3 种配套产品，虽然企业的销售额逐年增长，但是 A、B、C 这 3 种产品的销售比例基本是固定的。由近 5 年的销售数据资料可知，A、B、C 这 3 种产品的年销售额比例大致为 52%、33% 和 15%。已知 2023 年该企业的销售收入为 3 000 万元，现计划 2024 年实现销售收入 3 800 万元，根据以往 A、B、C 这 3 种产品的年销售额比例可求得，A 产品的销售额为 3 800×52%=1 976（万元），B 产品的销售额为 3 800×33%=1 254（万元），C 产品的销售额为 3 800×15%=570（万元），然后该企业可根据 A、B、C 这 3 种产品的销售额确定各产品的计划生产量。

以上提到的预测方法中，比例关系推算法属于因果关系预测法，即根据事物之间的因果关系来推测相应结果，即知因测果。平均法则属于时间序列预测法，即以时间序列反映的现象的发展过程和规律进行引申外推，预测其发展趋势。时间序列是指同一变量按事件发生的先后顺序排列的一组观察值或记录值。构成时间序列的要素有两个：一是时间，二是与时间相对应的变量水平。时间序列预测法的应用前提是假定事物过去和现在的发展变化趋势会延续到未来。

做一做：预测产品销量

例如，某企业生产 A、B 两种配套产品，近 5 年的销售数据显示，购买 A 产品后大约有 40% 的人还会购买 B 产品。2024 年，该企业计划销售 A 产品 5 万件，则 B 产品的计划销售量是多少？

同步实训

实训一　整理学生手机市场调查问卷资料并分析结构相对指标

实训描述

在学生手机市场调查中，调查小组按照抽样方案，抽取 250 人的样本，其中，本校一、二、三年级人数的占比分别为 40%、30%、30%，各年级抽取的人数为 250×40%=100（人）、250×30%=75（人）、250×30%=75（人），然后采用街头拦截访问的方式进行问卷调查。

本次实训请同学们以调查小组为单位，进行资料整理与问卷调查资料分析，主要是回收与审核问卷、数据录入，以及分析结构相对指标。

操作指南

各调查小组在整理与分析资料时，所有成员要分工合作，其具体实施步骤参考如下。

（1）回收、审核问卷。调查小组成员在进行拦截访问时，即可回收问卷并检查问卷是否完成，满足抽样样本需求后（如 250 人），审核问卷，要求有效问卷至少达到 70%。

（2）问卷编码。调查小组组长安排问卷人员对问卷编码（配套资源：\素材\项目五\学生手机市场调查问卷 .docx）。根据调查问卷的部分内容制作的编码明细表如表 7-9 所示。

表7-9 学生手机市场调查问卷编码明细表示例（部分内容）

列数	变量名称	问题编码	编码说明
第1列	问卷编码		001～200
第2列	性别	1	1：男。2：女。0：未回答
第3列	年级	2	1：一年级。2：二年级。3：三年级。0：未回答
第4列	使用的手机品牌	3	1：华为。2：小米。3：OPPO。4：vivo。5：魅族。6：一加。7：其他。0：未回答
第5列	更换手机的时间	4	1：半年以内。2：半年以上，一年以内。3：一年以上，两年以内。4：两年以上
第6～8列	更换手机时倾向的品牌	5	1：华为。2：小米。3：OPPO。4：vivo。5：魅族。6：一加。7：其他。可选1～3项，未选满3项时未选择的选项用0表示；000表示未回答

（3）录入数据。调查小组组长安排 1 ～ 2 名人员使用 Excel 录入问卷数据。如果是 2 名数据录入人员，假设共有效回收 200 份问卷，每名人员各输入 100 份问卷的数据，数据录入格式参考图 7-41（配套资源：\效果\项目五\学生手机市场调查问卷数据录入 .xlsx）。完成数据录入后，调查小组组长抽取 30% 左右的问卷数量复查数据录入情况。

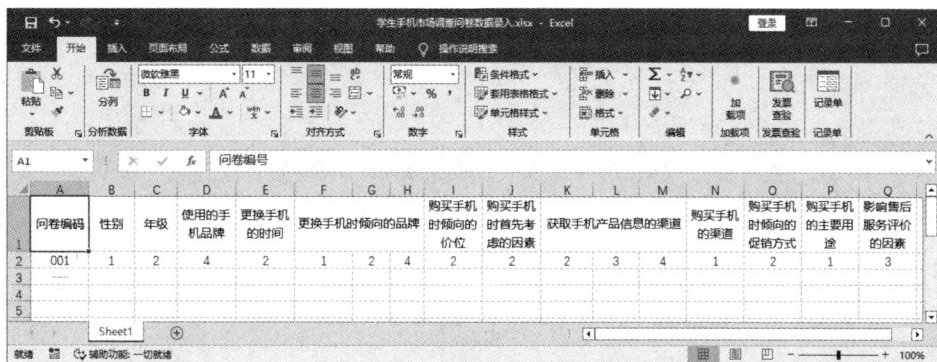

图7-41 在Excel 中录入调查问卷数据

（4）结构相对指标分析。调查小组组长统计问卷数据，主要分析结构相对指标。结构相对指标统计结果及对结果的分析描述示例（部分内容示例）如下，括号中前一个数值表示选择该答案选项的人数或次数，后一个数值即结构相对指标。

1. 您的性别是？

○男（106，53%）

○女（94，47%）

统计结果分析描述：调查对象中男性占比为53%，女性占比为47%，男性数与女性数相近，样本具有较高的代表性。

2. 您的年级是？

○一年级（80，40%）

○二年级（60，30%）

○三年级（60，30%）

统计结果分析描述：满足抽样样本要求，同时可了解学生年龄。

3. 您目前使用的手机品牌是？

○华为（83，41.5%）

○小米（51，25.5%）

○ OPPO（23，11.50%）

○ vivo（30，15.0%）

○魅族（7，3.5%）

○一加（3，1.5%）

○其他（3，1.5%）

统计结果分析描述：在学生群体中，持有华为手机的人数最多，占比达41.5%，其次是小米手机，人数占比为25.5%，两者占比共67%，说明华为手机和小米手机在学生群体中很受欢迎。

4. 您一般多久换一个手机？

○半年以内（10，5%）

○半年以上，一年以内（20，10%）

○一年以上，两年以内（50，25%）

○两年以上（120，60%）

统计结果分析描述：选择使用两年以上才更换手机的人数最多，占总人数的60%，选择在半年以内更换一个手机的人数最少，仅占总人数的5%，同时可以看到随着使用时间的增长，选择的人数也是成倍增长的，说明对学生群体而言，更愿意长久地使用一个手机。

5. 如果更换手机，您倾向的品牌有哪些？（选1～3项）

□华为（200，100%）

□小米（200，100%）

□ OPPO（100，50%）

□ vivo（50，25%）

□魅族（20，10%）

☐一加（25，12.5%）

☐其他（5，2.5%）

统计结果分析描述：学生在更换手机时，都选择了华为手机和小米手机，说明华为手机和小米手机很受学生群体的欢迎。除了华为手机和小米手机，选择OPPO手机的学生占50%，选择vivo手机的学生占25%，选择魅族手机的学生占10%，选择一加手机的学生占12.5%，选择其他品牌手机的学生占2.5%。相对而言，除华为手机和小米手机，选择OPPO手机和vivo手机的学生多一些。

在项目四的实训中，若调查小组通过问卷星开展网络问卷调查，则无须进行问卷编码和数据录入等，只需将结构相对指标的统计分析数据记录下来并进行分析描述。

实训评价

如果采用街头拦截访问法进行问卷调查，调查小组提交回收的原始问卷、问卷编码明细表、录入数据的Excel工作簿和结构相对指标分析内容的文档，老师据此按表7-10所示内容进行打分。

如果通过问卷星开展网络问卷调查，调查小组提交问卷星调查结果页面的截图和结构相对指标分析内容的文档，老师据此按表7-11所示内容进行打分。

表7-10　实训评价（1）

序号	评分内容	分数	老师打分	老师点评
1	是否审核问卷	20		
2	问卷编码明细表是否正确	20		
3	录入的问卷数据是否正确	20		
4	结构相对指标的分析描述是否合理	40		

总分：＿＿＿＿＿＿＿

表7-11　实训评价（2）

序号	评分内容	分数	老师打分	老师点评
1	是否满足样本容量（至少有200人填写问卷）	20		
2	问卷调查是否具有代表性	20		
3	结构相对指标的分析描述是否合理	60		

总分：＿＿＿＿＿＿＿

👤 实训二　制作学生使用手机品牌的统计表

实训描述

本次实训请同学们根据自己所在小组的数据统计结果，制作学生使用手机品牌的统计表，通过表格反映各手机品牌的使用人数和人数占比。

操作指南

本次实训可通过 Excel 制作统计表，具体操作如下。

（1）新建工作簿输入表格标题。启动 Excel，新建空白工作簿，在 A1 单元格中输入统计表的标题"手机品牌使用人数及占比统计"。

（2）在 A2、B2、C2 单元格中输入纵栏标题"手机品牌""使用人数（单位：人）""人数占比"。

（3）选择 A2:C2 单元格区域，在【开始】/【单元格】组中单击"格式"按钮，在打开的下拉列表中选择"列宽"选项，打开"列宽"对话框，将单元格的列宽设置为"20"，效果如图 7-42 所示。

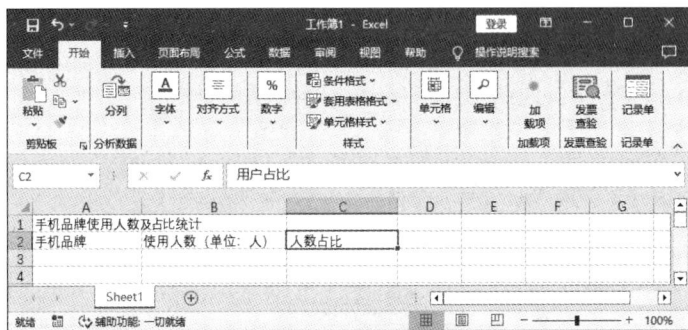

图7-42 调整单元格列宽后的效果

（4）在 A3:A9 单元格区域中输入各个手机品牌，然后在 B3:B9 单元格区域中输入使用人数，在 C3:C9 单元格区域中输入人数占比，人数占比的数据格式设置为百分比，小数位数保留 1 位，效果如图 7-43 所示。

（5）设置表格标题格式。合并 A1:C1 单元格区域，选择合并后的 A1 单元格，将标题的字体设置为"黑体"、字号设置为"16"，将 A1 单元格的行高设置为"30"，效果如图 7-44 所示。

图7-43 输入手机品牌、使用人数及人数占比

图7-44 设置表格标题的效果

（6）设置表格内容格式。选择 A2:C9 单元格区域，将字体设置为"微软雅黑"，将对齐方式设置为"居中"，效果如图 7-45 所示。

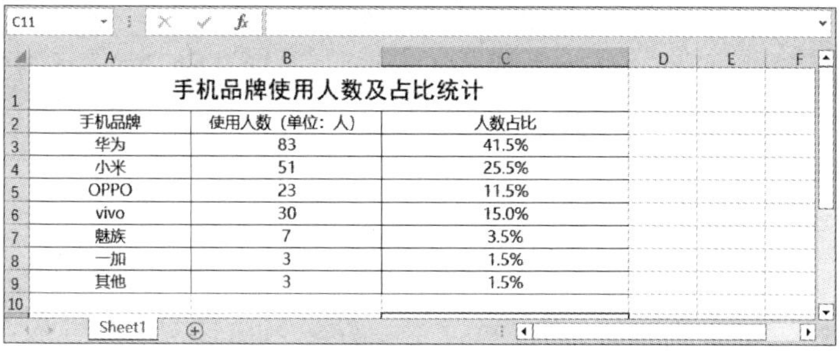

手机品牌使用人数及占比统计		
手机品牌	使用人数（单位：人）	人数占比
华为	83	41.5%
小米	51	25.5%
OPPO	23	11.5%
vivo	30	15.0%
魅族	7	3.5%
一加	3	1.5%
其他	3	1.5%

图7–45　设置表格内容格式的效果

（7）选择 A2:C9 单元格区域，设置边框，两端无边框线，效果如图 7–46 所示。

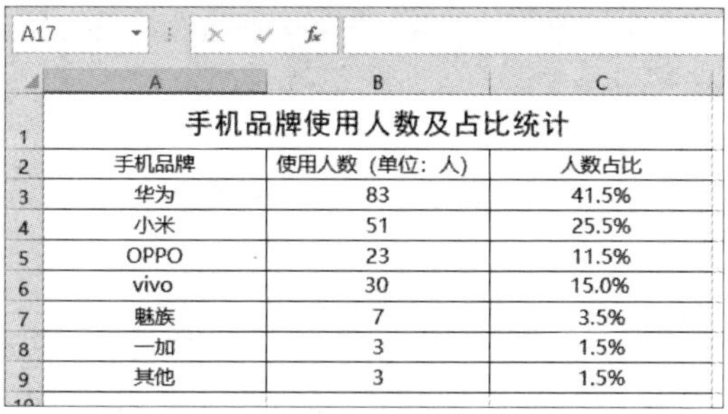

手机品牌使用人数及占比统计		
手机品牌	使用人数（单位：人）	人数占比
华为	83	41.5%
小米	51	25.5%
OPPO	23	11.5%
vivo	30	15.0%
魅族	7	3.5%
一加	3	1.5%
其他	3	1.5%

图7–46　设置边框的效果

（8）选择 A2:C2 单元格区域，将底纹设置为“白色，背景 1，深色 50%”，将字体颜色设置为“白色，背景 1”。然后选择 A2:C9 单元格区域，按“人数占比”列数据的大小降序排列，效果如图 7–47 所示。完成设置后，保存工作簿（配套资源：\效果\项目五\手机品牌使用人数及占比统计 .xlsx）。

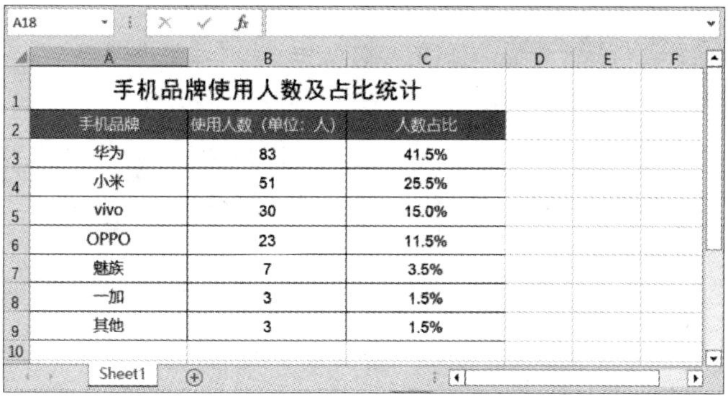

手机品牌使用人数及占比统计		
手机品牌	使用人数（单位：人）	人数占比
华为	83	41.5%
小米	51	25.5%
vivo	30	15.0%
OPPO	23	11.5%
魅族	7	3.5%
一加	3	1.5%
其他	3	1.5%

图7–47　设置底纹、降序排列数据的效果

实训评价

每位同学提交制作的手机品牌使用人数及占比的统计表，老师据此按表 7–12 所示内容进行打分。

表7-12　实训评价

序号	评分内容	分数	老师打分	老师点评
1	表格结构是否完整	30		
2	表格数据内容是否正确	30		
3	表格布局是否美观	40		

总分：_____

实训三　制作学生使用手机品牌的统计图

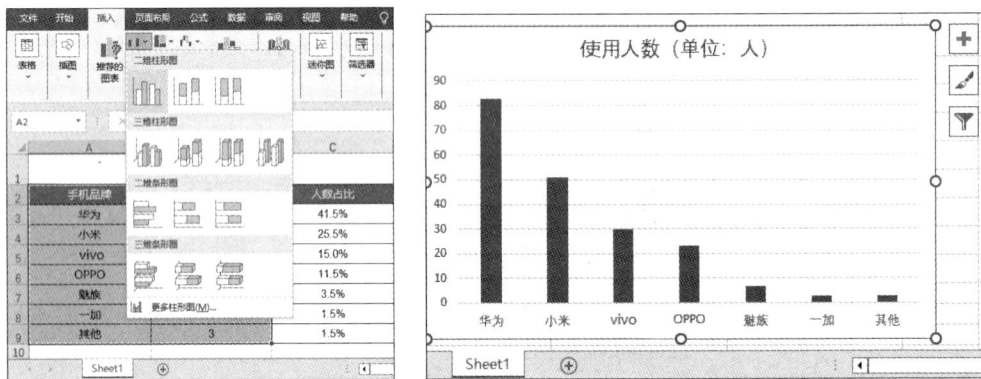

实训描述

本次实训，每位同学根据制作的学生使用手机品牌的人数及占比的统计表，制作柱形图反映各手机品牌使用人数的对比情况，制作饼图反映各手机品牌使用人数占比情况。

操作指南

制作柱形图和饼图，具体操作如下。

微课视频

制作学生使用手机品牌的统计图

（1）打开"手机品牌使用人数及占比统计.xlsx"工作簿（配套资源：\素材\项目五\手机品牌使用人数及占比统计.xlsx），选择 A2:B9 单元格区域，在【插入】/【图表】组中单击"插入柱形图或条形图"按钮 ▮▮▾，在打开的下拉列表中选择第 1 种图表类型，创建柱形图，如图7-48所示。

图7-48　创建柱形图

（2）选中柱形图，在【图表设计】/【图表布局】组单击"快速布局"按钮 ▦，在打开的下拉列表中选择"布局2"选项，然后选择标题，将其修改为"手机品牌使用人数对比情况"，效果如图7-49所示。

（3）将图表标题字体设置为"黑体"，将图例字体设置为"微软雅黑"，将横坐标轴字体设置为"微软雅黑"，效果如图7-50所示。

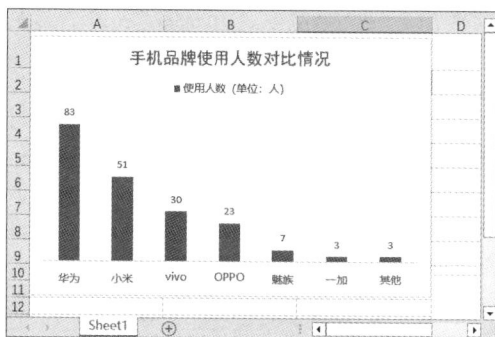

图7-49 设置图表布局图

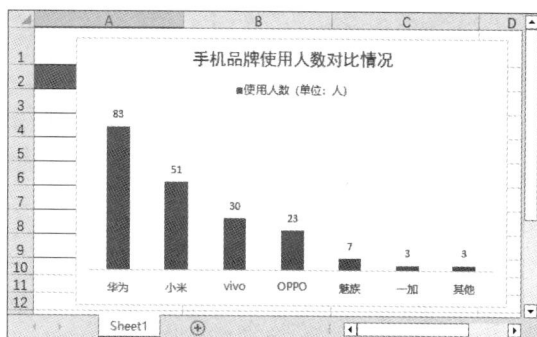

图7-50 设置标题、图例、横坐标轴字体

（4）单击矩形条选中数据系列，在【图表设计】/【图表样式】组单击"更改颜色"按钮 ，在打开的下拉列表中选择"彩色调色板4"选项，更改数据系列颜色后的效果如图 7-51 所示。

（5）将图表移动到表格数据的下方，如图 7-52 所示。

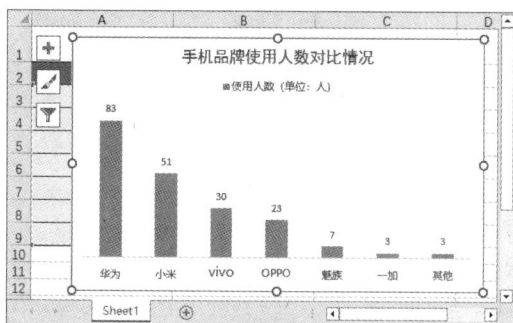

图7-51 更改数据系列颜色的效果

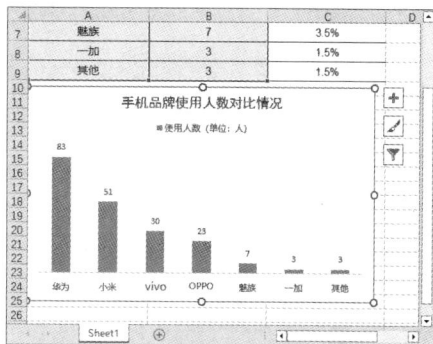

图7-52 移动图表位置

（6）按住【Ctrl】键选择 A2:A9 和 C2:C9 单元格区域，在【插入】/【图表】组中单击"插入饼图或圆环图"按钮 ，在打开的下拉列表中选择第 1 种图表类型，创建饼图，如图 7-53 所示。

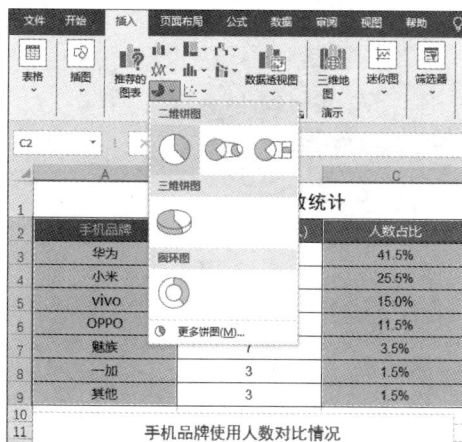

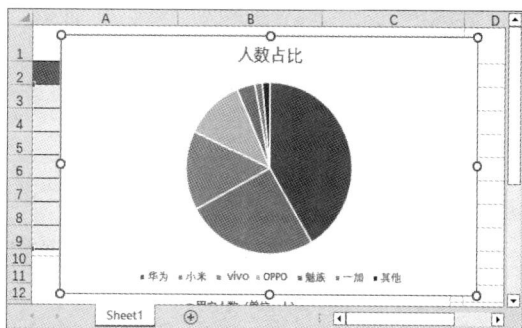

图7-53 创建饼图

（7）删除图表底部的图例，将图表标题修改为"手机品牌使用人数占比情况"，然后将其字体格式设置为"黑体"。

（8）选中饼图，在【图表设计】/【图表布局】组中单击"添加图表元素"按钮，在打开的下拉列表中选择【数据标签】/【其他数据标签选项】，打开"设置数据标签格式"窗格，单击"标签选项"按钮，选中"类别名称""值""显示引导线""图例项标示"复选框，设置数据标签，如图7-54所示。

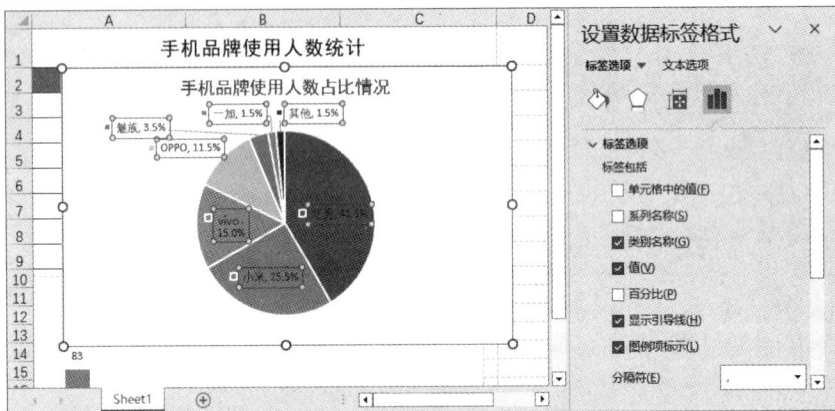

图7-54　设置数据标签格式

（9）选中数据标签，将字号设置为"11"，字体颜色设置为"黑色，背景1"。

（10）适当放大图表，使数据标签完整显示，再将图表移动到表格数据下方与柱形图并列排放，如图7-55所示。完成设置后，保存工作簿（配套资源:\效果\项目五\手机品牌使用人数统计图.xlsx）。

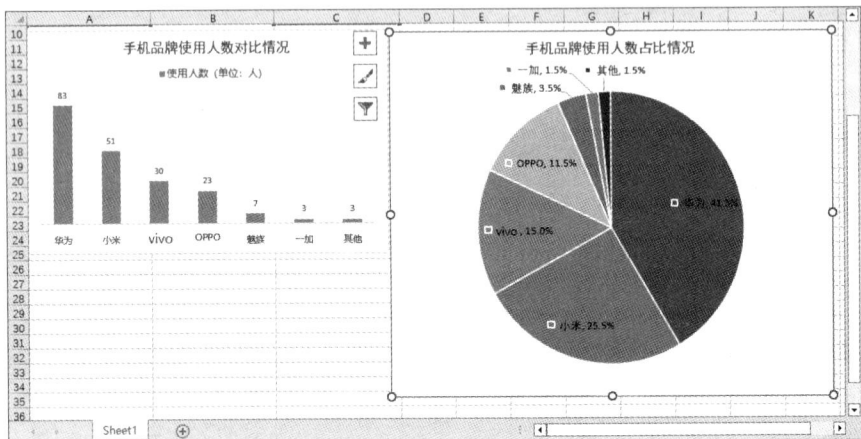

图7-55　调整图表大小和位置

实训评价

每位同学提交制作的手机品牌使用人数统计图，老师据此按表 7-13 所示内容进行打分。

表7-13 实训评价

序号	评分内容	分数	老师打分	老师点评
1	是否完成柱形图和饼图的制作	20		
2	制作的柱形图是否美观	40		
3	制作的饼图是否美观	40		

总分：_____

项目总结

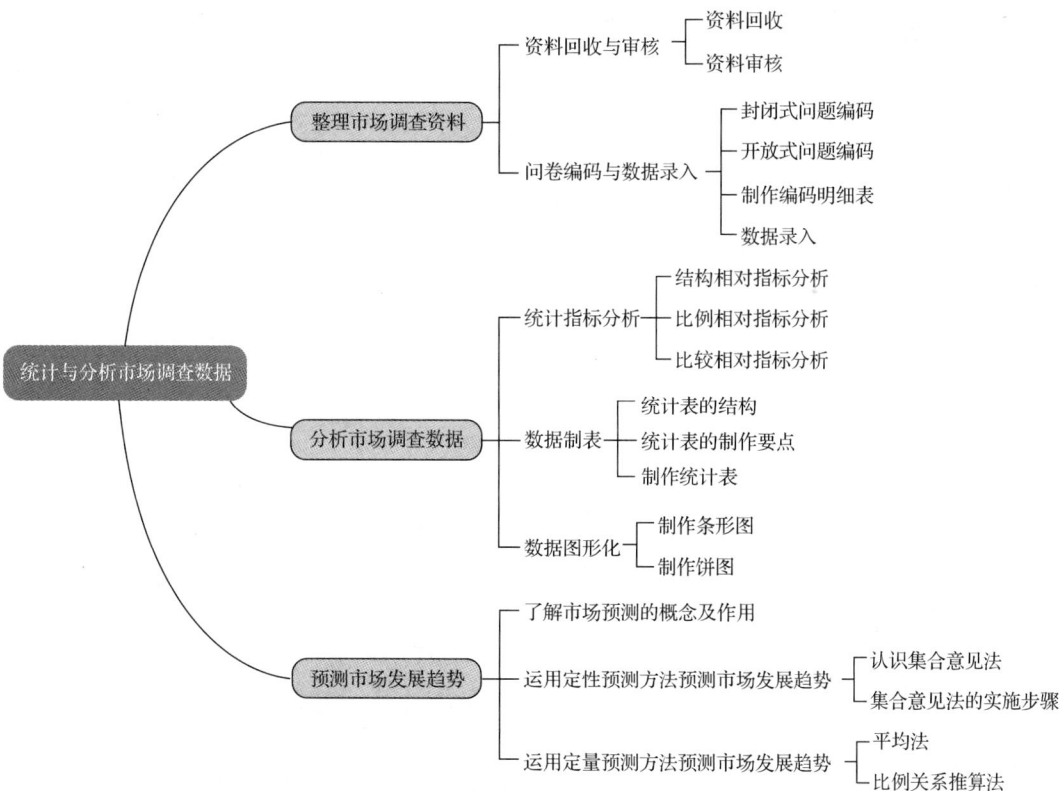

项目八

撰写与提交市场调查报告

职场情境

A公司市调1组进行的智能手环市场调查项目进入了收官阶段，办公室的紧张氛围稍有放松。但该调查项目仍未结束，还需要撰写市场调查报告并提交给委托方。小艾在实习过程中不断成长，也积累了一定的市场调查的实践经验。现在，撰写市场调查报告又成为她面临的新挑战——小艾需要根据掌握的资料完成智能手环市场调查报告的初稿撰写工作，为自己的实习画上完美的句号。

学习目标

知识目标

1. 了解市场调查报告的作用和类型。
2. 掌握市场调查报告的撰写原则、流程、撰写技巧与内容。
3. 掌握口头汇报与演示市场调查报告的方法。

技能目标

1. 能够正确运用市场调查报告的理论与实务知识研究相关案例。
2. 具备整理写作材料、拟订提纲与撰写市场调查报告的能力。

素质目标

1. 报告撰写者在撰写市场调查报告时，需如实反映调查结果。
2. 具备职业精神，确保市场调查报告的真实性、客观性。

任务一　认识市场调查报告

任务描述

　　小艾要完成智能手环市场调查报告的撰写，有一定困难。为了不显得那么盲目，小艾的首要任务是对市场调查报告有基本的认识。

任务实施

活动1　了解市场调查报告的作用

　　为什么要撰写市场调查报告？市场调查报告有什么作用？这是小艾在准备撰写市场调查报告时产生的疑问，对此，小艾要清楚地知道市场调查报告的作用。

　　一般，调查机构在整理和分析调查资料，并做出符合实际的结论和提出建议后，还要形成书面形式的市场调查报告，提交给市场调查活动的组织者或委托方。在市场调查中，市场调查报告的具体作用体现在以下 3 个方面。

　　（1）展示调查成果。市场调查报告是对整个调查过程的总结与呈现，是市场调查工作最终成果的集中体现。

　　（2）为管理和决策部门提供依据。市场调查报告是一种沟通交流形式，能够将市场调查的结果、可行性建议及其他有价值的信息传递给决策者，从而让决策者做出正确的理解、判断和决策，指导市场实践活动。

（3）作为二手资料使用。当一项市场调查活动完成后，市场调查报告可作为二手资料，在企业研究其他市场问题时提供参考，从而降低市场调查成本。

活动2　了解市场调查报告的类型

小艾弄清楚市场调查报告的作用后，仍然找不到写作的方向。老李告诉小艾，不妨从了解市场调查报告的类型入手，因为不同类型的市场调查报告，内容的侧重点不同，可以为撰写市场调查报告指明方向。

根据涉及的主体内容的不同，市场调查报告可以分为以下4种常见类型。

（1）行业市场的调查报告。这类市场调查报告主要反映某个行业的市场环境、市场规模与供需现状，同时对行业未来的发展前景做出科学的预测，使企业对行业市场有清楚的认识，有助于企业未来的生存与发展。

（2）消费者情况的调查报告。这类市场调查报告主要反映购买某类或某种产品的消费者的数量及地区分布状况；消费者的个人特征，包括消费者的性别、年龄、职业、收入、文化程度等；消费者的购买动机、购买数量、购买习惯及影响消费者购买决策的因素等。智能手环市场调查项目通过问卷调查主要获取的是智能手环用户的基本信息和产品的购买、使用情况，因此，此次撰写的报告属于该类型的调查报告。

（3）产品销售情况的调查报告。这类市场调查报告，一是反映产品在市场上的占有率、销售人员的销售能力和影响产品销售的因素，销售渠道是否畅通、合理及中间商的销售情况，产品储存和运输情况，不同促销方式的促销效果等；二是反映消费者对产品的包装、质量、价格、使用状况与售后服务等方面的评价、建议和要求。

（4）市场竞争的调查报告。这类市场调查报告主要反映竞争对手的数量及其实力，竞争对手产品的市场占有率和市场覆盖率，竞争对手所采用的产品策略、价格策略、渠道策略和促销策略等。

任务二　撰写市场调查报告

任务描述

有了写作方向后，小艾立即进入工作状态。小艾的同事们纷纷建言献策，他们认为，撰写市场调查报告是市场调查工作中让人头疼的一件事。因为在完成一项市场调查后，不仅要迅速完成市场调查报告，还要将市场调查报告写得有吸引力、说服力。所以，同事们建议小艾多花心思，做好充足的准备，在了解市场调查报告的撰写原则、熟悉撰写市场调查报告的流程、掌握市场调查报告的撰写技巧的基础上，又快又好地完成市场调查报告的撰写。

任务实施

活动1 了解市场调查报告的撰写原则

为了使调查报告充分展示市场调查成果，切实为管理和决策部门提供依据。小艾在撰写市场调查报告时，应遵循以下4项原则。

（1）真实性。市场调查报告应是依据调查活动所取得的真实资料撰写而成的，撰写者不能道听途说或伪造资料。

（2）时效性。市场瞬息万变，市场调查工作完成后，撰写者要迅速、及时地完成市场调查报告并将其提交给使用者，以免贻误时机。

（3）严谨性。首先，市场调查报告的结构要严谨，即内容完整、逻辑清晰、层次分明；其次，市场调查报告的论点和论据要统一，即分析资料与形成的结论是对应的，分析资料是充分且准确的，应避免提出不可行的建议。此外，市场调查报告的撰写者要注意细节，避免出现差错。

（4）简洁性。市场调查报告要突出重点，紧扣主题，撰写者要处理好篇幅和质量的关系。市场调查报告的语言表达要言简意赅、通俗易懂，对于专业术语，撰写者应做相关说明和解释。在分析过程中，如果有大量的统计数据，撰写者应尽量使用统计图、统计表来展示。

素养小课堂

报告撰写者在撰写市场调查报告时，不能因为担心决策者对调查结果不满意，从而隐瞒某些负面信息，如舍弃了消费者提出的负面评价。这种做法不仅违背了市场调查的职业精神，还会因为忽视客观存在的信息，导致调查内容不全面，其危害程度比不进行市场调查还要严重。

活动2 熟悉撰写市场调查报告的流程

在完成一项市场调查后，要迅速撰写市场调查报告，小艾要按照一定的流程操作。撰写市场调查报告一般包括确定报告主题、整理写作材料、拟订提纲、撰写成文和修改定稿5个阶段。

1. 确定报告主题

通常，市场调查的主题就是市场调查报告的主题，例如，针对智能手环市场调查项目，相应的市场调查报告的主题可以定为"智能手环市场调查报告"。

2. 整理写作材料

市场调查报告的写作材料来自市场调查过程中所获取的资料，而整理资料就是对市场调查所取得的资料进行取舍，这样报告撰写者可以有针对性地完成调查报告的撰写，提高工作效率。例如，某企业要通过一项市场调查来了解相关产品的市场供求现状及趋势，将其作为制定产品策略的参考依据。根据该项市场调查的目的，报告撰写者在整理资料时应筛选能反映相关产品的市场供求状况、能反映这种状况发生的原因、能从中探寻产品市场发展趋势的资料。报告撰写者在整理资料时需注意 3 个要点：舍弃与报告主题无关或关系不大的资料、选取的资料是完整的、选取的数据必须准确可靠。

撰写智能手环市场调查报告的主要资料是调查问卷的统计分析资料（配套资源：\ 素材 \ 项目六 \ 智能手环市场调查问卷资料 .docx），用于反映智能手环用户基本信息与产品购买、使用需求状况；次要资料是收集的二手资料（配套资源：\ 素材 \ 项目六 \ 智能手环市场调查二手资料 .docx），二手资料包括智能手环的市场规模、市场前景、竞争格局等简要信息。

3. 拟订提纲

提纲是指将市场调查报告的主要内容提纲挈领地描述出来，是市场调查报告的框架，应条理清晰、层次分明。报告撰写者在整理市场调查报告写作材料的过程中便可据此构思提纲内容，在拟订提纲时，可先列出报告的章节，再列出各章节要表述的观点。智能手环市场调查报告的提纲内容如下。

（1）市场规模。简要介绍智能手环的市场规模，主要描述 2018—2022 年智能手环的市场规模及增速。

（2）市场前景。简要介绍智能手环的市场前景。

（3）竞争格局。简要介绍智能手环市场的竞争格局，主要描述各品牌的市场占有率。

（4）用户特征分析。详细介绍智能手环用户特征信息，包括用户性别分布、年龄分布、职业分布、收入水平、兴趣爱好等。

（5）用户需求分析。详细介绍用户对智能手环的购买、使用情况，包括获取产品信息的渠道分布、购买产品的渠道分布、所使用产品的品牌与价格、使用产品的用途以及对产品的期望等。

4. 撰写成文

报告撰写者根据已经确定的市场调查报告主题、选取的资料和拟定的提纲撰写市场调查报告。

5. 修改定稿

修改定稿即修改和审定撰写好的市场调查报告初稿，确保市场调查报告观点明确、言之有理、表达准确及逻辑合理。修改定稿后，市场调查报告就可以提交给使用者了。

👤 活动3　掌握市场调查报告的撰写技巧

显然，小艾要想写好市场调查报告，写出有特色的市场调查报告，不仅需要了解基本的写作方法，还需要运用一些撰写技巧，让市场调查报告锦上添花。

1. 说明技巧

常用的说明技巧有分类说明、对比说明和举例说明等。

（1）分类说明。将资料按一定标准（如按问题性质、资料归属或研究范围）划分，再分别予以说明，可以使报告内容条理清晰。

（2）对比说明。在事物具有可比性的前提下，采用对比说明的方式，能够直接反映事物的对比情况，让使用者直接了解不同事物的差异。

（3）举例说明。用具有代表性的案例说明市场现象，能够提升调查报告的说服力，使使用者找到具体的可对比的对象。

2. 语言运用技巧

语言运用技巧及注意事项为：第一，忌用"我认为""我觉得"等第一人称的写法，避免使用者产生报告不严谨的感觉，可用"数据表明""案例表明"等；第二，合理使用专业术语，并适当解释；第三，不要使用模棱两可或似是而非的词语，如"大概""也许""可能"等。

3. 数字表达技巧

数字表达方面有以下 4 个技巧。

（1）计数与计量应用阿拉伯数字，如 1 ～ 300、75% 等；公历世纪、年代、年、月、日等应用阿拉伯数字，如 20 世纪 90 年代、2023 年 2 月 1 日等。

（2）星期几一律用汉字数字，邻近的两个数并列连用表示概数时应用汉字，如星期一、三四天等。

（3）为了让统计数字更加通俗易懂，可横向和纵向比较数字，形成强烈的反差。

（4）将不易理解的、太大的数字适当"化小"，如将某企业年产 876 000 台换算成每月生产 73 000 台；将太小的、不易引起使用者关注的数字推算"变大"，例如，将产品的销售成本为 3 元 / 吨，表述为如果单价保持不变，则产品年销量为 100 万吨时，即会增加 300 万元的销售成本。

活动4 设计市场调查报告的内容

万事俱备，小艾便可开始撰写智能手环市场调查报告。市场调查报告可以通过 Word、PDF、PPT 等格式呈现，其格式并没有统一的规定。虽然市场调查的范围、要求和主题不同，市场调查报告的内容也有所不同，但一般都包括扉页（标题页）、前言、正文、结论与建议、目录等。小艾将使用 Word 设计市场调查报告的内容。

1. 设计扉页

扉页通常单独占一页，内容一般包括：调查报告的标题，委托方的单位名称，调查机构的单位名称、地址、电话、邮箱、报告日期等内容。图 8-1 所示为智能手环市场调查报告的扉页示例。

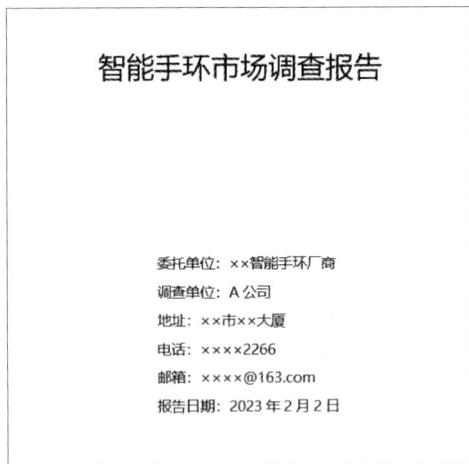

智能手环市场调查报告

委托单位：××智能手环厂商
调查单位：A公司
地址：××市××大厦
电话：××××2266
邮箱：××××@163.com
报告日期：2023年2月2日

图8-1　智能手环市场调查报告扉页示例

2. 撰写前言

前言又称引言或导言，在市场调查报告中，前言主要用于说明研究背景及研究领域目前的发展状况；研究的问题，即大体勾勒出市场调查的主要内容，包括调查的目的、对象、内容和方法等；研究的意义，即为什么开展此项调查活动。概括而言，前言一般用于介绍调查背景与研究意义，回答清楚"研究了什么与怎么研究的"，其目的是让使用者迅速了解市场调查报告的大致内容。小艾为智能手环市场调查报告撰写的前言内容如下。

××智能手环厂商着眼于本企业的发展方向，委托我司（A公司）于2023年××月××日至××月××日做智能手环需求状况的市场调查。本次调查旨在深入了解智能手环的用户的基本信息，了解用户购买、使用智能手环的相关因素，了解用户对当前智能手环的创新要求及建议，并根据调查结果为××智能手环厂商提供必要的决策依据。

据此，我司将本次调查对象设定为智能手环的使用者，通过街头拦截访问的方式在××市各区大型数码商场随机抽取符合要求的调查对象进行实地调查，现场发放调查问卷并当场收回。此次调查问卷样本容量为400份，回收问卷400份，有效问卷350份，本次问卷填写质量较高，有效问卷占87.5%，我司将这350份问卷运用专业软件进行数据分析，并与二手资料相结合，根据调查结果进行针对智能手环市场需求的分析并提出建议。

🎁 做一做：撰写 A 超市顾客调查报告的前言

为了更好地为消费者服务，提高服务质量，A超市在3月5日至3月7日通过街头拦截访问的方式随机抽取500位消费者进行了问卷调查，以了解消费者的购物需求和消费者对超市的服务评价。此次调查，调查人员现场发放问卷，并在消费者填写问卷后现场收回问卷。完成调查后，A超市共获得有效问卷450份，并据此获得消费者调查的分析结果。现在，A超市将根据问卷统计分析资料撰写市场调查报告，请为该市场调查报告撰写前言。

3. 撰写正文

正文是市场调查报告的主体和核心部分，主要描述市场调查的成果。具体来讲，正文被划分为若干章节，每个章节反映一个调查问题的结论。撰写正文时，报告撰写者要灵活地划分段落，选择合适的描述语言，做到文字规范、通俗易懂、用词准确。

例如，根据智能手环市场调查的二手资料，撰写智能手环市场规模、市场前景、竞争格局的相关内容如下。

一、市场规模

根据 ×× 咨询公司发布的数据，2021 年国内智能手环市场规模达到 167 亿元，同比增长 16.78%，2022 年国内智能手环市场规模达到 179 亿元，同比增长 7.19%。智能手环的市场规模近年来虽然增速放缓，但仍然保持一定的增长量，如图 8-2 所示。预计 2023 年国内智能手环市场规模将达到 200 亿元，同比增长 11.73%，增速有所提高。预计未来国内智能手环的市场规模会逐年攀升，增速维持在一定水平。

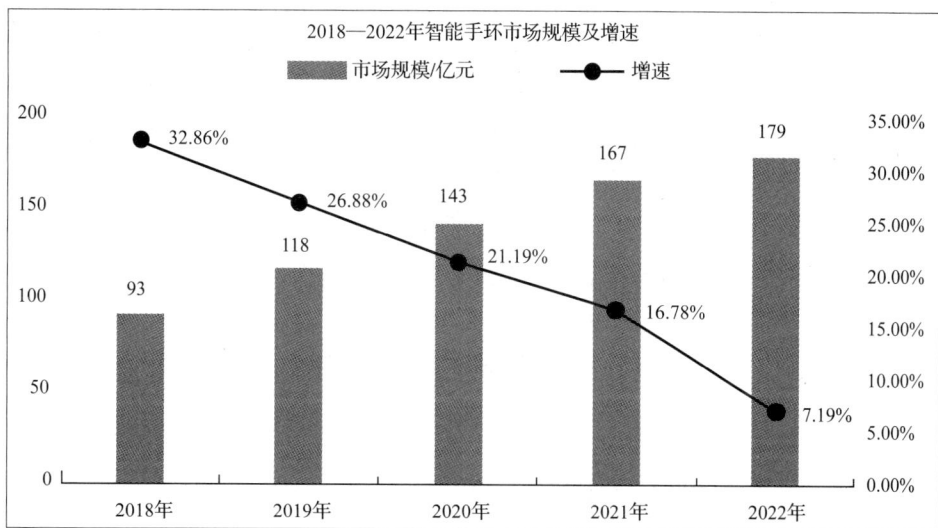

图8-2　国内智能手环市场规模及增速

二、市场前景

近年来，随着人们对健康生活的重视和科技的不断进步，智能手环市场逐渐兴起并呈现出广阔的发展前景。智能手环在技术方面的不断进步是其市场前景看好的重要因素。目前，智能手环的技术已经相对成熟，可以实现心率监测、睡眠监测、运动跟踪等多项功能。而且，随着传感器和芯片技术的不断创新，智能手环的功能将会更加强大，能够实现更多新的应用。例如，人工智能技术的应用将使智能手环的智能化水平更高。通过学习和分析用户数据，智能手环能够提供更准确、个性化的健康建议，并能预测潜在的健康问题。此外，生物识别技术的发展也将给智能手环市场带来新的机遇。未来，智能手环有望进一步扩大其应用领域。

目前，智能手环已经在健身、医疗、支付等领域得到应用。在健身领域，智能手环可以实时记录用户的运动数据，如步数、能量消耗等，都助用户科学合理地进行锻炼。在医疗领域，智能手环可以监测用户的心率、血压等生理指标，并能提供及时的预警和健康建议。此外，智能手环还可以与医疗设备互联，实现远程医疗、病情监测等功能。在支付领域，智能手环可以支持移动支付功能，用户只需戴上手环即可完成支付，无须携带钱包和手机，提供了更加便捷的支付方式。

三、竞争格局

目前国内智能手环市场，2022 年华为以 32.9% 的市场占有率排名第一，小米以 20.1% 的占有率排名第二。综合来看，华为和小米两大品牌占据国内智能手环市场超过 50% 的市场份额，市场比较集中。其中，华为的智能手环产品线较为丰富，包括华为 Band 系列、华为 Watch GT 系列等多款产品，而小米则主要以小米手环系列为主打产品。这两家企业在智能手环市场上的优势主要来自其强大的技术研发实力和广泛的用户基础。

除此之外，OPPO、Keep 等品牌也在智能手环市场上占据一定的份额。这些品牌在智能手环市场上的表现主要得益于其对年轻消费者市场的深度挖掘和营销策略的成功实施。

接着，根据智能手环市场调查的问卷资料，撰写用户特征分析的相关内容。部分内容示例如下。

四、用户特征分析

1. 用户性别分析

本次问卷调查，回收有效问卷 350 份，有效受访人数 350 人。使用智能手环的男性用户为 210 人，占 60%，女性用户为 140 人，占 40%，如图 8-3 所示。智能手环男性用户数多于女性用户数。

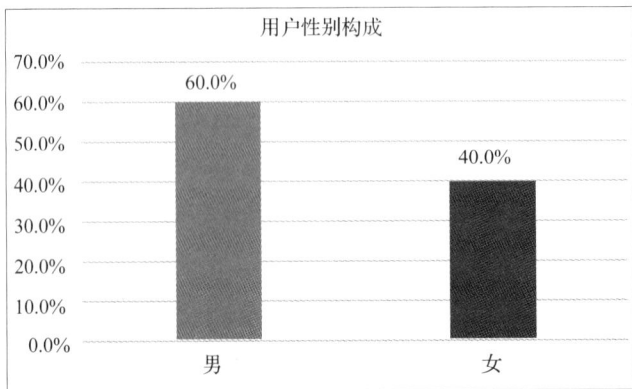

图8-3　用户性别构成

2. 用户年龄分析

此次参与调查的用户中，18 岁及以下人数占 2%，18（不含）～25 岁的人数占 8%，25（不含）～30 岁的人数占 34%，30（不含）～35 岁的人数占 38%，35（不含）～40 岁的人数占 12%，40（不含）～50 岁的人数占 4%，50 岁以上的人数占 2%，如图 8-4 所示。智能手环用户的年龄主要集中于 25（不含）～35 岁，占比高达 72%，是使用智能手环的主力军。同时，用户年龄以30（不含）～35岁为基准，年龄越往上或年龄越往下，使用智能手环的用户数越少。

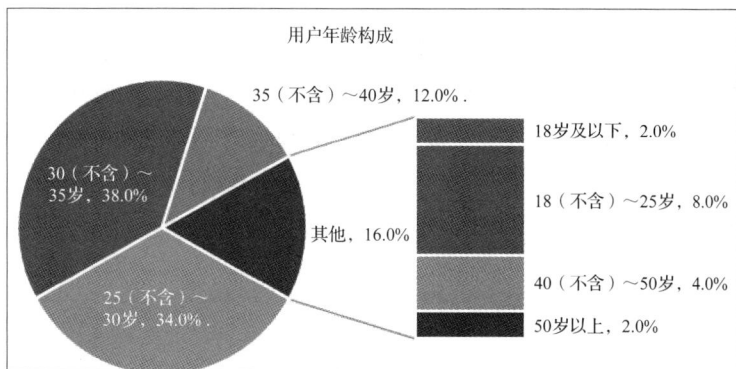

图8-4　用户年龄构成

继续根据智能手环市场调查的问卷资料，撰写用户需求分析的相关内容。部分内容示例如下。

五、用户需求分析

用户获取产品信息的渠道分布

在用户获取产品信息的渠道分布方面，通过亲人、朋友或同学告知的人数占30%，通过网络购物平台获取信息的人数占21.14%，通过超市/电器商场/实体专卖店获取信息的人数占18.86%，通过微博/微信/抖音等新媒体获取信息的人数占15.14%，通过其他渠道获取信息的人数占14.86%，如图8-5所示。多数用户通过亲人、朋友或同学获得产品信息，说明用户重视好友的推荐，产品口碑越好越利于推广。获取产品信息的其他主要渠道则包括网络购物平台、超市/电器商场/实体专卖店、微博/微信/抖音等新媒体，说明仍有部分用户通过线下渠道去了解产品信息，剩下的用户主要通过互联网了解产品信息。

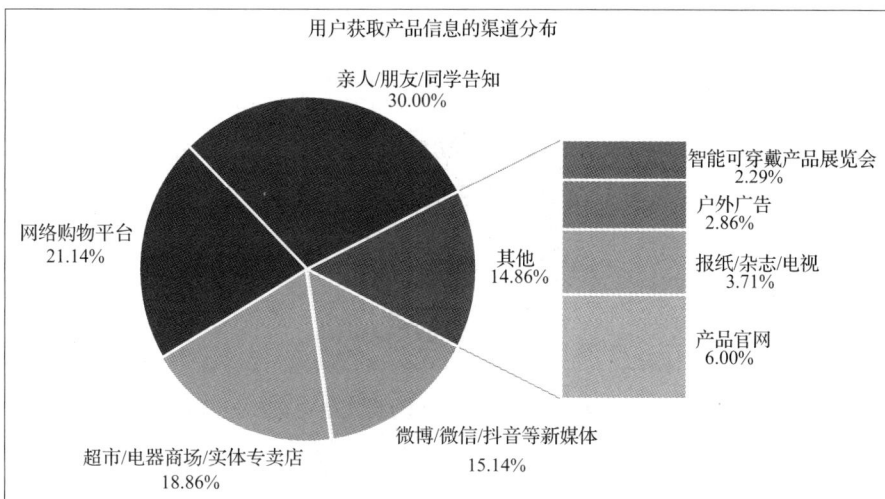

图8-5　用户获取产品信息的渠道分布

💡 **知识窗**

使用 Word 撰写市场调查报告时，可以将 Excel 中的图表复制到 Word 文档中。其方法为：首先打开存放图表的 Excel 工作簿，选择图表，单击鼠标右键，在弹出的快捷菜单中选择"复制"命令（或按【Ctrl+C】组合键复制图表）；然后打开 Word 文档，在【开始】/【剪贴板】组中单击"粘贴"按钮📋下方的下拉按钮∨，在打开的下拉列表中单击"图片"按钮🖼️，将 Excel 中的图表以图片格式粘贴至 Word 文档中，如图 8-6 所示（或者按【Ctrl+V】组合键粘贴图表）。这样在 Word 文档中可以直接编辑图表，包括更改图表类型、修改图表数据和调整图表布局等。

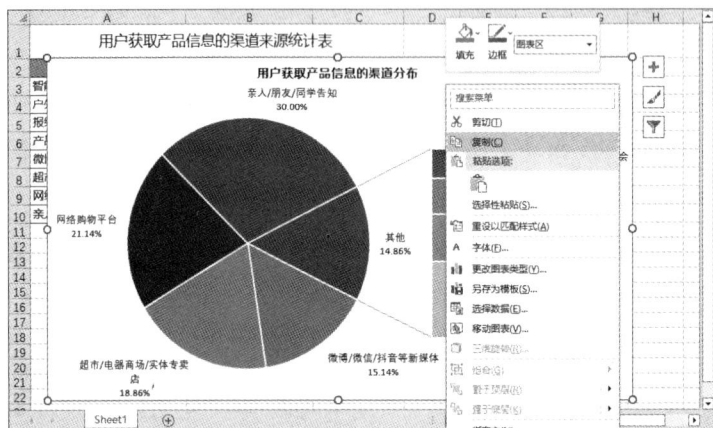

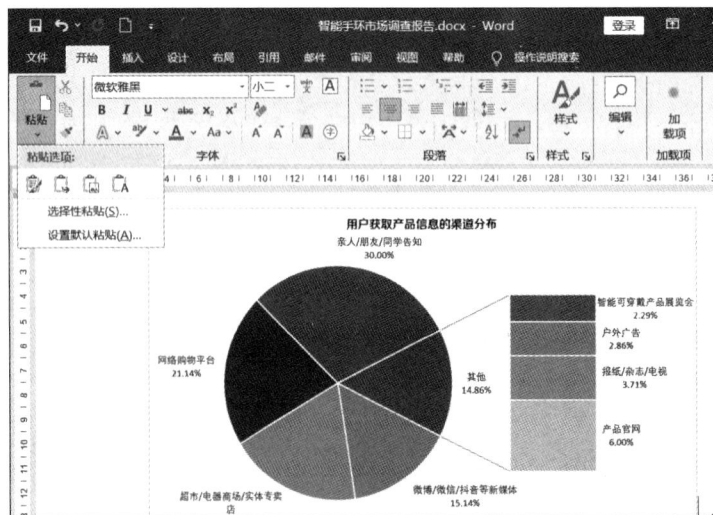

图8-6 将Excel中的图表以图片的格式粘贴至Word文档中

💡 **知识窗**

4．撰写结论与建议

结论与建议是撰写市场调查报告的最终目的，也是决策者非常看重的部分，能够为他们提供决策信息。结论即调查与分析的结果，是对正文主要内容的总结，是对所提出的研究问题做出的明确答复。建议则是根据调查与分析的结果提出的见解或问题的解决方案，需要注意的是，建议必须具有可行性和可操作性，否则市场调查报告将成为空中楼阁，不具有实际效用。

智能手环市场调查的结论与建议部分内容如下。

六、结论与建议

通过市场调查，针对智能手环市场，我司提出以下结论与建议。

（1）随着人们健康意识的增强，智能手环成为人们日常健身和健康管理的重要工具。智能手环市场迎来快速发展，市场规模不断扩大。未来，智能手环将朝着更多功能、更智能化、更个性化的方向发展，智能手环市场有着广阔的前景和巨大的潜力。

（2）智能手环的用户主要是 26～35 岁的年轻人，这些用户受教育程度较高，拥有中高等收入，他们大多喜欢运动健身，会进行日常锻炼。对此，在智能手环的设计方面、广告文案方面应偏向于年轻化、时尚化、个性化，使之更符合年轻人的喜好。

（3）价格是影响人们购买智能手环的重要因素。因此，厂商在注重产品品质的同时要控制价格水平。

（4）在获取智能手环产品信息方面，用户注重社交推荐，因此厂商要打造好的产品和品牌口碑。除此之外，厂商要利用微信、微博、抖音等新媒体平台进行产品推广。

（5）尽管电商已经十分普及，但是用户在购买智能手环时半数用户仍然选择在线下实体店购买，其次选择在电商平台购买，再次选择在直播间购买。对此，厂商不仅要在线上推广产品，也应该在线上大量铺货，并提供优质的售后服务。

（6）目前，国内智能手环市场，华为、小米、OPPO、Keep 等品牌具有优势，要想抢夺市场份额，需要进行产品创新，提高智能手环的数据质量和穿戴舒适度，设计出符合用户期望的产品。

5．制作目录

当报告的内容和页数较多时，应在目录中列出报告全部章节的标题及其对应页码（有的市场调查报告还会单独列出图表目录，图 8-7 所示为一份市场调查报告的图表目录示例），以便使用者对报告的内容有一个大体的了解，并能快速找到报告中资料的位置。

微课视频

制作目录

图表目录

图表：中国智能手环行业相关政策汇总

图表：2018—2022年中国智能手环市场规模及增速

图表：智能手环用户性别构成

图表：智能手环用户年龄构成

图8-7 图表目录示例

下面在 Word 中为智能手环市场调查报告（配套资源：\ 素材 \ 项目六 \ 智能手环市场调查报告 .docx）制作目录。要制作目录，首先要为章节标题应用标题级别样式，例如，为"前言""一、市场规模""二、市场前景"等同级标题应用"标题 2"样式，然后提取目录，具体操作如下。

（1）打开"智能手环市场调查报告 .docx"文档，选择要应用"标题 2"样式的标题内容，如选择"前言"，然后在【开始】/【样式】组中选择"标题 2"样式选项，如图 8-8 所示。

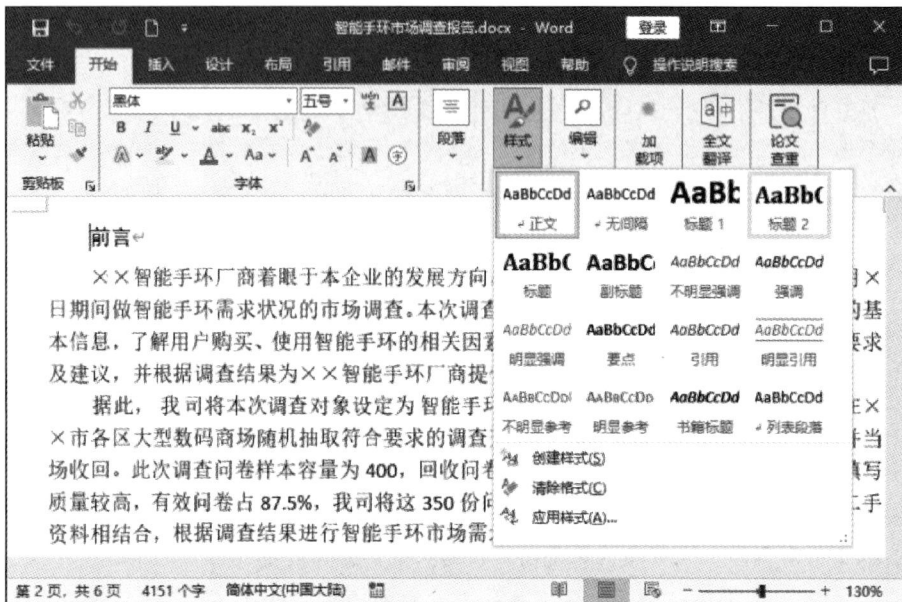

图8-8　为"前言"应用"标题2"样式

（2）使用相同方法为同级标题应用"标题 2"样式，效果如图 8-9 所示。

图8-9　为其他同级标题应用"标题2"样式

（3）将光标定位到要插入目录的位置，如本报告的目录放置于"前言"的上方。然后在【引用】/【目录】组中单击"目录"按钮📄，在打开的下拉列表中选择"自定义目录"选项，如图 8-10 所示。

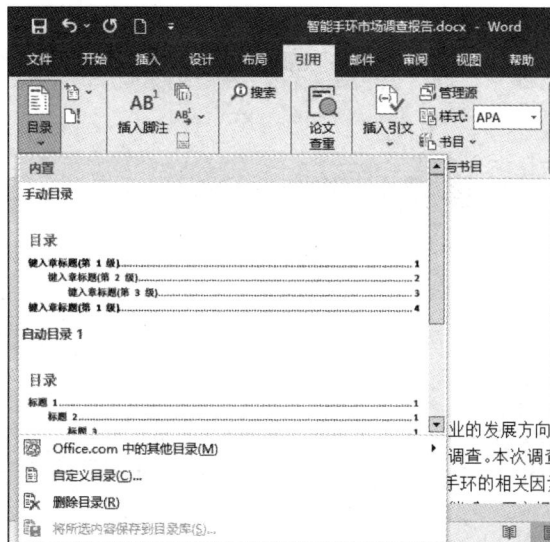

图8-10　选择"自定义目录"选项

（4）打开"目录"对话框，选中"显示页码"和"页码右对齐"复选框，在"常规"栏中将"显示级别"的数值设置为"2"，如图 8-11 所示。

（5）单击 确定 按钮即可在光标定位的位置插入目录。

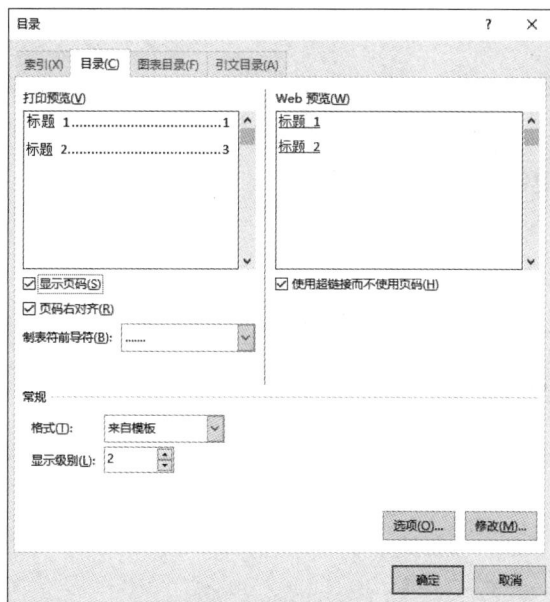

图8-11　设置目录格式

（6）插入目录后，可能使章节标题的页码发生改变，因此需在【引用】/【目录】组中单击"更新目录"按钮 ，打开"更新目录"对话框，选中"只更新页码"复选框，如图 8-12 所示。更新页码后保存文档（配套资源:\效果\项目六\智能手环市场调查报告.docx）。

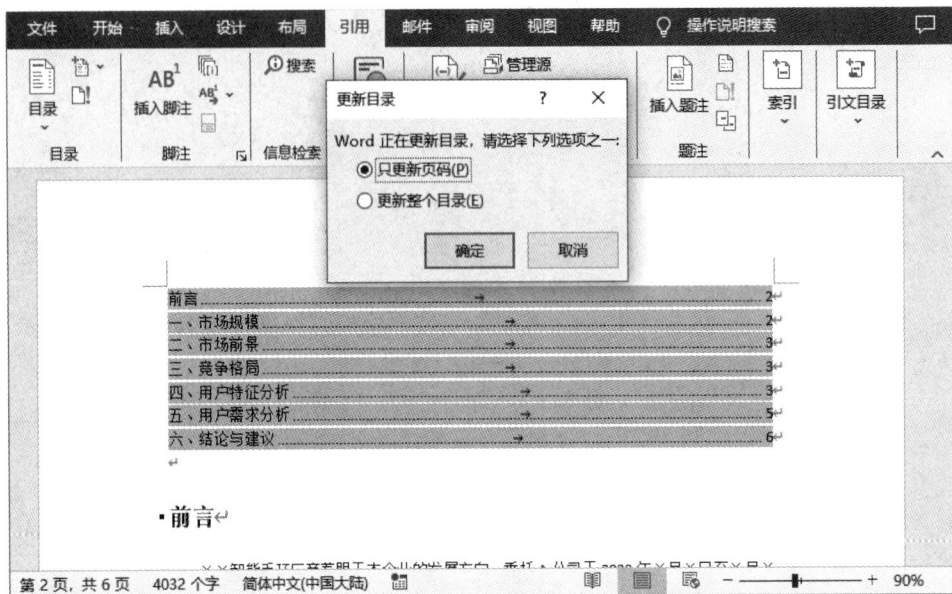

图8-12　更新目录

经验之谈

有的调查报告末尾提供有附件，附件是对市场调查报告正文的补充或更详尽的说明，可以提高市场调查报告的可信度。附件主要包括抽样方法或抽样示意图、用于收集资料的调查问卷、访问说明书以及所用分析工具等信息。有的市场调查报告还会在结论与建议之后、附件之前列出参考文献，具体可根据实际情况以及使用者的需求进行调整。

任务三　提交市场调查报告

任务描述

经过精心的准备和认真的编写，小艾完成了智能手环市场调查报告的初稿。老李要求小艾向其提交市场调查报告，为实际工作做演练。

任务实施

活动1　市场调查报告口头汇报

老李让小艾提交其用 Word 编制的市场调查报告,同时进行口头汇报。这是因为报告撰写者向使用者提交市场调查的书面报告时,可能还需要汇报人员(可能是报告撰写者)同时用口头陈述的形式向使用者汇报工作成果。

口头汇报是一种直接沟通形式,是对书面报告的有力补充和支持,口头汇报过程中允许听众提问,汇报人员要及时回答。汇报人员一般应从参与此项调查的人员中选择,因为他熟悉该项调查的实施过程,便于临场发挥。在汇报过程中,汇报人员应采用通俗易懂的语言,对调查报告中的重点内容进行汇报,包括:市场调查获取的主要数据资料、数据资料的可靠程度、数据资料的分析结果、分析结果对企业营销活动的指导意义、对企业运用数据资料的分析结果解决实际问题的建议等。

口头汇报的质量不仅取决于汇报人员的业务素质,也取决于汇报人员的工作准备。对此,汇报人员在进行口头汇报前,应进行必要的练习,对汇报内容做到心中有数,并能够较为生动、形象地做好市场调查报告的口头汇报,使口头汇报具有吸引力和说服力。

活动2　市场调查报告演示

在对市场调查报告做口头汇报时,经常需要借助多媒体技术演示调查成果(例如,用 PPT 的形式演示市场调查报告,可达到生动形象、图文并茂、声色俱全的效果),直观展示出调查机构的工作成绩和市场调查报告的质量。

在小艾对老李进行智能手环市场调查报告的口头汇报后,老李准备召集市调 1 组的部分成员,让小艾以 PPT 的形式演示市场调查报告:一是展示调查成果,进行实战演练;二是将参与此次调查的有关人员聚集起来,通过小艾的报告演示,搜集各种不同意见,为进一步完善书面报告提供线索。

要通过 PPT 进行报告演示,小艾首先要制作市场调查报告的 PPT 文档。互联网上有很多网站,如第一 PPT、51PPT 模板、创客贴等,提供了各类市场调查报告 PPT 模板,可以下载后使用。制作市场调查报告 PPT 时,可以将 Word 中的内容调用至 PPT 中,需要注意的是,相较于用 Word 编制市场调查报告,通过 PPT 展示市场调查报告,要求语言更精练,可以用更多的图片和更多样的图表、图示展示调查成果,并且可以为 PPT 设计动画(动态效果),以更好演示市场调查报告。

例如,根据市场调查报告 PPT 模板(配套资源:\ 素材 \ 项目六 \ 市场调查报告模板 .pptx)制作市场调查报告标题页、前言、目录和正文,示例如图 8-13 所示(配套资源:\ 效果 \ 项目六 \ 智能手环市场调查报告示例 .pptx)。

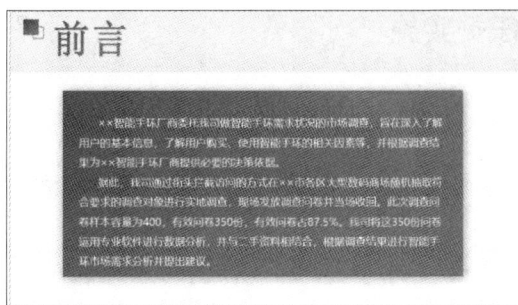

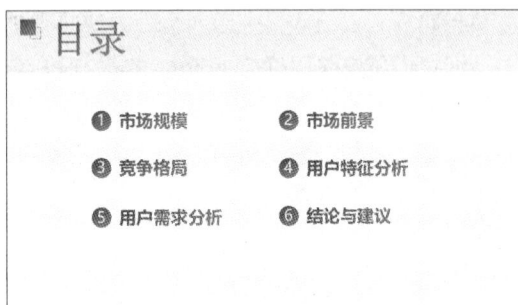

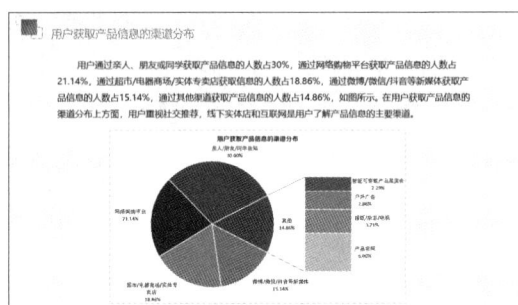

图8-13　市场调查报告PPT示例

经验之谈

完成了市场调查报告不一定意味着市场调查活动就此终结，有时调查人员还需追踪调查结果，通过市场实践活动进一步验证市场分析、预测是否准确，所提意见或建议是否可行、效果如何等，并通过经验总结提高市场调查水平。

知识窗

市场调查报告数据发布是指向社会公众公布市场调查结果。一般而言，企业进行一项市场调查，是为了率先掌握市场信息，获得竞争优势，因此，企业往往不会直接发布市场调查结果，而是选择性地发布市场调查结果。但是，对公众感兴趣的社会热点调查，或具有公益性质的市场调查，或有利于提高企业知名度和影响力的市场调查，企业可以选择即时发布市场调查报告数据，以产生广告效应，达到推广产品或品牌的目的。目前，市场调查报告数据多通过互联网平台发布，以提高市场调查报告的传播速度、扩大传播范围和影响力。

知识窗

204

同步实训

实训一　撰写学生手机市场调查报告

实训描述

本次实训请同学们以调查小组为单位，就学生手机市场调查项目（调查目的是了解学生手机市场购买、使用手机的基本情况），根据之前收集的二手资料和问卷统计分析资料，用 Word 撰写学生手机市场调查报告。

操作指南

各小组在撰写学生手机市场调查报告时，可按照确定报告主题、整理写作资料、拟订提纲、撰写成文和修改定稿等步骤实施。

（1）确定报告主题。小组成员共同商议调查报告的主题，如"××学校学生手机市场调查报告"。

（2）整理写作资料。小组成员共同商议对资料做出取舍，包括删除二手资料和调查问卷统计分析资料中与调查目的关系不大的资料。

（3）拟订提纲。小组成员集思广益，根据资料整理结果拟定本次市场调查报告的提纲。示例如下。

① 市场规模。简要介绍学生手机市场的规模，主要描述近几年学生手机市场的市场规模发展趋势。

② 市场前景。简要介绍学生手机市场的市场前景，主要描述学生手机市场的发展现状和趋势。

③ 竞争格局。简要介绍学生手机市场的竞争格局，主要描述各品牌的市场占有率和产品优势。

④ 需求分析。详细分析学生购买、使用手机的需求状况，包括使用手机的品牌、购买手机的品牌倾向、购买手机的价格倾向、获取手机产品信息的渠道、购买手机的渠道等。

（4）撰写成文。各小组组长根据已经确定的市场调查报告主题、选取的资料和拟定的提纲，安排不同的成员撰写市场调查报告的不同章节，使所有小组成员都参与到撰写市场调查报告的过程中来。

前言示例

随着生活水平的改善，手机几乎是人手一部的通信工具。近年来，随着手机在校园里的普及，越来越多的手机厂商把目光投向校园这一具有巨大潜力的市场。为了解手机在学生中的购买、使用情况，掌握学生手机市场的前景，我们以本校学生为调查对象，进行了一次问卷调查。同时，结合二手资料，根据数据统计分析结果为手机厂商提供决策建议。

学生使用的手机品牌分布（正文示例）

在学生使用的手机品牌分布上，使用华为手机的人数占41.5%，使用小米手机的人数占25.5%，使用vivo手机的人数占15.0%，使用OPPO手机的人数占11.5%，使用魅族手机的人数占3.5%，使用一加手机的人数占1.5%，其他品牌手机的使用人数占1.5%，如图8-14所示。在调查对象中，持有华为手机的人数最多，占比41.5%，其次是小米手机，人数占25.5%，两者共占67%，有约2/3的学生使用华为手机和小米手机，说明华为手机和小米手机在学生群体中很受欢迎。

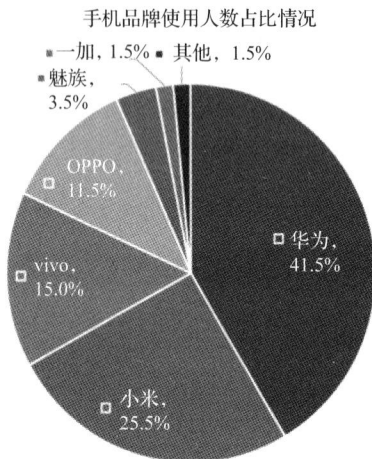

图8-14　学生使用的手机品牌分布

（5）修改定稿。将小组所有成员撰写的内容集合起来，完成市场调查报告的初稿编写，然后小组成员一起审核、修改调查报告初稿。

实训评价

调查小组提交最终的调查报告Word文档与原始写作材料，老师据此按表8-1所示内容进行打分。

表8-1　实训评价

序号	评分内容	分数	老师打分	老师点评
1	市场调查报告的内容是否完整	40		
2	市场调查报告是否清楚地展示调查分析成果	30		
3	市场调查报告的结论与建议是否合理	30		

总分：＿＿＿＿＿＿

实训二　学生手机市场调查报告演示

实训描述

本次实训请同学们以调查小组为单位，制作学生手机市场调查报告的PPT文档，然后每组成员在班上进行市场调查报告的演示。

操作指南

本次实训可通过 Excel 制作统计表，其具体实施步骤参考如下。

（1）获取市场调查报告 PPT 模板。通过第一 PPT、51PPT 模板、创客贴等网站获取可用的市场调查报告 PPT 模板，参考模板（配套资源：\素材\项目六\市场调查报告实践模板 .pptx）如图 8-15 所示。

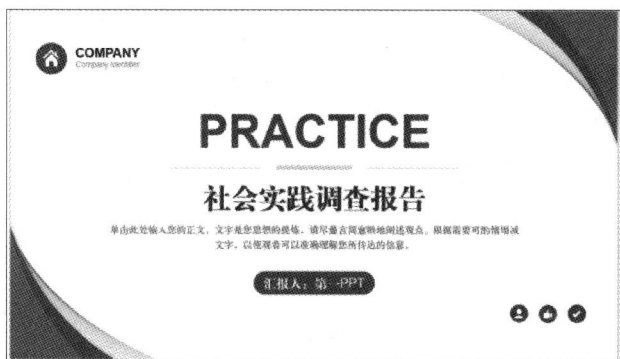

图8-15　参考模板

（2）制作市场调查报告 PPT。小组成员均使用同一个模板，由不同的小组成员制作不同的内容，共同完成市场调查报告 PPT 的制作，市场调查报告示例如图 8-16 所示（配套资源：\效果\项目六\学生手机市场调查报告示例 .pptx）。

图8-16　学生手机市场调查报告PPT示例

（3）报告演示。各调查小组推选一名小组成员结合学生手机市场调查报告的 PPT 文档上台演示，讲解市场调查报告。

实训评价

各调查小组完成调查报告 PPT 文档制作和演示后，老师按表 8-2 所示内容进行打分。

表8-2　实训评价

序号	评分内容	分数	老师打分	老师点评
1	制作的PPT是否美观、是否完整展示市场调查分析成果	50		
2	演示是否流畅、是否条理清晰	20		
3	演示内容是否突出重点、是否清楚讲解市场调查报告的主要内容	30		

总分：＿＿＿＿＿＿

项目总结

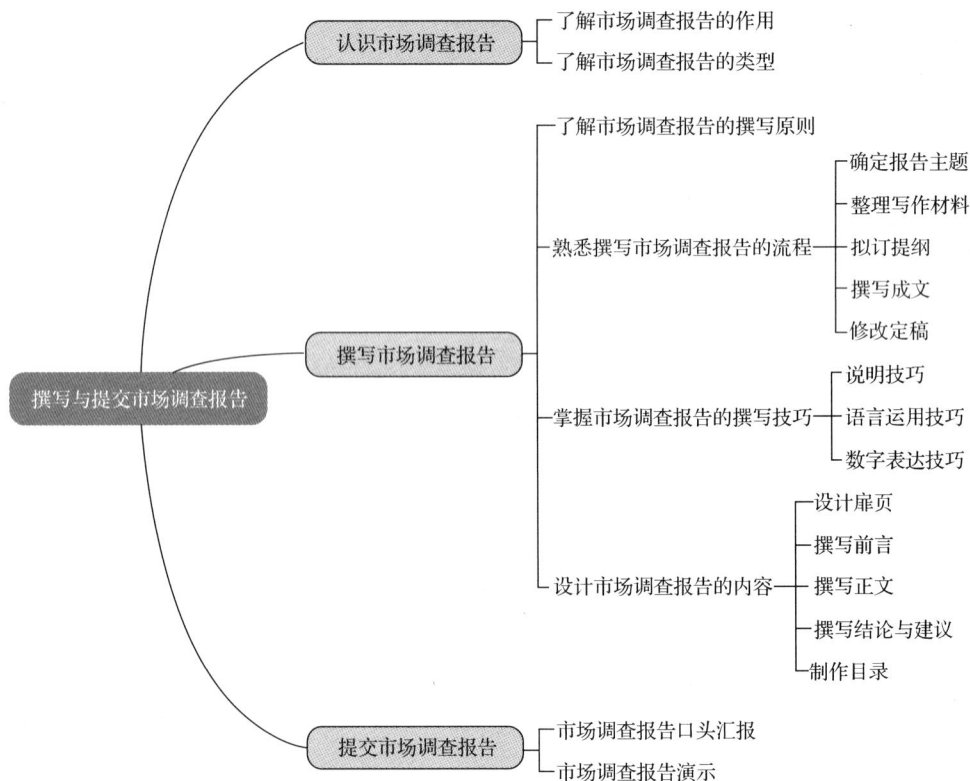